3訂版

個別労働紛争

あっせん代理

実務マニュアル

マニュアル

実務

特定社会保険労務士 **前田欣也**[著]

弁護士 **野口善國**[監修]

JN026901

日本法令®

～本書推薦のことば～

　本書は、「社会保険労務士の目線で、労使のトラブルをどう解決するのか？」ということについて、その考え方（価値観）と知識が書かれた好著です。裁判所において補佐人業務を行う上でも、労働ADRの場であっせん代理を行う場合でも、とても役立つ本です。

　「社会保険労務士の目線で」とは、労働の場で「ひと」の尊厳を実現するという視点のことです。温かなまなざしで、人間同士の信頼と尊重を回復する手助けをするということです。

　「ひと」を守るべき労働にかかわる法律を、本書は見事に体系的にまとめ上げています。

　「法律家たる社会保険労務士」をめざす方に、ぜひご一読をお薦めします。

兵庫県社会保険労務士会会長　古澤克彦

はじめに

　終身雇用制の崩壊や労働組合の機能低下などにより、個別労働紛争の件数が増大しています。そして、令和2年（2020年）から全世界をおそったコロナ禍など、未曾有の社会的危機によっても、雇用環境は激変しつつあります。今こそ、市民社会から見て偏りのない「ひと」の尊厳と自律の視点に立った公正・中立で迅速な個別労働紛争の解決が、重要な課題となっています。

　士業の中では、これまで弁護士が紛争解決の代理業務を独占的に行ってきました。しかし、現在、弁護士以外の他士業（ex. 司法書士や私たち社会保険労務士など）も市民をサポートできる法的な土壌の整備が図られつつあります（司法書士の簡裁事件の代理権・私たち社会保険労務士の個別労働紛争のあっせん代理権・ADR の拡充の動きなど）。そして、平成27年4月施行の第8次社会保険労務士法改正によって、社会保険労務士に「補佐人」として労働にかかる裁判に携わる道が拓かれました。

　これらの制度改革の動きは、市民にとってはよりきめ細やかで多様な法的サービスを受けられることになり、好ましい情勢の変化であると考えます。ところが一方で、私たち社会保険労務士の「紛争解決能力」については、まだまだ知識・力量不足の感が否めないというのが現状ではないでしょうか。

　補佐人として裁判所での手続きに携わる場合には、弁護士と同様に労働にかかる実体法（憲法、民法、労働法など）および民事訴訟法の詳細な知識が必要です。また、訴訟上の和解や調停、特に ADR は「対決型」の判決による解決と異なり、「話し合い」による紛争解決手続ですので、当事者双方の言い分に傾聴した上での「統合的」な解決が求められます。その意味では、判決による解決よりも一層、①「ひと」に対する確固たる法的倫理観・価値観、②紛争解決に必要な法的知識の両方を併せ持つ能力が必要であると考えます。

　本書は、補佐人業務やあっせん代理業務に携わる社会保険労務士に、

①「ひと」に対する確固たる法的倫理観・価値観、②紛争解決に必要な法的知識を提示するものです。そして、補佐人として裁判所に提出する書面を作成する場合や、労働局の紛争調整委員会、社労士会労働紛争解決センター等でのADR実務手続で書面を作成する際の参考になるよう、工夫してみました。どうか個別労働紛争解決のハンドブックとして役立てていただきたいです。

　また、特定社会保険労務士試験にこれから挑戦する方々には、合格するために必要な考え方と知識を提供するものです。

　本書は、次のような構成になっています。

序章「補佐人業務への取組み」
　社会保険労務士にとって新たな業務である補佐人の仕事に取り組んだ実践報告と、そこから学んだ「求められる知識」についてお話しします。

第1章「労使トラブル解決に必要な基礎知識」
　補佐人やあっせん代理人に必須の憲法と民法の知識を整理しました。そして、人事労務管理も労使の信頼関係が基本であることや、紛争解決を求める依頼者にどう向き合うのか？　など、問題対処の思考プロセスや考え方を示しています。

第2章「労使トラブル解決のために必要な民事訴訟法の知識」
　ADRと民事訴訟に関する共通点と相違点を押さえ、補佐人業務やADRに取り組む社会保険労務士に必要な民事訴訟法の基本を理解します。ここでは、民事訴訟法の基礎知識を踏まえて、きちんと権利と事実を書面に書いていくトレーニングもします。

> **第3章 「様々な労使トラブル、ケースごとの主張書面の書き方」**
>
> 　解雇や賃金といったよくある 12 パターンの労使トラブルについて、申立書・答弁書などの主張書面を、どういう考え方で、何を書くのかということを示しています。
>
> 　各パターンについて、＜訴訟物＞、＜求めるあっせんの内容＞、＜当事者の主張すべき事実＞をまとめ、実際の申立書、答弁書の見本を掲げるとともに、具体的な書き方も解説を加えました。加えて、各パターンにおいて理解が必須とされる労働判例も掲載しています。

　本書を読んでいただいて、裁判所で補佐人業務に携わる場合や、特定社会保険労務士として労働紛争解決代理業務に取り組まれるとき、実際の書面を書くときに、お役に立つことができればこれに勝る喜びはありません。ぜひ、参考になさっていただきたいと思います。

　これから特定社会保険労務士試験を受ける先生方は、解雇や雇止めといった本試験での頻出論点を中心に、＜訴訟物＞、＜求めるあっせんの内容＞、＜当事者の主張すべき事実＞の書き方についてすべて覚える――そのぐらいのウエイト付けで勉強してください。本書は、受験対策としてもきっと合格にお役に立てると思います。

　本書の内容は、「『あっせん代理実務マニュアル』－民事訴訟法の基礎知識から申立書・答弁書の書き方、必須判例まで」（平成 24 年 3 月 20 日・日本法令刊）および同書改訂版（平成 28 年 5 月 20 日刊）をベースとして、私が補佐人業務から学んだことを加筆し、新たに補佐人業務に携わる社会保険労務士にお役に立てるようにしたものです。

　本書の発行に当たっては、私が長年お世話になった野口法律事務所の弁護士野口善國先生に監修をお願いしました。これを快く引き受けてく

だった野口善國先生、そして推薦のお言葉をいただいた兵庫県社会保険労務士会の古澤克彦会長には心から御礼申し上げます。また、いつもともに学んでいる合同会社のぞみプランニングの仲間には、本書を書く上で素晴らしい気づきをいただきました。そして、株式会社日本法令の伊藤隆治さん、田中紀子さんには、出版にあたって貴重なアドバイスを、たくさんいただきました。皆さんに心から感謝いたします。

令和3年4月

前田 欣也

CONTENTS

第2章　労使トラブル解決に必要な 民事訴訟法の知識

▌第3章 様々な労使トラブルケースごとの 主張書面の書き方

序章

補佐人業務への取組み

(1) とても広い裁判手続で労働事件に取り組むことができる

社会保険労務士法の条文を見てみましょう。

> **参照条文**
>
> ☞ 社会保険労務士法第2条の2
>
> 1項　社会保険労務士は、事業における労務管理その他の労働に関する事項及び労働社会保険諸法令に基づく社会保険に関する事項について、裁判所において、補佐人として、弁護士である訴訟代理人とともに出頭し、陳述をすることができる。
>
> 2項　前項の陳述は、当事者又は訴訟代理人が自らしたものとみなす。ただし、当事者又は訴訟代理人が同項の陳述を直ちに取り消し、又は更正したときは、この限りでない。

補佐人は、弁護士のような代理人ではありませんが、裁判所で依頼者本人のために様々な主張をし、証拠を出すことができます。実際には弁護士と同じような活動ができると考えてよいでしょう。「裁判所において」とは、労働に関する訴訟事件や、労働審判、保全処分（仮処分など）の期日に出頭して様々な訴訟活動をすること、民事調停に出席して話合いにのぞむことなど、とても広い裁判手続で労働事件に取り組むことができることを意味します。

(2) 広く認知されるための努力と実践がこれから必要

しかし、まだ補佐人制度は企業経営者や労働者、そして社会一般に広く認知されていないのが現状です。そこで、これから補佐人の役割を知っていただく努力と実践が必要だと思います。

これまでにも、社会保険労務士が個別労働紛争（以下、「労使トラブル」といいます）の解決に取り組んできた歴史があります。以前は、社会保険労務士は紛争予防の仕事はできても、紛争解決業務は法律上できませんでした。しかし、私たちの先輩たちの努力によって、まず「裁判

社労士はこれらすべての領域で仕事ができるようになった
<労使関係の本来の姿>
労使は信頼関係で結ばれ「ひと」の尊厳と公共の福祉に貢献することが理想

「ひと」の尊厳　　　　　　公共の福祉
（一人ひとりを大切にする）　（すべての人を大切にする）
（憲法 13 条）

企業＝経営の自由
経営権、人事権
教育権、懲戒権
（憲法 22 条、29 条）

貢献

従業員＝人格的自律
自己決定権・プライバシー権
（憲法 13 条）、平等な処遇を受
ける権利（憲法 14 条）、生活
権（憲法 25 条）・勤労権（憲
法 27 条）

信　頼

労使の信頼が崩れると？
労使トラブルの川へ

［対処の方法・制度］

紛争予防

トラブル --------

企業内での自主的解決

民間型ＡＤＲ
行政型
　あっせん
　均等法による調停
司法型
　民事調停　など

ＡＤＲ

労働審判　迅速・安価で柔軟
　　　　　な紛争解決手続

訴　訟　フル装備の強力な
　　　　　紛争解決手続

外紛争解決手続（ＡＤＲ）」の代理権が認められ、私たちは都道府県労働局でのあっせん手続や社労士会の労働紛争解決センターなど民間ＡＤＲ機関で紛争解決代理業務の実績をあげてきました。その歴史の上に補佐人業務が認められたのです。

(3)　トラブルの未然予防だけでなく早期解決に向けた取組みが期待されている

　前ページの図を見てください。社会保険労務士の仕事は、労使の信頼関係を大切にして、企業活動によって労使ともに社会に貢献することをサポートすることです。ところが、労使の信頼関係が崩れ、トラブルの種が紛争の川に流れ出すと、社会に貢献するどころか労使ともに疲弊して傷ついてしまいます。そこで、紛争を予防することと、紛争が発生してもできるだけ早期に円満に解決することが、重要になります。

　これまで社会保険労務士に認められていたのは、「信頼で結ばれた労使関係をつくること」、トラブルの未然予防、ＡＤＲ（民間型、行政型）の段階での話し合いによる早期の紛争解決業務、これだけでした。今後は、弁護士と協力しながら、裁判所における民事調停や労働審判、労働訴訟の場にも活動が広がります。これは、より良い労使関係を築くために労使トラブルのすべての領域にわたって一貫して私たち社会保険労務士が労働のプロとして業務に取り組むことが可能となった、画期的なことだと思います。ただ、裁判所によっては、労働審判への補佐人の関与が制限されたり、法廷での尋問をすることができないといった制約があるのも実情です。

　ですから、これまでＡＤＲでの紛争解決業務の実績を積み重ねてきたのと同様に、補佐人業務についても真摯に取り組んで実績を積み上げ、社会に認知してもらえるような貢献をすることが緊急の課題だと考えています。

2 補佐人として求められる知識

(1) 受験時に習得した知識だけでは不十分

　補佐人制度によって社会保険労務士にできることが増えたというのは、大変意味のあることだと思います。ただ、裁判に出て発言するというのは、責任重大です。少なくとも、これまで社会保険労務士が受験で勉強した知識だけでは、対応は難しいのではないかと思います。補佐人として出廷するにあたり、特別に身に付けなければならない知識はどのようなものでしょうか。

(2) 新たに身に付けるべきは？

　私は、ＡＤＲ時代を迎える前から、社会保険労務士には①「ひと」の尊厳の理念を謳う憲法、②その理念が落とし込まれた民法、③企業活動のアクセルである会社法、④公正なブレーキをかける労働法（労働判例も含む）、これらを勉強することが必須であると語ってきました。企業活動に関わる①から④のような幅広い知識を自在に駆使し、「ひと」を大切にする憲法の価値観をバックボーンとして紛争解決に取り組まなければ、納得のいく結果は得られないからです。さらに、今後は紛争解決手続法の基本、民事訴訟法の知識を習得することが必要です。

　本書では、これら憲法、民法、民事訴訟法の基礎知識として社会保険労務士が身につけておかなければならない必須のポイントを押さえていきます。

3 受任した2件の補佐人実務の実践

　では、私たち社会保険労務士が、労働訴訟を解決するために、補佐人として裁判所においてどのような役割を果たすのか。私がこれまで受任して体験した補佐人事件から、2件の労働訴訟事件についてご紹介します。なお、当事者のプライバシーに配慮する必要から、一部事実をデフォルメした部分があることをご了承ください。

(1) ケース1事件

●ケース1　未払残業代請求事件

神戸地方裁判所第6民事部2B係（法廷215号）

平成26年（ワ）第○○○号

原告Xは、平成20年夏に障がい者福祉施設を経営する被告Y法人に雇用され、その後施設長職となった。Xは平成25年5月に退職するまで施設長職に精励したが、Y法人では管理職として位置づけられ、タイムカードの打刻も必要ないとされ、残業代が支払われることはなかった。実際には、法定労働時間外の労働が毎日数時間あり、休憩時間もなく働いていたが、Y法人からは営業手当という名称で月3万円が支給されるのみであり、実労働時間に応じて支払われるべき残業代との差額精算がなされることもなかった。

Xが、在職中の未払賃金約180万円と遅延損害金、そして労基法第114条所定の付加金の支払いを求めたケース。

ケース1事件は、受任の時点で訴訟開始から約1年を経過しており、既に期日を重ねて、かなり争点が整理された段階でした。私は、それまでの訴訟記録をつぶさに読み込んで、訴訟の最終段階で補佐人として出頭することになったわけです。

この事件は、管理職とされた労働者が、休憩時間もなく、残業手当も支払われていないとして、その時間外労働に対する割増賃金と付加金を求めていたのです。また、労使関係の悪化からなされた降格処分の有効性も争われていました。

その争点は多岐にわたり、次のように数多くの論点がありました。

① そもそも労働者が管理監督者に該当するのか

② その事業所の変形労働時間制が適法かどうか

③ 時間外労働手当の算定基礎賃金の範囲

④ 実労働時間の時間数の計算

⑤ 降格とこれに伴う減給の有効性　などなど

これらについて、原告・被告双方の弁護士から既に多くの準備書面が提出されて法律上・事実上の主張がなされ、書面の証拠（書証）も数多く提出されました。これらの争点について、さらに詳細な証拠調べをして事実を認定して判決による解決をするのか、和解で解決するのか。このような段階で、私は補佐人として原告（労働者）代理人の弁護士とともに裁判所に出頭することになったわけで、実際の裁判官や弁護士の言動を理解するだけで精一杯でした。

　裁判長は、早期の解決を促して和解を勧めました（これを「和解勧試」といいます）。この和解の席上で、裁判長は「時間外労働の時間数の立証は、原告がしなければなりません。タイムカードを打刻していないなどの書証からして、原告主張の労働時間を全て認めるのは難しいという心証を得ています。このたび裁判所が提示する和解金額120万円は、そのことも斟酌したものです。和解であれば早期に確実に支払いがなされるので、どうぞ和解を検討してください。」と提案されました。

　私は、訴訟の場では、当事者の請求を基礎づける事実の主張、これを裏づける証拠による立証、裁判官が感得する心証という様々な要素が、実際にこのように表れてくるのかと実感しました。また、和解の場面で率直に裁判長が心証を語り、判決に至るまで争うのか、和解で終結するのか、そのメリットとデメリットを丁寧に説明されることに驚きました。

　このケース１事件は、原告の労働者が裁判長の丁寧な和解内容の説明に納得し、早期に和解金120万円が支払われ、平成27年秋には解決を見ました。

　私は、まずこのケース１事件を体験して、私たち社会保険労務士も、裁判官や弁護士が弁論や和解の場で語る言葉を正確に理解できなければならない。そのためには、補佐人実務の実践を通じて、民事訴訟法の知識を体得し、なにより労働訴訟に対する経験値を上げることが大切だと肝に銘じました。

(2) ケース2事件

●ケース2　未払賃金等請求事件

　神戸地方裁判所第6民事部1A係（法廷228号）

　平成27年（ワ）第×××号

　原告Xは、ケーキ職人としての腕を買われ、ケーキの製造販売を行う被告Y1株式会社に平成23年10月に雇用され、当初から店長となった。Y1社からは手取額として月額27万円の給与が振り込まれたが、雇用契約書はなかった。その後すぐに給与の遅配欠配が繰り返されるようになり、一方的に給与手取額も16万円に切り下げられた。Xの労働時間は朝3時に店舗に出勤してケーキを製造し、朝9時の開店から夕方の閉店まで販売や追加の製造をし、夜8時までは翌日の仕込みをするというものであった。ところが、Y1社からは時間外労働に対する残業代が支払われることはなかった。

　Xはたまりかねて平成26年10月にY1社を退職した。Xが、①在職中の未払賃金約360万円と遅延損害金、②残業代約1,500万円と同額の付加金の支払いを求めたケース。

　なお、この事件ではY1社の代表取締役Y2に対しても、被告Y2個人の責任として会社法第429条（役員等の第三者に対する責任）による損害賠償請求を併合して訴訟が提起された。また、訴訟の途中でY1社の不動産名義をY2の妻に移転するなどの行為があったため、Xは来る判決による債権回収を保全するため、Y1社の他の不動産に対して仮差押命令申立てを行い、認められている。

> **◆ 参照条文**
> ☞ **会社法第429条1項**
> 　役員等がその職務を行うについて悪意又は重大な過失があったときは、当該役員等は、これによって第三者に生じた損害を賠償する責任を負う。

　ケース2事件は、平成27年4月に訴訟を提起してから、多数回の弁論期日、和解期日（正式な法廷での口頭弁論期日は3回でしたが、弁論準備・和解期日は十数回）を経て証拠調べ（証人・本人の尋問）も実施

され結審し、平成29年2月13日に判決が言い渡されました。

この事件は、Y1株式会社に対する賃金等（賃金の未払金額、割増賃金＋付加金）の請求は当然として、社長Y2個人の会社法上の責任も追及する内容です。

日本海庄屋事件（ダイショー事件）で労働事件でも役員個人の責任が認められるようになって、会社法も使って請求する労働訴訟が増えてきました。

まず、被告Y1社に対しては、（1）未払賃金請求、（2）時間外、深夜割増賃金の請求（2'付加金の請求も）、そして被告Y2に対しては役員個人の損害賠償請求という、主として3つの請求を掲げました。

以下に、ケース2事件で当事者が主張立証すべき要件事実をまとめました。このような事件の内容に応じた「訴訟物」や、「要件事実」については、本書第3章の「主張書面の書き方」で詳細に勉強します。

ケース2事件で当事者が主張・立証すべき要件事実

（1）未払賃金請求

原　告		被　告
1　労働契約の締結 2　労働契約中の賃金額等に関する合意の内容（毎月の賃金締切日と支払日など） 3　請求に対応する期間について労働義務の履行がなされたこと		1　労働契約であることの否認 2　労務の提供がないこと 3　上記1、2があったとしても、次のような抗弁 ①　反対債権による相殺 ②　賃金債権の放棄、譲渡 ③　賃金債権の消滅時効 ④　賃金減額が適法になされた（降格など）との抗弁

(2) 時間外労働手当の請求

原　告	被　告
1　労働契約の締結 2　労働契約中の時間外労働に関する合意の内容 3　請求に対応する期間について、時間外労働の履行がなされたこと及びその時間数	1　時間外労働がなかったこと 2　時間外労働があったとしても、次のような抗弁 ①　管理監督者であること ②　割増賃金に対応する手当（定額残業手当等）の支払いがなされたこと ③　みなし労働時間制の適用があること ④　消滅時効によって請求権が消滅していること 　　　　　　　　　　　など

(3) 代表取締役 Y2 の会社法第 429 条に基づく損害賠償責任

原　告	被　告
1　取締役Y2の職務執行について任務懈怠（法令または定款違反）があること 2　上記1が故意または重大な過失によるものであること 3　第三者に損害が発生したこと 4　職務執行（任務懈怠）と損害の因果関係	1　職務執行行為であることまたは任務懈怠の否認 2　故意または重大な過失の否認 3　損害発生または因果関係の否認

ケース2事件で困難だったこと

(1) 労働契約内容が不明確

　労働契約書、労働条件通知書などの書面が存在せず、労働の実態はあるが、賃金額等の定めが不明確であった。

(2) 労働時間の不明確

　原告は店長として雇われていたので、タイムカードを打刻しないこととされ、実際の労働時間数の主張・立証が極めて困難であった。

(3) 管理監督者の主張に対する反論

　原告は店長であり、管理監督者であるとの被告らの主張に対して、そうではない旨の主張をどう組み立てるか問題であった。

(4) 賃金債権の短期消滅時効（労働基準法第115条）の取扱い

　被告は訴訟提起後、被告らが消滅時効の援用をしたので、これをどう考えるか。

(5) 会社法第429条の責任

　社長 Y2 の役員としての個人責任（任務懈怠及び故意・重過失）をどうやって立証するか。

(6) 勝訴判決確定するも、どのように取り立てるのか。

　遅延損害金を含めると、被告会社 Y1 に対して約 2,000 万円、被告 Y2 個人の損害賠償金約 1,200 万円の債権が原告 X には認められ、被告らは控訴せず、この判決は確定した。では、どのように回収するのか？

　(1) 労働契約内容が不明確

　　本件では、労働契約書も労働条件通知書も、およそ労働条件を記載した書面がありませんでした。ですから、被告 Y1 が「労働契約ではない！」と否認した場合には、労働契約であること自体の立証が困難ではないか、と危惧されました。また、書いたものがないので、賃金も銀行振込で記帳された金額があるものの、働きはじめた当初は給与明細書も交付されておらず、賃金の額の約定金額が不明であるといった問題がありました。未払賃金の請求をするためには、1 労働契約の締結、2 労働契約中の賃金額等に関する合意の内

容（毎月の賃金締切日と支払日も）、3 請求に対応する期間について労働義務の履行がなされたこと、この 3 つの要件事実について、原告 X は立証しなければなりません。それらについて証拠がとても少なかったのです。

(2) 労働時間が不明確

　　原告 X は、店長として雇われていました。タイムカードは打刻しないこととされていて、時間外や深夜労働割増賃金の請求をするにあたり、実際の労働時間数の主張、立証が極めて困難でした。時間外・深夜労働割増賃金請求については、1 労働契約の締結（これは（1）と同じです。）、2 労働契約中の時間外労働に関する合意の内容、3 請求に対応する期間について、時間外労働の履行がなされたことおよびその時間数の立証が必要なのですが、これが困難でした。

(3) 管理監督者の主張に対する反論

　　原告 X は店長とされていて、被告らは労働契約であることは認めたのですが、管理監督者であると反論してきました。そうではない旨の主張をどのように組み立てるのか、問題でした。

(4) 賃金債権の短期消滅時効（労働基準法第 115 条）の取扱い

　　被告らは、訴訟の進行中に、未払賃金や時間外等割増賃金について、2 年（労基法第 115 条改正前の消滅時効期間）の短期消滅時効を援用しました。これをどのように否定するかという問題がありました。

(5) 会社法第 429 条の社長 Y2 個人の損害賠償責任を認めてもらうための努力

　　社長 Y2 の役員としての個人責任（任務懈怠及び故意・重大な過失）をどうやって立証するのか。役員としての任務懈怠は、具体的には法令や定款に違反することです。労働法令に違反することが任務懈怠になることを裁判所に強く主張する必要性がありました。

(6) 勝訴判決が確定するも、どのように取り立てるか

　　本件は、ほぼ全面的に原告 X にとって勝訴判決を得ることがで

きました。遅延損害金を含めると、被告 Y1 社に対して約 2,000 万円、被告 Y2 に対して約 1,200 万円の支払いを命じる判決が言い渡されました。被告らは控訴しなかったので、第一審である地裁判決が確定しました。では、どのようにしてこの金額を回収するのか？

　勝訴判決があっても、被告らにお金がない（無資力）なら、判決は紙切れになってしまいます。これをなんとか納得のいく回収ができるまでにこぎつけたのですが、それは平成 30 年の 1 月になってからでした。

では、判決の内容を見ながら補佐人実務の実践をご報告しましょう。ケース 2 事件では、次のような判決が下されました。（　　）内の文章は、私の解説です。

第 1　判決主文の内容
1　被告株式会社 Y1　未払賃金 360 万 7,426 円と平成 26 年 11 月 1 日から支払いずみまで年 14.6％の割合による遅延損害金
2　被告株式会社 Y1　未払割増賃金 721 万 2,589 円とこのうち 680 万 1,212 円に対する平成 26 年 11 月 1 日から支払いずみまで年 14.6％の割合による遅延損害金
3　被告株式会社 Y1　付加金 528 万 9,334 円と判決確定の日の翌日から支払いずみまで年 5％の割合による遅延損害金
4　被告 Y2　損害賠償金 1,082 万 0,015 円とこのうち 1,040 万 8,638 円に対する平成 26 年 11 月 1 日から支払いずみまで年 5％の割合による遅延損害金
5　第 1, 第 2, 第 4 項について仮執行宣言

第 2　事案の概要
1　基本的事実関係（(3) のうち訴え提起の事実と (4) の事実は当裁判所に顕著であり、それ以外の事実は当事者間に争いがない）

(1) 当事者

　被告株式会社 Y1 は本判決肩書地に本店を置く製菓小売販売等を目的とする株式会社である。被告 Y2 は被告会社 Y1 の唯一の取締役であり代表取締役である。

　原告は現在 32 歳の男性であり、平成 23 年 10 月に被告会社 Y1 に雇用され、神戸市〇〇区内のケーキ屋（以下「被告店舗」という）の店長として働いたが、平成 26 年 10 月末に退職した。

　（被告らは労働契約であったことは認めたので、労働契約であることは「争いがない」として証拠がなくても認められました。この点は、被告らが労働契約ではなく、たとえば「共同経営であった」とか、「請負」だっととか、という主張をしなかったことは立証の負担がなくなってよかったです。この点は、後述する民事訴訟法のルール弁論主義の第 2 原則が適用された、ということです。）

(2) 労働条件

　被告店舗で働いていた従業員は常時 10 人未満であった。

　原告の労働条件は次のとおりであった。

　　　給　　与　　　月給制で、毎月 25 日締めの末日払い
　　　休　　日　　　週 1 日（平成 23 年 10 月～平成 24 年 4 月は月曜日、同年 5 月～平成 26 年 10 月は日曜日）

　労働時間の定め　なし

　（従業員数が常時 10 人未満のケーキ屋さん、ということは、法定労働時間が週 44 時間となる、ということを意味します。）

(3) 未払賃金の請求と訴えの提起

　原告は平成 26 年 12 月 26 日、被告会社 Y1 に対し未払いの給与と時間外・深夜早朝労働（以下「時間外等労働」という）の割増賃金を請求し、平成 27 年 4 月 16 日に本件訴えを提起した。

　（平成 26 年 12 月 26 日、X は内容証明郵便で未払賃金と割増賃金請求をしているのですが、ここで賃金債権の消滅時効を更新する効果が生じます。ただ、内容証明郵便だけでは、民法上は催告ということになり、6 か月以内に訴訟提起しないと消滅時効更新の効力が

失われてしまいます。そこで、催告から6か月が経過しない平成27年4月16日に訴訟を提起したわけです。)

(4) 消滅時効の援用

　　被告会社Y1は平成27年11月26日の本件弁論準備手続期日において原告に対し平成24年12月26日までに発生した給与・割増賃金について消滅時効を援用するとの意思表示をした。

　　(被告Y1は、(3)の催告による消滅時効更新がなされた平成26年12月26日の2年前の平成24年12月26日までに発生した給与、割増賃金について、消滅時効で消滅した、という主張(援用)をした、というわけです。)

第3　争点に対する判断（ここからが、裁判所の判断です。）

1　争点（1）（給与の額）

(1) 認定事実

　　証拠と弁論の全趣旨により次の事実を認める。

　　(後述の自由心証主義がものを言う場面です。「弁論の全趣旨」という裁判官の自由な心証によって、事実認定がなされていきます。)

ア　原告が被告店舗で就労を開始するにあたり、被告Y2と原告の間で給与の具体的な金額について話をしたことはなかった。またその後の期間も含めて、原告と被告会社Y1との間で契約書が交わされたことはなく、原告が書面によって原告に労働条件を示したこともなかった。(原告、被告Y2)

　　(この括弧内の原告、被告Y2というのは、原告本人尋問の結果、Y2本人尋問の結果を証拠として、この事実を認定した、ということを明記しているわけです。)

イ　平成23年10月に就労を開始した後、被告会社Y1から原告の銀行預金口座に対し、同年11月8日と12月15日にいずれも26万7,760円が振り込まれた。前者は10月分の、後者は11月分の給与ということであり、原告はこれについて異議を述べなかった。(原告、被告Y2)

ウ　原告の年齢や家族の状況を前提にした場合、1か月あたりの手取りの給与額が 26 万 7,760 円である場合、租税と社会保険料の額を考慮すると、合意された給与額が月額 32 万円を下回ることはない。（甲 6 意見書）

（この甲 6 意見書というのが、私が補佐人として提出した意見書です。手取り額が 26 万 7,760 円ということは、税や社会保険料等を控除する前の総支給額は少なくとも 32 万円を下回ることはない、という意見書を提出しました。これにより、原告 X に支払われるべき賃金や割増賃金の額を多く認定してもらうことになったのです。）

エ　その後平成 25 年 12 月までの期間（当事者間に給与額について争いのある期間）において、被告会社 Y1 が原告の銀行預金口座に現実に振り込んで支払った金額は別紙 1 の「既払い額」欄のとおりであり、支払時期も支払額もばらばらであるが、月ごとの支払額をまとめて記載すると次のとおりとなる。

平成 24 年	1 月〜4 月	なし
	5 月・6 月	各月 19 万 4,000 円
	7 月	10 万円
	8 月	15 万円
	9 月	10 万円
	10 月	なし
	11 月	23 万円
	12 月	25 万 5,000 円
平成 25 年	1 月	なし
	2 月	15 万円
	3 月	10 万円
	4 月	30 万円
	5 月	なし
	6 月	10 万円
	7 月	17 万円
	8 月〜12 月	各月 15 万円

(2) 判断

平成 23 年 10 月分、11 月分の給与として原告に対し現実にそれぞれ 26 万 7,760 円が支払われ、これに原告は異議を述べなかったのであるから、この時点で、手取り額を月額 26 万 7,760 円とする合意が成立したと認めることができる。したがって合意された月額給与額は 32 万円を下回ることはない。これに反する被告らの主張には根拠がないというほかない。

2　未払給与請求について

争点（1）に対する判断を前提にして未払給与の額を算定する。

証拠（甲 5、甲 6）と弁論の全趣旨によれば、合意された給与額から租税と社会保険料を控除した額は次のとおりと認められるので、これを「賃金」欄に入力して計算すると、別紙 2 のとおり、平成 26 年 10 月 31 日時点の未払給与額は 407 万 4,486 円となる。

平成 25 年 7 月まで	月額 26 万 7,760 円
平成 25 年 8 月から平成 26 年 3 月まで	月額 17 万 5,000 円
平成 26 年 4 月・5 月	月額 18 万 8,000 円
平成 26 年 6 月	月額 18 万 0,900 円
平成 26 年 7 月・8 月	月額 18 万 2,000 円
平成 26 年 9 月・10 月	月額 18 万 1,689 円

これに対し被告会社 Y1 は平成 27 年 11 月 26 日に消滅時効を援用したので、平成 24 年 12 月 26 日までに発生した給与（平成 24 年 11 月分まで）がもしその時までに残存していたのであれば、時効により消滅したことになる。被告会社 Y1 が最後に支払いをしたのは平成 26 年 10 月 31 日であるから、平成 24 年 11 月分までの給与のうちその時点で残存していたものがあったかをみる必要がある。

平成 23 年 10 月分から平成 24 年 11 月分の原告の給与（手取り額）は 374 万 8,640 円である（267,760 × 14 = 3,748,640）。一方、別紙 2 の「元金への入金」欄は、被告会社が支払ったもののうち給与元金に充当されたものであり、「元金への入金累計」欄にはその累計額を表示している。そこにあるとおり、平成 24 年 11 月分まで

の給与は、平成 26 年 10 月 31 日までに弁済によってすべて消滅していることがわかる。したがって被告会社はすでに消滅した債務について時効を援用したことになり、この援用は功を奏さない。

以上によれば、原告は被告会社 Y1 に対し未払給与 407 万 4,486 円を請求することができ、これに加えてこれに対する最終弁済期の翌日である平成 26 年 11 月 1 日から支払い済みまで賃確法 6 条 1 項、賃確令 1 条所定の年 14.6％の割合による遅延利息を請求することができる。被告会社がここから租税、社会保険料等を控除して支払うことは許されない。原告の請求額はこれより小さいから、その全部の請求を認容する（主文第 1 項）。

（ここまで、少し判決の文章が分かりにくいかもしれませんが、要するに、当初、総支給額 32 万円ということで支払われるべき手取り額に未払いがあったわけです。被告らは、平成 26 年 12 月の時効中断（更新）の 2 年前に先立つ未払賃金は、消滅時効の援用によって消滅した、というのです。しかし、毎月の賃金に未払いがあり、あとからそれに足りない賃金が支給されているので、順次後から支払われた賃金が、先に発生した未払いの賃金に充当されていくわけです。これを「法定充当」といいます。すると、被告らが消滅時効だといった期間の賃金は不払いだったのが、後に支払われた賃金が順次充当され、消滅していた、という判断です。そして、時効にかからない期間の賃金は、その時期の賃金としては支払われていなかったことになり、未払いのまま残存している、ということになりました。それが、407 万円はある、ということです。この金額は、原告の請求金額 360 万円を上回るので、360 万円全額を認容していただけた、ということです。

このように、当初の賃金額（総支給額）を 32 万円と認定してもらえたことにより、充当すべき未払賃金額が大きくなり、結果として未払賃金請求を全額認めていただけることになったのは、とても嬉しいことでした。手取り額から総支給額を推計する作業は、社会保険労務士にとっては易しいことです。その能力が訴訟において役

立ったということなのです。)

3　争点（2）（労働時間）

　　証拠（甲7、14、証人T、原告、被告Y2）と弁論の全趣旨により原告の労働時間について次の事実を認める。

（1）平成23年10月から平成25年6月頃まで、また平成26年6月頃から同年10月の退職まで、被告店舗の週1日の定休日以外は毎日午前3時頃から午後8時頃まで働き、休憩時間は3時間程度であった。

（2）平成25年6月頃から平成26年6月頃までの間は、出勤日のうち週に2日ほどは、午前3時から午後5時頃まで休憩をとらずに働いた。それ以外の日は上記（1）と同じであった。

（この労働時間の認定は、私たちにとって嬉しいものでした。タイムカードなし、原告のメモなどの証拠もないのです。実際には、それで労働時間をきちんと認定してもらえるのか、危惧していました。それを、同僚女性の証言や、原告本人の尋問、被告Y2に対する尋問結果から、裁判所は認めてくれたのです。

　私は、ここでも民事訴訟法の「自由心証主義」の弁論の全趣旨を重視している裁判所の姿勢を強く感じます。なぜ、私たちの主張を信用してくれたのか、ということが重要だと思います。)

◆「弁論の全趣旨」が大切だというエピソード

　余談になりますが、被告らの本件訴訟に対する取り組みは、誠実とはいえませんでした。そのエピソードが裁判所の心証にどのように働いたか、私の感じたことをここでご報告します。

　その1）

　被告Y2は、訴訟を提起されると訴状の受け取りをことさらに拒んで、なかなか第1回期日が開けませんでした。何回も訴状送達を繰り返して、やっと受領されて、第1回期日を開くことができました。訴訟の提起が平成27年4月、第1回期日が同年7月です。相当に時間がかかりました。被告らは、当初から訴訟への取組みが誠実ではありませんで

した。

　その 2）

　訴訟では、期日の 1 週間前には準備書面や証拠を提出することになっています。私たちはそれを遵守しましたし、むしろ締め切りに常に先立って提出していました。ところが、被告らは期日ぎりぎりになって提出したり、準備書面の作成が間に合わないといって期日を延期することを求めることもありました。そんなことが、しばしばだったのです。これは、相当に裁判所の心証を悪くしたと思います。その分、私たちの訴訟追行が熱心であると評価されたと思います。

　その 3）　天橋立事件

　これが、決定的だったと私は考えているのですが、本件では、十数回も弁論準備や和解期日がもたれて、なんとか話合いで解決するように裁判所も努力されていました。その中で、約 300 万円程度の和解金を分割払いなら支払う、という和解ができるかもしれない、という話になったことがあります。分割ですから、途中で支払われなくなってしまう和解条項不履行のリスクがあります。不履行になったら、その時のこと、というのでは原告 X さんに対して責任が持てないわけですから、リスクを回避する方策が必要です。その方策はというと、被告らに、しかるべく担保価値のある不動産に抵当権を設定させてもらえれば分割払いで合意できるということになったわけです。その和解期日の数日前に、被告らは「京都府宮津市の天橋立というところの土地建物を担保にしたい、これなら十分な担保価値があるから」、という提案をしてこられました。被告の Y2 社長は、実は京都府の北部で産業廃棄物収集処理の事業もされていたので、きっと天橋立という京都府宮津市にゆかりがあったのだろうと思います。被告側は、その資料として、不動産登記簿の全部事項証明書や固定資産税評価証明書もつけてこられ、約百数十万円という固定資産税評価額がついていたと思います。私たちも、これなら担保価値があるから和解してもいいかな、という気持ちになりかけました。しかし、やはり現地を見ていないわけですから、嫌な違和感がありました。そこで、私は翌日、すぐに天橋立の現地に赴いて、その土地建物の

資産の調査をしました。結果、道路もないような、まったく資産価値の
ない土地で、建物も崩れる寸前のあばら家のような倉庫であることが判
明しました。すぐさま、その土地や倉庫の写真をとって、和解期日に提
出し、被告らの提案が、担保価値のない不動産を担保にして和解しよう
としていた不誠実なものであることを裁判官に訴えました。この天橋立
事件があって、裁判官の心証が、ぐっと原告の方に傾いたという実感が
あります。

　被告らは、和解に際して半ば虚偽の事実を提案している。これに対し
てすぐさま原告側は調査して、そのことを裁判所にも明らかにして、和
解に対する判断を誤らせない努力をしている。その真剣な取組みを評価
してくださったのだと思います。

　このように、自由心証主義というのは民事訴訟法という法律のルール
なのですが、血も涙もある生身の人間である裁判官の人間性に訴えるこ
と、ド真剣に訴訟に取組む熱心さも評価の要素になる、と実感しまし
た。このド真剣さというのは、弁護士であっても社会保険労務士であっ
ても、専門家が依頼者を支援する真剣さ、情熱の度合いなのですから、
私は補佐人としてそれが裁判官から評価されたと感じています。

4　争点（3）（管理監督者性）

　　管理監督者すなわち労基法 41 条 2 号にいう「監督若しくは管理
　の地位にある者」とは、労働条件の決定その他労務管理について経
　営者と一体的な立場にある者をいうと解される。

　　認定事実によれば、被告会社の経営にあたっていたのはもっぱら
　被告 Y2 であるといえる。原告は被告店舗の店長としてケーキの製
　造販売をまかせられていたものの、売上げの管理にも従業員の管理
　にも関わっていないし、人件費や経費の支払いも行っていない。被
　告店舗の定休日以外は毎日出勤することを余儀なくされ、休暇をと
　ることもままならない状態であった。出勤日においてはケーキの製
　造のため毎日 14 時間もの労働を強いられていた。

　　また原告の給与の額とその支払いの状況が別紙 1 の「賃金」欄の

とおりであることはすでに述べた。給与の額は、当初の時点では月額32万円でそれほど低くない水準であったといえるが、平成25年8月以降は月額20万円程度であり、むしろ低い水準であったといえる。そればかりでなく、就労を開始してから3か月で早くも支払いが遅滞し、その後も満足に支払われることがなかったのであるから、待遇は劣悪であったというほかない。

　以上のような原告の職務内容、権限、責任、労働の状況、待遇に基づくと、原告が管理監督者にあたると認めることはできない。したがって原告は被告会社Y1に時間外労働の割増賃金を請求することができる。

5　割増賃金請求について

　原告と被告会社Y1との間に労働時間に関する合意は存在しないから、時間外労働の割増賃金は法定労働時間に従って計算すべきである。

　被告店舗における法定労働時間は週44時間であるから、労基則19条1項4号所定の1年間における1月平均所定労働時間数を190.7時間とする。

　　$365 \div 7 \doteqdot 52$　　　　$44 \times 52 = 2{,}288$　　　　$2{,}288 \div 12 \doteqdot 190.7$

　これと月額給与の額とによると、同号所定の金額（通常の労働時間の賃金の額）は次のとおりである。

平成23年10月〜平成25年7月	1,678円
平成25年8月〜平成26年3月	1,050円
平成26年4月〜10月	1,122円

　　$320{,}000 \div 190.7 \doteqdot 1{,}678$　　$200{,}322 \div 190.7 \doteqdot 1{,}050$
　　$213{,}889 \div 190.7 \doteqdot 1{,}122$

（このように、当初約2年間の賃金総支給額を32万円と認定していただけたので、割増賃金の時間単価も増加して、有利な結果となりました。）

　被告会社Y1が消滅時効を援用したことにより、平成24年12月26日までに発生した割増賃金（平成24年11月30日支払分まで）

は時効により消滅した。時効により消滅していない割増賃金を集計した結果は別紙4のとおりである。そこにあるとおり、平成26年10月31日の時点で割増賃金として存在している680万1,212円、その確定遅延利息として41万1,377円が発生している。したがって原告は被告会社Y1に対し721万2,589円とこのうち680万1,212円に対する賃確法6条1項、賃確令1条所定の年14.6％の割合による遅延利息を請求することができる。原告の割増賃金請求はこの限度で理由がある（主文第2項）。

6　付加金請求について

　別紙4によれば、原告が本件訴えを提起した平成27年4月16日からさかのぼって2年以内に発生した割増賃金（平成25年4月30日支払分以降のもの）は528万9,334円である。

$$396,008 + 382,584 + 390,974 + 382,584 + 253,050 + 239,400$$
$$+ 239,400 + 244,650 + 239,400 + 234,150 + 244,650 + 222,600$$
$$+ 264,792 + 261,426 + 255,816 + 255,816 + 261,426 + 264,792$$
$$+ 255,816 = 5,289,334$$

　本件の事実関係にかんがみ、被告会社Y1に対し同一額の付加金とこれに対する判決確定後民法所定の年5％の割合による遅延利息の支払いを命じることにする。原告の付加金請求はこの限度で理由がある（主文第3項）

7　争点（4）（被告Y2の責任）

　認定事実に基づき被告Y2の責任について判断する。

　被告Y2は代表取締役として被告会社Y1の経営全般をひとりで担当しており、被告店舗の営業についてもすべての責任を負う立場にあった。ところが、みずから原告を誘って被告店舗の営業を開始しておきながら、原告との間で労働契約の契約書を作成せず、書面による労働条件の提示も行わないばかりか、労働時間の管理を行うことすらしなかった。その一方で、店長であり管理職であるといって被告店舗に対する責任を原告に押しつけて定休日以外の週6日間にわたって長時間労働をさせた。給与については、就労の3か月目

の分から支払いを遅滞し、以後も満足に支払いをせず、時間外等労働の割増賃金にいたっては一切支払いをしなかった。

　以上によると、被告 Y2 は、被告会社 Y1 の代表取締役としての職務を行うについて、悪意または重大な過失により、原告の給与、時間外等労働割増賃金について多額の未払いを発生させ、これに対応する損害を原告に生じさせたと認めることができる。したがってこの原告の損害について被告 Y2 は会社法 429 条 1 項所定の賠償責任を免れない。その金額は、主文第 1 項と第 2 項の金額のうち平成 26 年 10 月 31 日までの元利合計額に加えて元金合計 1,040 万 8,638 円に対する最終弁済期の翌日である同年 11 月 1 日から支払いずみまで民法所定の年 5％の割合による遅延利息である。原告の損害賠償請求はこの支払いを求める限度で理由がある（主文第 4 項）。

　このように、判決書では、私たちの請求について、ほぼ満足できる内容の判断を下していただきました。

　この訴訟では、補佐人として私も法廷で尋問する貴重な経験を与えていただきました。社会保険労務士法上の補佐人は、陳述権があるだけで法廷での尋問についての権限があるかは、否定的に解されています。しかし、現実の事件では、民事訴訟法第 60 条にも補佐人の規定があります。社会保険労務士法上の補佐人との違いは、裁判所の許可が必要であることです。本件で、私は社会保険労務士補佐人として既に認知されていたので、尋問の段階で、裁判所はこの許可をすぐに出してくださいました。民事訴訟法上の補佐人なら、本人や訴訟代理人と同様に、尋問をする権限もあるのです。その尋問は、事件が和解では終わらないことが明らかになって、期日を重ねたあげくの平成 28 年 12 月 20 日に行われました。原告 X の同僚の女性が証人として原告の労働時間などについて好意的な証言をしてくれて、続いて原告 X 本人の尋問では、原告が自分の主張にそった供述をしました。最後に、被告 Y2 本人の尋問をして、相手方の弁護士の主尋問、当方の弁護士が反対尋問をし、私も反対尋問を担

当しました。私の担当は、主として被告 Y2 の労働法令を無視した経営が、役員の故意または重大な過失にあたる、ということを立証することでした。

その尋問のポイントは、次のとおりでした。

1) 被告 Y1 社では、本件よりも以前に、やはり賃金不払いで退職した T さんという従業員がいました。T さんは管理職でもなんでもなかったのですが、なんと T さんの給与の方が、被告ら主張の原告 X の給与よりも高かった、ということを尋問で認めさせました。

2) 雇用契約書や労働条件通知書などもまったく交付していなかったこと。

3) 時間外労働をさせているのに 36 協定をまったく締結していなかったこと。

4) 原告の給与から、勝手に住宅負担金や駐車場代を控除しているのに賃金控除協定もなかったこと。

5) 深夜に原告一人を働かせていたこと。

6) 深夜労働をさせているのに、法定の 6 か月に 1 回の健康診断をさせていなかったこと。

7) 労働法令違反の経営姿勢について認めさせたこと。

法廷での尋問など、初めてでしたから、本当に緊張しました。それでも、X さんの管理監督者性を否定してもらえ、社長 Y2 の個人の会社法上の責任を認めてもらえた、その判断をしていただける一つの要素になったのではないかと満足しています。判決では、Y2 の責任を認めるくだりに、こう記載してくださっています。「労働契約の契約書を作成せず、書面による労働条件の提示も行わないばかりか、労働時間の管理を行うことすらしなかった。」この判決文のこの文章を読んだ時に、自分の尋問が、何らかのポイントになったのだ、と、とっても嬉しかったです。

このような判決が平成 29 年 2 月 13 日に言い渡され、被告らはな

かば開き直りなのか、控訴をせず、判決が確定しました。最初に申し上げた本件の困難なポイント（1）から（5）は、乗り越えることができたわけです。

　しかし、困難はまだ続きました。被告らは任意に判決で命じられた金額を支払う姿勢はまったくありません。どうやって回収するのか？

　私たちは、めげませんでした。何度も打ち合わせを行って、できることは全部やろうと肚決めしたのです。

1）被告 Y2 は京都府内で産業廃棄物処理の仕事を続けているようだ。主に病院が相手の医療廃棄物の処理をしているようである。その取引先である病院を第三債務者として、廃棄物処理代金債権を片っ端から差し押さえよう。

2）訴訟の最中に、被告会社 Y1 のマンションを被告 Y2 の妻に名義移転している。これは、明らかに強制執行を免れるためのものであり、原告 X の債権回収を詐害する詐害行為である。そこで、Y2 の妻に対するマンションの売買契約を詐害行為として取り消す訴訟（詐害行為取消訴訟）を提起し、勝訴してマンションを取り戻し、これを競売しよう。

3）最悪の場合、Y2 に対する債権者として破産手続開始決定の申立をして、破産手続きの中で回収することも視野に入れよう。これは、Y2 に対する相当のプレッシャーになりうるが、破産手続きからの配当は僅少なので、リスクもある。最後の手段である。

　結局、1）、2）を実行しました。

　すると、Y2 の妻を被告として提起した詐害行為取消訴訟の中で、平成 29 年 12 月、次のような和解内容で解決することができたのです。

（1）Y1 社、Y2 は詐害行為取消訴訟に利害関係人として参加する。

（2）Y1 社、Y2 は、1,200 万円の連帯支払い義務があることを

認める。

(3) 数年にわたる分割弁済をなすが、1回も延滞をせず、支払金額が360万円に達した場合には、原告Xは残余を免除する。

(4) 1回でも分割弁済を怠ったときは、1,200万円の残額全額について期限の利益を失い、一括弁済する。

(5) これらの担保として、本件のマンションに抵当権を設定する。

　結局、判決からさらに1年近くを経て、最終的な和解が成立し、少なくとも未払い賃金360万円は回収できるような担保も設定させ、1,200万円の限度では他の財産に強制執行もできる、という状況となったのです。

　平成30年1月、初回の分割金の支払いがなされ、これからも支払い状況のチェックは続きますが、これで本件は終結しました。訴え提起から判決、実質的な解決まで、ケース2事件は、約2年半にわたるフルスペックの実践ができた労働訴訟事件でした。

4　ケース2事件で補佐人として貢献できたこと

　社会保険労務士が補佐人になったとき、私は弁護士とは違う役割があると思います。もちろん、社会保険や労働保険、就業規則といった分野で、弁護士よりも特別な知識で貢献できることは多くあります。ただ、社会保険労務士として、日常的に企業をよくする視点で働いている私たち独特の温かい目線で当事者を支援することも大切だと思うのです。

　本件の未払賃金請求事件の原告Xさんと打ち合わせをした時のことです。補佐人になって、まだしょっぱなの頃でした。雑談になった時に、Xさんが心のうちを話してくれました。将来自分のお店を持つケーキ屋さんになって、おいしいケーキをお客さんに食べてもらいたい、という大きな夢があったそうです。しかし、もう諦めてしまった。同僚であった仲間との友情も、ギスギスした職場環境のせいで壊れてしまい、

深く傷ついた。当時のことを思い出すとすごくつらい。仲間を失ったこと。ケーキ屋になる夢が遠のいたこと。今も人と深く関わるのがこわい面があるんです、と。私は、補佐人として受任させていただいた時から、この方のために役立つ、尽くすと肚決めしているのですが、これからもこの方を「大切な人」として向き合っていくことを誓っています。

　Xさんその人に大切なのは、訴訟で勝つことだけではない。私にできることは、この方の未来に向かっての成長を支援するような活動をしていければと、心から願いました。

　このような体験から、私は社会保険労務士が紛争解決に携わる場合には、ただ過去の事実に基づいて法律論で判断するだけではなく、出逢った当事者の方の未来に向かっての成長を支援するような活動をしていければと願っています。

　思えば、原告Xさんと平成27年の7月に補佐人になることを依頼してもらって初めて話をしたとき、その心は深く傷ついていました。正義感や口惜しさから訴訟をしようと思ったものの、心の中ではY2社長を本当に恐れていました。毎回の訴訟の期日に、和解や弁論準備期日の際には、原告Xも出頭してもらうのですが、Xさんは、「裁判所でY2（社長）に出会ったら、本当に怖い。」とびくびくしていました。神戸地裁には広い駐車場があって、車で来るXさんは、裁判所の駐車場に止めればいいのですが、Y2社長に見つかって、脅かされるのではないか、と本当に怖がっていたのです。そこで、私も車で行くから、神戸地裁から歩いて15分ほどの神戸ハーバーランド、モザイクというショッピングモールがあるのですが、そこの駐車場に二人とも車を止めて、一緒に歩いて裁判所に行くことにしたのです。歩きながら、Xさんの生活、仕事（今も別のケーキ屋さんで立派に働いていますが）、趣味のことなど、毎回話をして、励ましもしました。

　Xさんは、この訴訟が続いた2年間で、訴訟という困難な課題を乗り越えて、本当に成長されたな、と思います。最初は怖がっていたY2社長と顔を合わせる証拠調べ（平成28年12月20日）の段階になると、堂々と顔をあげて自らの主張を臆することなく述べられるようになって

いました。そして、最終的な和解の話となったとき「私は、Y1社で働いていた時は本当につらかったけれど、ケーキ屋としての経験を積ませていただいたことは、むしろ感謝しています。」と感謝の言葉を述べられました。そして、最後にXさん、弁護士の先生と共に皆で祝勝会をしたのですが、その時は、とっても明るい笑顔でこれからの未来の抱負を語ってくれました。私は、Xさんの人間的な成長が、心から嬉しく、これが私にとって一番の報酬だと感じたことでした。

5 私自身の成長

　私自身が社会保険労務士としての成長を実感できたことも、補佐人事件に取り組ませていただいたことの大きな報酬です。

　私は、これまで一貫して社会保険労務士の法律家としての役割は、憲法第13条の「ひと」の尊厳（＝リーガルスピリット）の理念をバックボーンとして、的確な法律知識（＝リーガルナレッジ）を駆使して、労働問題を判断解決することだ、とお話しするとともに、執筆した本でもそのように書いてきました。ただ、補佐人事件を受任するまでは、本当に困難な事件を乗り越えるために、とことん真剣な努力を尽くす経験には出会っていなかったと感じます。ところが、このケース2事件のような困難な補佐人事件を体験して、文字通り憲法第13条の深い意味に実践を通して気づくことができたのです。憲法第13条の持つ深い意味については、後述しますのでぜひお読みください。

6 補佐人時代の社会保険労務士

　補佐人の仕事は、これから私たちが切り拓いていける新しい仕事です。ただ職域の拡大というだけではありません。私は、社会保険労務士が補佐人の仕事にチャレンジすることは、紛争に悩む当事者のケアに役立つだけでなく、社会保険労務士の専門的能力の向上にものすごくプラスになると考えます。というのは、訴訟まで行き着いた場合であっても、紛争解決のみちすじを自分の頭で考えることができる、当事者が納得する落としどころがピンとくる洞察力と、その担保となる経験値は、

専門家として非常に高い次元の能力だからです。落としどころがわかるということは、紛争の未然予防や、労使の信頼構築という企業活動に必要な全領域について、高い視座から俯瞰し、ゴールから逆算して見渡すことができるということです。その人の専門的洞察力や課題解決力は、ものすごく高いものになるでしょう。どうか今後多くの社会保険労務士が補佐人業務に取り組んでいただきたいと願っています。

第1章

労使トラブル解決に必要な基礎知識

図表 1-1　企業活動と労働にかかる法の全体像

[憲　法]　「ひと」の尊厳（憲法 13 条）
「ひと」は、かけがえのない存在として尊重される

[民　法]　「良心」に基づく「ひと」の信頼関係
信義誠実の原則（民法 1 条 2 項）

・契約自由の原則　　　　　　　・公共福祉の原則（民法 1 条 1 項）
・所有権絶対の原則　　　　　　・権利濫用の禁止（民法 1 条 3 項）
・過失責任の原則

[商　法]（民法の特別法）

・商法総則

・商行為法

・会社法

・手形法
・小切手法

・金融商品取引法
（旧　証券取引法）

・知的財産権法
（特許・実用新案・商標・意匠・
著作権など）

自由かつ公正

[労働法制]（民法の特別法）
・雇用関係法
労働契約法　労働基準法　最低賃金
法　賃金確保法　労働安全衛生法
労働者派遣法　男女雇用機会均等法
労災保険法　育児介護休業法　労働
契約承継法など
・雇用保障法
雇用保険法　職安法　など
・労使関係法
労働組合法　労働関係調整法など

・消費者保護法制
消費者契約法　など

・公正自由競争法制
独禁法・不正競争防止法・下請法など

・公正迅速な倒産処理法制
破産法・民事再生法・会社更生法など

・知財における従業者の権利保障
（職務発明、職務創作など）

左の図が、企業活動と労働に関係する法体系の全体像です。

　社会保険労務士は、補佐人業務やあっせん代理に取り組む場合に①「ひと」の尊厳の理念を謳う憲法、②その理念が落とし込まれた民法、③企業活動のアクセルである会社法、④公正なブレーキをかける労働法（労働判例も含む）、これらを勉強することが必須です。

　本書では、労使トラブル解決の基礎知識として、憲法と民法の考え方（価値観）と知識についてこれから学んでいきましょう。

私たち社会保険労務士の法律家としての役割

「ひと」の尊厳（憲法 13 条）　　　　　　　労働関係にかかわる法律知識
法の精神　リーガルスピリット　　　　　　　リーガルナレッジ

労働に関わる法律問題を判断・解決

憲法の神髄：「ひと」の尊厳（憲法 13 条前段）
すべて国民は、個人として尊重される

---

2 | 憲法の必須知識

憲法のポイントは、次の2つです。

> ① 憲法の神髄＝「ひと」の尊厳を法の支配が守ること
> ② 労使関係で重要な憲法上の権利を理解すること

あらゆる法の出発点は、憲法です。憲法は、私たち社会保険労務士の試験科目に含まれなかったこともあって、あまりなじみがなくてとっつきにくいかもしれません。しかし、とても大切なことが書いてあるのです。

上図のように、私たち社会保険労務士の法律家としての役割は、憲法13条の「ひと」の尊厳を肝に銘じ、かつ法的な知識（ナレッジ）を自在に駆使して紛争解決をすることです。補佐人として実務に携わる上でも、憲法の基本を自分のものにすることが出発点です。

1 「ひと」の尊厳の意義

☑ 憲法の規定から読み解く

憲法の神髄は、13条前段です。「すべて国民は、個人として尊重される」。この条文に「ひと」の尊厳という法の精神が表されています。

実は、憲法は、「人とはなんぞや？」ということを指し示しています。企業における「ひと」のケアをする私たち社会保険労務士は、憲法をしっかり勉強する必要があります。

「ひと」の尊厳とは、「ひと」は一人ひとりかけがえのない存在だということです。私たちは、自分も他人も心から大切にしたいと願います。これが「ひと」の本質です。もちろん、人間は、他人を傷つけ、または自分を粗末にすることがあります。とても弱い側面を持つ存在です。し

かし、その弱さは、「ひと」の心の奥底にある魂の気高さに気づくために、私たちに与えられた試練です。なぜなら、弱さに負けて悔しい思いをしたり、苦しみに思い悩んだり、悪への誘いに打ち克ったりする機会がなければ、「ひと」は喜びや、善、魂の気高さに気づけないからです。「ひと」には、弱い面を克服して、より気高い魂となるべく成長できる可能性が、誰にも与えられているのです。

　この「ひと」の魂の気高さのことを「良心」といいます。憲法19条も「良心」の大切さと尊重を謳っています。私たちの人生は、苦しみや、悪の誘いといった試練が与えられるようになっています。それでも私たちは、必ずその試練を乗り越えられると自分を信じることができます。そして、試練を乗り越えるたびに、私たち一人ひとりに必ず備わっている「良心という気高い本性」に気づいて、魂のステージをアップすることができます。それが人間の本質だと心の奥底では誰しも気づいていますから、人は、少しでも成長することを希求します。それが「ひと」の本質です。この本質に気づき、自覚した「ひと」は、互いに尊重し合い、信頼で結ばれます。自分も他人も大切にしたいと願う気高い魂（自他一如の心）を持つ存在同士、信頼で結ばれるのが「ひと」の本質だということです。

◢◉　参照条文

☞　**憲法19条**
　　思想及び良心の自由は、これを侵してはならない。

☞　**憲法13条**
　　すべて国民は、個人として尊重される。生命、自由及び幸福追求に対する国民の権利については、公共の福祉に反しない限り、立法その他の国政の上で、最大の尊重を必要とする。

　この憲法13条のキーワードを意識しましょう。「個人」とか「尊重」などといっても抽象的で、イメージしにくいのですが、英語訳の単語に、深い意味を見出すことができます。

> **Article 13.** All of the people shall be respected as individuals. Their right to life, liberty, and the pursuit of happiness shall, to the extent that it does not interfere with the public welfare, be the supreme consideration in legislation and in other governmental affairs.
>
> 尊重 = respect
> 個人 = Individuals

　尊重とは、相手の立場で（re）見る（spect）ということ。

　個人とは、分断、分割（divide）することができない（in）存在であること。

　レスペクト（尊重）とは、自分本位でなく、相手の目線で（相手本位）で、物事を見る、判断する、人に対する、ということを表しています。

　インディビデュアルズ（個人）の意味は、人は皆、分断できない、という意味です。これには、さらに2つの意味が含まれています。

　1つは、一人の人間には、肉体や心、魂（良心）があり、自らを正当化してしまう限りなく弱い面、醜い面、汚い面、ずるい面、冷たい面があるけれども、同時に、限りなく気高い魂、良心を合わせ持つ存在であって、肉体、心、魂は分かつことのできないものであり、人の本質は、「愛」なのだということ。

　2つは、分かつことのできないのは、ひとり自分の内面だけではなく、人は他者との「つながり」「縁」の中で生き、成長するのが「ひと」なのだということです。「個人」は「孤人」ではないのです。

　次に、憲法13条後段の意味を考えてみましょう。ここには、「ひと」の成長のみちすじが示されています。

　幸福追求とは、「ひと」が「成長を希求し続ける」ことです。

　「ひと」の成長は、物事を知ること、理解することから出発します。

そして、知識を自分の智恵として身につけ、自分にできることを実践すること（知行合一）が可能になります。人の成長のプロセスは、次のとおりです。

① **気づき**

まず、人は自分の役割と使命を自覚して、人や社会の役に立ちたい（愛の実践）と願います。常に自分の存在を高めていきたいと望みます。そこに、自分の使命や、なすべき行動についての「気づき」が生まれます。「気づき」は、人に対する愛（強い関心）や好奇心が源泉となって生まれます。

② **想い**

他者の役に立ちたい、自分の存在を高めていきたい。その「想い」は、一人では実現することはできません。そこで、「想い」を持った人間には、アンテナが立ちます。このアンテナは、想いを実現するために必要なことを受信しますし、発信もするのです。すると、その人には縁（つながり）が発生します。

③ **縁、つながり**

皆さんは、人の役に立ちたい！　こんなことを自分が達成してみたい！と思った時、助けてくれる人が目の前に現れたり、必要な本の背表紙が、書店で浮き上がって目に入り、そこから学ぶことができた、という経験があるでしょう。「想い」を持った人のアンテナは、人とのご縁、つながりをもたらします。この場合に、もっとも大切なのは、「信頼」です。主体性をもった自分を全面的に認め（自己信頼＝自信）、他者を信頼して力を合わせ、学ぶことによって、人は「想い」を具現化することができるのです。

④ **想いの具現化**

人は、自分の気づきから生じた想いを、他者との信頼関係の下に具現化したとき、限りない自己効力感を感じ、身に着けた経験値によってさらなる気づきを得る成長への道を歩き出すのです。

人間の存在価値は、人生での役割を通じて使命を果たすことにあり、

使命を果たすことに自分の存在価値（人間としての誇り、魂を持った人間としての尊厳性）を感じ、生き甲斐を感じます。そして最後は使命を果たすことができることへの感謝を感じます。私は、この①から④のプロセスの全体が「ひと」の「幸せ」なのだと考えます。

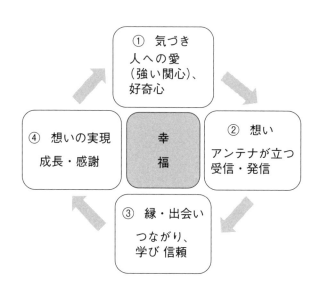

　そして、私たちが、この「成長と感謝へのプロセス」を歩むかどうかは、一切自由です。

　「ひと」は、使命を持って生まれた自分の命（＝「生命」）を生かし、誰にも成長できる無限の可能性があります。そして、人への愛（深い関心）や事物への好奇心をもって、成長していくのが自分である（ありたい自分）、と肚決めすることも自由だし、自分の損得にこだわり、エゴをむき出しにして生きるのも自由です。

　人には、成長と感謝の道を歩むか否か、自分のあり方を自分で決める無限の「自由」が与えられているのです。

　憲法13条は、実は、「ひと」に対する深い洞察に基づいて、人のあり方、成長と幸福へのみちすじを示してくれているのです。

☑ 法の根本精神はルールや掟などではない

「ひと」が気高い魂を持った存在として尊重し合い、誰もが「成長し続ける」ことによって幸せを感じることができる。人間とはそのような気高い存在であり、誰しもが成長できることを可能とする社会を築かねばならない。これが法の根本精神です。

法律は、ともすれば、単なる利益調整のルールだとか、私たちを縛る掟のように思われがちです。しかし、私は、法律はそのような索漠としたルールではなく、素晴らしい哲学、人間学に裏打ちされたものだと信じます。

このような考え方が、憲法13条の根底にあるのです。とても深い意味合いが短い条文に込められています。人間同士のケアと愛を大切にしたいという高い価値観が表現されています。このケアの観点はとても大切ですから、繰り返しお話ししたいです。

そして、憲法13条に述べられている「ひと」の尊厳を実現し、「ひと」が幸福を追求するために不可欠な、自分の役割や使命を果たすことができる、最も重要な時間と空間が「働く」という場なのです。ですから、私たちが労働関係の問題を考えるとき、以上の憲法の根本精神を深く肝に銘じる必要があります。

☑ リーガルマインドの意義

リーガルマインドという言葉があります。これはどのような意味か、どなたも考えられたことがあるでしょう。実は、リーガルマインドとは、「どんなケースにも「ひと」の尊厳というリーガルスピリットの光を当てて考える」という価値観と人格態度です。

人類は、長い歴史の中で、人間とは何かを考え続けてきました。とことんそれを考える学問「哲学」とか、宗教を含め、長年人間とはどういう存在なのか？と、問い続けてきました。そして、ついに到達したのが「ひと」の尊厳への気づきです。「ひと」とは、一人ひとり個性があり、それぞれが魂を磨いて成長できるように生まれてきた、尊く大切な存在

だ！ということに気づいたのです。それは時代、国、民族、宗教を超越する普遍性を備え、時間も場所も超越するものとして認識されるに到りました。

　この哲学の世界と実際の法律の世界をつなぐのが、「ひと」の尊厳を述べている憲法13条です。そこで、真の法律家は、どんな法律問題を考えるときも、「ひと」の尊厳という理念の光を当てて考えます。「ひと」の尊厳という理念を、どんな場合でも基本的価値観として据え、具体的なケースにその光を当てる。これが「リーガルマインド」です。人間が、一人ひとり、このような高い価値観を持って、自律した存在に成長できれば、それが理想的な社会だといえるのではないでしょうか。

　しかし、現実には、人間は魂の入れ物として肉体を持って生まれます。生存本能や欲求、エゴに流され、自分や他人を傷つけるような弱い面があります。殊に、国政の上では、公権力を持ったとたんにその上にあぐらをかいて、権力者が「ひと」の尊厳を侵害してきた過去の歴史がありました。そこで、まずは公権力によって「ひと」の尊厳が侵されないように、憲法上の権利＝人権を保障する体系を作りました。それが憲法です。つまり、国のあらゆるしくみは「ひと」の尊厳をまっとうするためのものです。それを宣言している日本国憲法は、哲学や人間学から見て、あるべき気高い人間像を示しているだけではなく、公権力に対する一人ひとりの人間の「ひと」の尊厳を守る、日本社会の人権宣言という意味合いを持つのです。

2 法の支配 (rule of law)

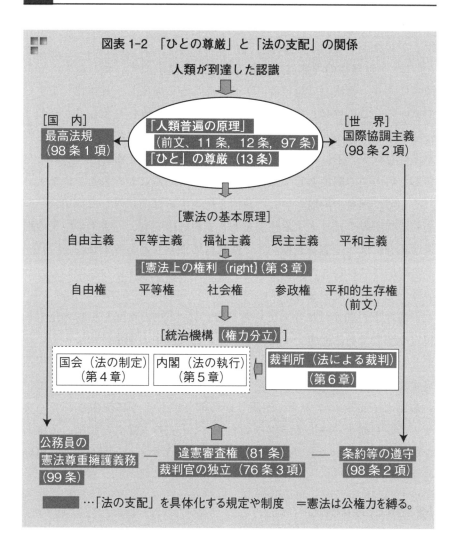

図表 1-2 「ひとの尊厳」と「法の支配」の関係

人類が到達した認識

［国　内］
最高法規
（98 条 1 項）

「人類普遍の原理」
（前文、11 条, 12 条, 97 条）
「ひと」の尊厳 （13 条）

［世　界］
国際協調主義
（98 条 2 項）

［憲法の基本原理］

自由主義　　平等主義　　福祉主義　　民主主義　　平和主義

［憲法上の権利 （right）（第 3 章）

自由権　　　平等権　　　社会権　　　参政権　　平和的生存権
（前文）

［統治機構 権力分立 ）］

国会 （法の制定）
（第 4 章）

内閣 （法の執行）
（第 5 章）

裁判所 （法による裁判）
（第 6 章）

公務員の
憲法尊重擁護義務
（99 条）

違憲審査権 （81 条）
裁判官の独立 （76 条 3 項）

条約等の遵守
（98 条 2 項）

■■■■…「法の支配」を具体化する規定や制度　＝憲法は公権力を縛る。

☑ 「ひと」の尊厳を「法の支配」が守る！

　前ページの図は、リーガルスピリット＝「ひと」の尊厳を、「法の支配」が守ることを表したものです。

　「ひと」の尊厳の理念は、人類の到達した認識です。それがすべての源泉であり、憲法上の規定は、すべてそこから派生し、具体化します。ですから、この図は、憲法13条の「ひと」の尊厳を源として、その下に基本原理である「自由」「平等」「福祉」「民主」「平和」という考え方が派生し、その下にそれを具体化する詳細な人権規定があり、これらを守るための国の制度として三権分立を定めていることを表しています。

　そして、国会や内閣といった政治を担当する部門に対して、司法、つまり裁判所がチェックする体制をとります。中でも、一番下の中央の網掛け部分には「違憲審査権」と「裁判官の独立」とあるように、「司法」が最終的に「ひと」の尊厳が侵されるのを防ぐ守り手になっている、ということを表しています。

　一番左下の網かけになっている部分には、「法の支配」を具体化する規定や制度であると書いてあります。そこで図中の網掛けになっている部分をよく見ると、国会や内閣という政治部門＝公権力の行使を直接担当する政治部門について、一番てっぺんの「ひと」の尊厳から発して、いろんなチェックシステムが周りから取り囲むように配置されています。これらがトータルなシステムとして、「法の支配」として、公権力を縛るチェックシステムになっている、というイメージがわかると思います。

☑ 図の上段の見方

　楕円の中にある、憲法13条「ひと」の尊厳が、人類の到達した価値観であり、そしてすべての法体系の出発点です。憲法はこれを「人類普遍の原理」として、すべてがここから派生、具体化されています。前文、11条、12条、97条がそれらを明確に述べています。日本国内と人類世界という横軸、歴史（時間）の流れという縦軸の双方で、これらが

謳われています。「人類の到達した共通認識」と、そのための権利を定めるこの憲法は、図の左側（国内）にあっては最高法規です（98条1項）。それは人類普遍の共通の考え方ですから、図の右側（人類世界）にあっては国際協調主義（98条2項）の大切さが謳われています。

☑ 図の中段の見方

さらに、楕円の中の理念から憲法の基本原理が派生していきます。これが図の2段目［憲法の基本原理］です。そして、「ひと」の尊厳を確保するために具体化された憲法上の権利が定められているのが、憲法の第3章です。

☑ 図の下段の見方

その下、統治機構が3権に分かれているのはなぜでしょうか？　それは、憲法上の権利が正当な理由もなく侵害されないように、国の運営が、国民一人ひとりを大切にするために行われるように、権力の一極集中と濫用を防ぐためです。3権のチェック＆バランスで行うため、国会第4章、内閣第5章、裁判所第6章というように、章立てを分けているのは、権力分立というシステムがとられている、ということを表しています。

そして、チェックシステムとしては、さらに左上の最高法規の囲みから、公務員はこの憲法を守れ！ということで、左下に線が伸びてきて「憲法尊重擁護義務」（99条）が定められています。そして同じ趣旨で条約もきちんと守ってくださいという、右下の「条約等の遵守」（98条2項）が定められています。

これらは公務員（公権力）に事前に課された憲法尊重の義務ですが、もし公権力がこの事前の義務に違反して、「ひと」の尊厳を踏みにじるような立法や行政を行ったら、どうなるのでしょうか？　その場合には、裁判所が「最後の砦」となって、その状態を是正します。

これを規定しているのが一番下の段、違憲審査権（81条）です。そして、そのような重大な職責を担う裁判官は、「良心に従って独立して

職権を行い、この憲法及び法律だけに拘束される」（76条3項）ということになります。

　「ひと」の尊厳（リーガルスピリット）を守るため、またこれに反する行為は許されないとして、以上のようなしくみ、網掛けのようなシステムが構築されています。そのために公権力を縛るシステムも設けられています。この考え方全体を、「法の支配」といいます。

　これまでお話しした、憲法のスピリットとしくみ。これを頭の引出しにして、しっかりとイメージできるようになれば、私たち社会保険労務士にとって憲法の基本はOKです。

参照条文

☞　**憲法前文**

　　日本国民は、正当に選挙された国会における代表者を通じて行動し、われらとわれらの子孫のために、諸国民との協和による成果と、わが国全土にわたつて自由のもたらす恵沢を確保し、政府の行為によつて再び戦争の惨禍が起ることのないやうにすることを決意し、ここに主権が国民に存することを宣言し、この憲法を確定する。そもそも国政は、国民の厳粛な信託によるものであつて、その権威は国民に由来し、その権力は国民の代表者がこれを行使し、その福利は国民がこれを享受する。これは人類普遍の原理であり、この憲法は、かかる原理に基くものである。われらは、これに反する一切の憲法、法令及び詔勅を排除する。

　　日本国民は、恒久の平和を念願し、人間相互の関係を支配する崇高な理想を深く自覚するのであつて、平和を愛する諸国民の公正と信義に信頼して、われらの安全と生存を保持しようと決意した。われらは、平和を維持し、専制と隷従、圧迫と偏狭を地上から永遠に除去しようと努めてゐる国際社会において、名誉ある地位を占めたいと思ふ。われらは、全世界の国民が、ひとしく恐怖と欠乏から免かれ、平和のうちに生存する権利を有することを確認する。

　　われらは、いづれの国家も、自国のことのみに専念して他国を無視してはならないのであつて、政治道徳の法則は、普遍的なものであり、この法則に従ふことは、自国の主権を維持し、他国と対等関係に立たうと

する各国の責務であると信ずる。

　日本国民は、国家の名誉にかけ、全力をあげてこの崇高な理想と目的を
達成することを誓ふ。

☞ **憲法 11 条**

　国民は、すべての基本的人権の享有を妨げられない。この憲法が国民に
保障する基本的人権は、侵すことのできない永久の権利として、現在及び
将来の国民に与へられる。

☞ **憲法 12 条**

　この憲法が国民に保障する自由及び権利は、国民の不断の努力によつて、
これを保持しなければならない。又、国民は、これを濫用してはならない
のであつて、常に公共の福祉のためにこれを利用する責任を負ふ。

☞ **憲法 76 条 3 項**

　すべて裁判官は、その良心に従ひ独立してその職権を行ひ、この憲法及
び法律にのみ拘束される。

☞ **憲法 81 条**

　最高裁判所は、一切の法律、命令、規則又は処分が憲法に適合するかし
ないかを決定する権限を有する終審裁判所である。

☞ **憲法 97 条**

　この憲法が日本国民に保障する基本的人権は、人類の多年にわたる自由
獲得の努力の成果であつて、これらの権利は、過去幾多の試錬に堪へ、現
在及び将来の国民に対し、侵すことのできない永久の権利として信託され
たものである。

☞ **憲法 98 条 1 項**

　この憲法は、国の最高法規であつて、その条規に反する法律、命令、詔
勅及び国務に関するその他の行為の全部又は一部は、その効力を有しない。

☞ **憲法 98 条 2 項**

　日本国が締結した条約及び確立された国際法規は、これを誠実に遵守す
ることを必要とする。

☞ **憲法 99 条**

　天皇又は摂政及び国務大臣、国会議員、裁判官その他の公務員は、この
憲法を尊重し擁護する義務を負ふ。

3 憲法の価値観は、労使の関係にも織り込まれる

☑ 労使関係には憲法は直接適用されない　しかし…

　労使関係にも、憲法が深く関わっています。「法の支配」は、憲法は公権力を縛る、という考え方でした。しかし、憲法は公権力だけを縛るのではありません。民間同士（例えば、企業と従業員）の法律関係であっても、憲法上の権利保障が及びます。もちろん、企業は公権力ではありませんから、直接憲法が適用されるわけではありません。しかし、判例・通説は、憲法上の権利保障は、民法の一般条項（民法1条＝公共福祉、信義誠実、権利濫用禁止の各原則、民法90条＝公序良俗、民法709条＝不法行為）等の適用場面で、これらの条文の解釈に憲法の趣旨が織り込まれる、としています（間接適用説。三菱樹脂事件・最大判昭和48.12.12）。

　労使関係でも、企業や従業員の憲法上の権利がクローズアップされます。例えば、憲法は22条1項（営業の自由）と29条（財産権）で、いわゆる経営の自由を保障しています。従業員にも、人格的自由や様々な憲法上の権利が保障されます。

☑ 人事労務管理のベース（土台）は、労使の互いの権利の尊重

　13ページの図にあるように、労使関係の理想は、互いに信頼関係で結ばれることです。企業が社会に貢献し、従業員が役割を全うするためには、労使が理念を共有し、協力して顧客や社会から求められる使命を果たさなければなりません。そのためには、労使の信頼関係を構築することが何よりも大切です。そのバックボーンが、「ひと」の尊厳を肝に銘じて労使関係におけるケアと愛を具体化する、高い価値観です。この高い価値観によって労使対立を予防し、労使を信頼関係の下に統合するしくみが人事労務管理であり、私たち社会保険労務士の使命だと考えます。そのベース（土台）は、労使の互いの権利の尊重です。

　企業には、経営に関する決定権があります。従業員には、人格的に自

律して生きる権利があります。労使が信頼関係のもとに、ともに社会に貢献するためには、両者の相互尊重とバランスが重要です。このバランスを崩して企業が従業員の人格的自律を損なったとき、あるいは従業員が企業の目的を阻害したとき、法の世界ではレッドカードが切られます。不法行為や債務不履行、さらに刑事責任という問題に発展してしまいます。そこで、憲法上の権利の理解が重要になるのです。

参照条文

☞ **憲法 22 条 1 項**

　　何人も、公共の福祉に反しない限り、居住、移転及び職業選択の自由を有する。

☞ **憲法 29 条 1 項**

　　財産権は、これを侵してはならない。

4 労使関係でクローズアップされる憲法上の権利

　憲法第 3 章は、人権のカタログと呼ばれます。「ひと」の尊厳（13 条前段）を出発点として、幸福追求権（13 条後段）、法の下の平等（14条）、精神的自由権、経済的自由権、人身の自由、社会権、参政権や国務請求権といった様々な権利が定められているからです。これらの中でも、特に労使関係でクローズアップされる権利があります。

☑ 人格権、プライバシー権

　憲法 13 条は、「ひと」は一人ひとりかけがえのない大切な存在だという価値観に立脚しています。そして、「ひと」の人格的生存に不可欠の権利を、人格権と呼んでいます。「ひと」の尊厳の別名といってもいいでしょう。また、自分の情報を適切にコントロールする権利をプライバシー権といい、憲法第 13 条で保障されると考えられています。労使関係でも、企業が従業員の人格権やプライバシー権を侵害すると、違法とされます。

●関西電力事件（最三小判平成 7.9.5）

　特定政党の支持者であることを理由に、組合少数派の従業員に対して、徹底した監視・孤立化政策（私生活の動静把握や、企業内サークルからの排除など、村八分的な行為）を企業ぐるみで行ったことに対し、①職場における従業員の自由な人間関係を形成する自由を不当に侵害するものであり、②名誉とプライバシー、人格的利益を侵害するものである、としました。そして、企業が不法行為（民法 709 条）に基づいて損害賠償義務を負うと判断しました。

● E-mail 閲覧訴訟（東京地判平成 13.12.3）

　事案は、会社のコンピュータネットワークシステムを利用して、男性上司が女性の部下の私的電子メールを無断で閲覧・監視したことがプライバシー権の侵害であるとして、不法行為に基づく損害賠償を請求したケースです。判決は、「企業内の私用電子メールにもプライバシー権の保護があり、監視目的・手段・態様とプライバシー侵害の不利益とを比較衡量して社会通念上相当でない場合には、違法となる」としました。

☑ 法の下の平等

　「法の下の平等」（憲法 14 条）は、憲法 13 条と直結する、とても大事な考え方です。

　憲法の「平等」に対する考え方は、14 条の直前に「ひと」の尊厳を謳う 13 条があることからわかるように、「ひと」の尊厳の理念を受けたものです。憲法 13 条は「ひと」はみな「かけがえのない存在」だと言っています。ですから、13 条からいうと、「ひと」の存在について、他の人との比較論は、そもそも一切ありません。それぞれの人格に最高の価値が認められる存在なのです。「ひと」はみな尊い存在であり、男も女も、老いも若きも、生まれた場所、人種、信条等によって比較できるはずがない、と考えているのです。これが、憲法 14 条の真髄です。平等の理念は、13 条とセットです。

　労使関係では、法の下の平等に関わる問題は数多くあります。思想差別、性差別、正規・非正規の差別などです。これらの問題に対するときは、憲法の根本精神に立ち返ることが大切で、数多くの裁判例も、その

ことを繰り返し判示しています。私たち社労士が「働き方改革」、「同一労働同一賃金」の問題に取り組むに当たっても、憲法 13 条、14 条の趣旨までさかのぼって考える必要があります。

そうでなければ、働き方改革の実践は、小手先の弥縫策、テクニック的な取り組みに墜してしまうのではないでしょうか。

参照条文

☞ **憲法 14 条 1 項**

　　　すべて国民は、法の下に平等であって、人種、信条、性別、社会的身分又は門地により、政治的、経済的又は社会的関係において、差別されない。

●中部電力事件（名古屋地判平成 8.3.13）

　思想信条を理由とする賃金差別は不法行為となり、使用者が正当な考課査定によって生じた格差部分を特定して証明しない限り、格差全額を損害と認めるほかはない、と判示しました。

●芝信用金庫事件（東京高判平成 12.12.22）

　職能資格と賃金が連動する人事制度を有する信用金庫で、昇格試験の結果、女性従業員と同年齢の男性従業員のほぼ全員が「副参事」に昇格したのに、女性従業員はことごとく不合格とされたケースについて、この信用金庫における男女の昇格格差は「極めて特異」であり男女差別によるものと認定し、女性従業員の昇格請求権を認めました。

●住友生命保険既婚女性差別事件（大阪地判平成 13.6.27）

　既婚女性であることを理由とする人事考課の低査定は人事権を逸脱するもので不法行為となる、と判示しました。

☑ 思想および良心の自由

「思想及び良心の自由」とは、すべての精神的自由の基礎となる重要な権利です。「思想」とは、その人のものの見方、考え方（人生観や世界観)、「良心」とは、「ひと」の尊厳に立脚した倫理的価値観です。

平たく言うと、「良心」とは「ひと」を大切にしたいと願う人間本来

の心のありようそのものです。「ひと」は、誰もが「良心」を持っており、その「心」を侵してはならない、と19条は言っているのです。とても深い「ひと」に対する信頼と、その「心」の大切さを述べています。

　ですから、公権力は、次の①から③のようなことを決してしてはなりません。

---

① 「ひと」に特定の思想を強制すること
② 思想良心を理由として「ひと」に不利益を課すこと
③ その「ひと」がいかなる思想の持ち主であるか、強制的に言わせること

　労使関係でも、「思想及び良心の自由」が問題となるケースが多くあります。例えば、思想を理由とする採用拒否、賃金差別、職場八分・嫌がらせなどです。問題があれば、憲法の精神を織り込んで、リーガルスピリットの光を当てて、問題を検討します。

　もし企業によって従業員の「思想及び良心の自由」を侵害する行為がなされれば、それは原則として違法とされることになります。

　ただ、民間同士ですから、私的自治の原則という価値観も大切です。私的自治の原則によって企業が従業員との関係、労働契約内容を自由に決められるという権利・自由も尊重しなければなりません。企業の経営の自由というのも、大切な権利です。この両者のバランスをとりながら考えることになります。裁判例も、企業の立場を尊重しつつ、従業員の思想・良心の自由に配慮した判断をしています。

●**目黒電報電話局事件**（最三小判昭和52.12.13）
　「ベトナム戦争反対」などと書かれたプラスチックプレート着用の取外し命令を拒否し、その命令を批判するビラを休憩時間中に食堂で配布した従業員に、①職場内政治活動の禁止、②ビラ配布の許可制を定める就業規則に違反するとして戒告処分がなされたケースです。
　最高裁は、就業規則の定めを有効としつつ、形式的には規則違反に当たる場

合でも「職場秩序を乱すおそれのない特段の事情がある場合」には、就業規則違反とならない、と判示しました（結論は懲戒処分を有効と判断）。

●明治乳業事件（最三小判昭和58.11.1）

　昼休み中に工場の食堂内で政党の選挙ビラを配布したが、配布の態様が平穏であり、企業秩序を害するおそれがない特別の事情があるとして、ビラ配布の許可制を定める就業規則に違反しない、と判示しました。

5 　憲法のまとめ

　憲法には「ひと」の尊厳という、法の根本精神（リーガルスピリット）が示されています。この価値観を、ぜひ自分のバックボーンとしていただきたいと願います。なぜなら、高い価値観を持つ人は、ゆるぎない信念と行動基準があり、困難な問題にぶつかっても、きっと正しい答えを出せるからです。何よりも大切なのは、「自分の出した答えを正しいものにしていく」ことができるのです。そして、出会う人に良い影響を与えることができます。

　人の世を暗い闇だと思い込んでいる人がいたら、私たちの良心の光でその人の心の闇を照らし、温かく包み込んであげる。それが、その人にきっと良い影響を及ぼしますし、その実践は、私たち自身の魂をステージアップしていくことになります。この憲法のリーガルスピリットは、民法などの法律にも織り込まれ、私たちが労使関係の問題を検討する際のバックボーンになっていくのです。

　もう一度、42ページの図表1-1を見てください。

　憲法の保障する「自由」という側面に光を当てると、人間が企業活動を自由に迅速に行って経済的に豊かになることを保障する法律群があります。図の左側の商法、会社法、金融商品取引法や知的財産権法などは、経済活動のアクセルと言っていい法律群です。

　もちろん、アクセルがあればブレーキも必要です。図の右側の労働法制や消費者保護法制などは、経済的な活動の自由が大切なことを踏まえ

つつ、公正なブレーキの役割を果たす法律群です。

　このように、企業と労働にかかる法の全体像を見ると、憲法の理念に導かれて、民法に憲法の考え方が織り込まれ、企業活動の自由なアクセルとこれに対する公正なブレーキが働くように制度設計されていることがわかります。「自由かつ公正」ということが、企業活動と労働にかかる法を考えるときのキーワードになるわけです。

3 | 民法の必須知識

1 なぜ民法を学ぶのか？

民法のポイントは、次の３つです。

---

① 憲法のリーガルスピリットが民法の条文にも織り込まれること
② 労働法による様々な規制が労働契約の内容を制限すること
③ 労働契約には付随的義務が満載であるすがたを頭の引き出しにすること

私たちが向き合う労働関係をはじめ、民間同士のすべての法律関係のベースになるのが、民法です。

「ひと」の尊厳（憲法13条）や、基本的人権保障の趣旨を民法の一般条項（民法１条、90条、709条など）に織り込んで解釈する（判例・通説）ということは、既にお話しました。次は、憲法のスピリットはどのように民法に織り込まれるのか？　ということを押さえていきましょう。労働に関わる基本的な民法の条文や知識、考え方についての正確な法律知識（ナレッジ）も、当然必要です。これらを理解することが不可欠です。

なぜ、民法を学ぶのか。それは労働関係という民間同士の法律関係に、憲法の理念を織り込み、「ひと」の尊厳という全法体系の目的からぶれない視点で、かつ正確な法律知識を使って労使トラブルを解決し、予防することができるようになるためなのです。

2 民法を学習するポイントである契約と不法行為を理解しよう！

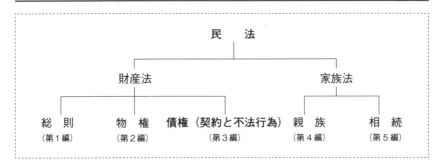

　さて、民法は、大きく財産法と家族法に分かれていて、さらに5つの編があります。民法は1,000以上の条数があり、確かに分量は膨大です。しかし、私たち社会保険労務士は労働にかかわる専門家です。補佐人として携わるのも労働に係る裁判なのですから、労働関係に対応するための民法のポイントを押さえることが重要です。そのポイントは、契約と不法行為です。とにかく最短距離で、必要なポイントである、①契約と②不法行為を理解するのが実践的だと考えます。

☑ 労働契約による法律関係

　例えば、経営者Yが従業員Xに保護具もなしに危険な高所作業を遂行させた結果、事故が発生して従業員Xが死亡しました。この場合に、X－Y間の法律関係はどうなるでしょうか？

　この場合、X－Y間には、労働契約があります。経営者Yには、従業員Xに業務を命じて仕事をさせるプロセスではその生命や心身の安全・健康に配慮する義務があります。これを「安全配慮義務」ということは、皆さんご承知のとおりです。経営者Yは、安全配慮義務を「労働契約の内容として」負っています。にもかかわらず、経営者Yはその義務を尽くさず、危険な高所作業をさせて安全配慮義務に違反しました。そこで、経営者Yに「安全配慮義務違反を理由とする債務不履行責任」が発生します。これが、1つ目のポイントである「契約」による責任です。

☑ 不法行為による法律関係

　ところで、従業員Ⅹの死亡について、経営者Ⅹが負う責任は契約責任だけではありません。

　契約があろうとなかろうと、「ひと」の尊さを謳っている憲法13条から見れば、従業員Ⅹの「生命や心身の健康」はとても大切です。生命を軽んじられていい人はこの世に一人もいません。健康を害されて病気や怪我の痛みや苦しみを余儀なくされる人がいても構わないなどということは、絶対にないのです。生命や心身の健康というのは、憲法13条が認めている最も大切な法的利益です。

　にもかかわらず、経営者Ⅹに故意または過失があった結果、従業員Ⅹの生命という権利を侵害してしまいました。この場合に経営者Ⅹに責任をとってもらいます、というのが2つ目のポイントである「不法行為」による責任です。

　このケースについて見ると、従業員Ⅹの「生命や心身の健康」という利益が、憲法13条を出発点として認められます。この利益は民事的には民法で（刑事法では刑法で）法的に守られているわけですが、これを経営者Ⅹが侵害しました。民法では、権利は、契約があろうとなかろうと、みんなが大切にしなければならないことだから、これを侵害したⅩは「不法行為責任」を負います。そして、従業員Ⅹの遺族は、契約責任・不法行為責任のいずれでも、法律上の主張として請求できることとなるのです（これを請求権競合説といい、判例・通説です）。

　このように、契約関係と不法行為責任の正確な分析ができることが、労働関係に対応するための民法のポイント、ということになります。

　では、労働契約とはどのような特徴を持つ契約類型なのでしょうか。

3 労働契約に対する労働関係諸法令の規制

図表1-3　労働基準法による労働契約に対する規制

［民法］

労働契約は自由　労務管理のしくみも原則は自由のはずだが…

最低限の労務コンプライアンス

［労働基準法］

目的：「人」たるに値する生活（1条）

［主な規制内容］

- ・労働条件の労使対等な決定（2条）
- ・男女同一賃金の原則（4条）
- ・中間搾取の禁止（6条）
- ・契約期間の制限（14条）
- ・賠償予定の禁止（16条）
- ・強制貯金の禁止（18条）
- ・退職時の証明（22条）
- **・法定労働時間規制（32条）**
- **・36協定による時間外労働、休日労働（36条）**
- **・年次有給休暇（39条）**
- ・妊産婦の保護（65条など）
- **・就業規則の作成、届出と周知（89条、106条）**

- ・均等待遇（3条）
- ・強制労働の禁止（5条）
- ・公民権行使の保障（7条）
- **・労働条件の明示（15条）**
- ・前借金相殺の禁止（17条）
- **・解雇制限、解雇予告（19、20条）**
- **・賃金支払5原則（24条）**
- **・休憩、休日規制（34、35条）**
- **・割増賃金（37条）**
- ・年少者の保護（56条など）
- ・災害補償（75条など）

 労基法違反の場合には、

- **・民　事**　強行法規性（13条）

  …労基法の基準に達しない労働契約は、その部分は無効となり、無効となった部分は労基法の基準に置き換わる

- **・行政監督**（101条）

  …労働基準監督官による臨検（是正勧告・指導）、尋問

- **・刑　罰**（117〜121条）

  …労働基準監督官による逮捕、送検　裁判所による刑罰

［その他の労働関係諸法令］

- ・最低賃金法
- ・労働安全衛生法
- ・男女雇用機会均等法
- ・育児介護休業法
- ・雇用保険法
- ・労働組合法
- ・高年齢者雇用安定法
- ・労働施策総合推進法

- ・賃金支払確保法
- ・労働者派遣法
- ・労災保険法
- ・個別労働関係紛争解決促進法
- ・職業安定法
- ・労働関係調整法
- ・労働契約法　　　　　　　　　　など

図表1-3では、労働基準法による労働契約に対する規制を、網羅的に挙げておきました。それから、違反した場合にどのようなペナルティがあるのかも書いておきました。特に問題となることが多いポイントを、太ゴシック体にしています。

　例えば、労働条件の明示（15条）という規制があります。これは、平たく言えば、労働契約書などの書面を、雇入れ時にきちんと従業員に渡してくださいという規定です。何時から何時まで働くのか、どれだけの賃金で働くのか、どんな仕事をするのか、どういった場所で働くのかといった具体的なことが、口約束だけではあいまいで従業員も不安です。後々のトラブルにもつながりかねません。そうならないように、大切な労働条件についてはきちんと書面で明らかに示す、という規制があるのです。

　労働契約（雇用契約といっても意味合いは同じです）の内容をきちんと決めておかないとトラブルのもとになるのは、当然です。明確性が必要です。

　このような雇用契約の内容を明確に示すといった基本すらきちんとできない企業は、土台ができていないから、より良い人事制度、しくみ作りもできません。しくみを作ったら必ずそれをルール化して書面化しておく必要があるわけで、就業規則をつくることも、社員一人ひとりの労働条件について明らかにしておくことも、当たり前のことになります。

　また、この図からわかるように、例えば労働基準法の規制は強行規定であって、労働契約でそれを下回る労働条件を定めた場合でも労働基準法の定める最低基準が労働契約の内容とされることは、ご存知のとおりです。労働契約の内容を精査する場合には、一般の契約の知識に加えて労働法令が契約に及ぼす影響を押さえておくことが必要になります。

4 労働契約の特徴的なすがた

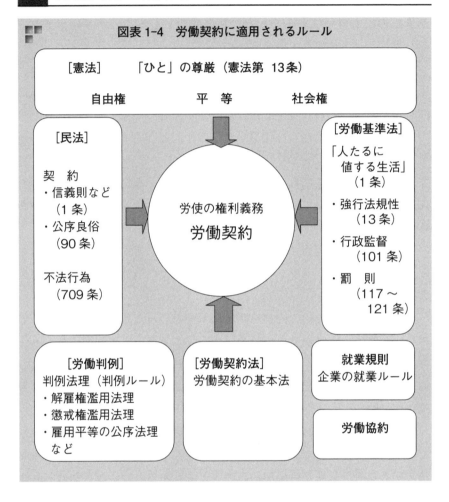

図表1-4 労働契約に適用されるルール

[憲法]　「ひと」の尊厳（憲法第13条）

自由権　　　平　等　　　社会権

[民法]

契　約
・信義則など
　（1条）
・公序良俗
　（90条）

不法行為
　（709条）

労使の権利義務
労働契約

[労働基準法]

「人たるに
　値する生活」
　（1条）

・強行法規性
　（13条）

・行政監督
　（101条）

・罰　則
　（117～
　　121条）

[労働判例]
判例法理（判例ルール）
・解雇権濫用法理
・懲戒権濫用法理
・雇用平等の公序法理
など

[労働契約法]
労働契約の基本法

就業規則
企業の就業ルール

労働協約

☑ 憲法、民法は労働契約とどのように関わるのか？

　まず、労働に関わる法律関係を理解するために労働基準法はとても重要ですが、それだけではなくて、実は、憲法の人権規定や民法の理解も非常に深く関わっていることを確認しましょう。労働関係の出発点は、「労働契約」の内容がどうなっているのか？　です。あくまで労使の契約関係がベースです。

しかも、労働契約の性質は、売買契約などとはかなり違います。労使、つまり人と人との、高度の信頼関係に基づく継続的法律関係です。にもかかわらず、使用者が労働者の精神的自由を傷つけたり、人間として許されないような不本意な扱いをしたり、人格を尊重しないといった事柄が問題になることもあります。従業員が企業の信用を傷つけたり、競業や秘密漏洩に当たるような行為を行ったりして企業に損害を与えることもあります。労働基準法にも、そうした事態に対する規定はいくつかありますが、すべてに対処できるように規定が網羅されているわけではありません。

　ですから、憲法や民法にさかのぼって、労働契約の中身を判断する際に憲法の人権規定の趣旨を織り込んで考える、といった作業をするわけです。結局、労働関係について紛争解決能力を身につけるためには、図のような頭の引出しを、私たちは備えておく必要があるわけです。

☑ 労働基準法の 3 つの柱

　図表 1-4 の中心を見てください。労働に関わる法律関係、つまり労働関係上の権利義務は労働契約によって決まります。契約ですから、原則は、その内容は当事者が自由に決定することができます。契約自由の原則です。改正民法では、この契約自由の原則を、明文化しました（民法 521 条、522 条）。しかし、歴史的に労使の関係は、使用者が労働者よりも優位に立って労働者の生活を圧迫した事実が多いことを、私たちは知っています。そのため、労働基準法で労働条件の最低基準が定められています。労働基準法には、次の 3 つの力があり、この 3 つが労働基準法の柱となっています。

---

　①　民事上のパワーとして強行法規性
　　→　最低基準を下回る労働契約は、その下回る部分を無効として
　　　しまって、その部分は労働基準法の内容で労働契約内容が補充
　　　される。
　②　この最低基準が守られるようにするための、労働基準監督官に

よる行政監督の制度

　③　労働基準法に違反する行為に対する罰則の適用

☑ その他の労働契約に関するルール

　しかし、労働契約に関するルールは、決して労働基準法だけではありません。企業の就業規則や、労働組合との労働協約も労使のルールとして働きます。

　さらに大切なことは、労基法や民法の条文はまだ抽象的です。解釈によって対応しなければならない部分が非常に広くあります。そのため、これまで裁判所の判例・裁判例により多くのルールを作ってきました。これが、いわゆる判例法理というものです。私たちも知っている解雇権濫用法理などは、労働基準法などの条文には書かれていなかった考え方ですが、判例が繰り返し示し、その集積によってルールとなったものです。判例法理には、労働契約法に明文化されたものもあります。これら労働関係について示された判例を総称して、「労働判例」というわけです。

　これから私たちは、労働関係上の権利義務を鋭く分析する力を身につけて、裁判やADRに対処する紛争解決能力を培っていきます。それには、この図にあるような憲法、民法、労働判例、労基法や就業規則などについての理解を深める必要がある、ということになります。

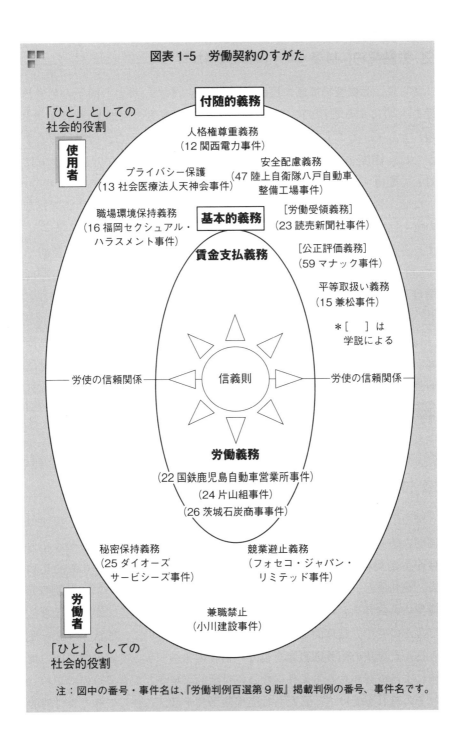

図表 1-5　労働契約のすがた

「ひと」としての
社会的役割

付随的義務

人格権尊重義務
（12 関西電力事件）

安全配慮義務
（47 陸上自衛隊八戸自動車
整備工場事件）

プライバシー保護
（13 社会医療法人天神会事件）

使用者

職場環境保持義務
（16 福岡セクシュアル・
ハラスメント事件）

基本的義務

［労働受領義務］
（23 読売新聞社事件）

賃金支払義務

［公正評価義務］
（59 マナック事件）

平等取扱い義務
（15 兼松事件）

＊［　　］は
学説による

労使の信頼関係　　　　　　信義則　　　　　　労使の信頼関係

労働義務
（22 国鉄鹿児島自動車営業所事件）
（24 片山組事件）
（26 茨城石炭商事事件）

秘密保持義務
（25 ダイオーズ
サービシーズ事件）

競業避止義務
（フォセコ・ジャパン・
リミテッド事件）

労働者

兼職禁止
（小川建設事件）

「ひと」としての
社会的役割

注：図中の番号・事件名は、『労働判例百選第 9 版』掲載判例の番号、事件名です。

☑ 労働契約には多くの付随的義務が伴う

さらに、労働契約では、民法に落とし込まれた「ひと」同士のケアと愛を大切にする憲法のスピリットが、「信義誠実の原則」（民法1条2項）として、とても重要な働きをします。このことから、労働契約のすがたは、**図表1-5**のように、信義則によって、労使が相互に相手方に対して配慮すべき付随的義務が満載のイメージとなります。

なぜ、労働契約の場合にはこのように多くの付随的義務が認められるのでしょうか？　それは、労働契約が「ひと」に関わる契約だからです。労働契約は「ひと」の高度な信頼関係を基礎とする継続的契約です。ドラマチックな企業活動の中で登場する、一人ひとりの経営者や従業員それぞれの「ひと」の良心や魂の尊厳性にかかわる契約と言っても、過言ではありません。ですから、労働契約には憲法のスピリットが「信義則」によって織り込まれる度合いが、とても強いのです。それゆえ、民法上も、信義則によって認められる、契約の相手方に対する付随的義務がとても多いのです。

> **参照条文**
>
> ☞ 民法1条2項
>> 権利の行使及び義務の履行は、信義に従い誠実に行わなければならない。

☑ 付随的義務が認められる理由

図の中で付随的義務として挙げられた権利義務は、実際には、民法の個別の条文や労働基準法等の法令に明文があるわけではありません。労使が労働契約書に明文で契約内容として決めてきたわけでもありません。裁判所が、個別に訴訟になったケースを解決するために、労使の労働契約の内容を合理的に解釈して、あるべき労働契約のすがたを探求してきたのです。具体的な労使トラブルの事例について、憲法の理念を織り込んだ民法の信義則の光を当て、信義則をベースとする労働判例の集積によって認められるようになった付随的義務がとても多いのです。

その流れを受けて、私たち社会保険労務士は、これらの様々な付随的

義務が、個別の労働契約では網羅しにくい現実を踏まえて、就業規則に条文として盛り込んでいるわけです。私たちは、企業経営において、憲法のリーガルスピリットをルール化・しくみ化する仕事をしているとも言えます。私はこのことを誇りに思います。

　ですから、私たちが、補佐人業務をするとき、そして紛争解決代理業務を行うとき、就業規則作成のときにも、このイメージ図の付随的義務の内容の理解がとても大切だということがわかっていただけると思います。

　労働契約は、基本的義務に加えて付随的義務が多数存在するというかたちで、労使が様々な権利義務の関係に立ちますが、これは、常に憲法の理念を受けた「信義則」の光を照射した結果なのです。太陽のように真ん中にある「信義則」に照らし出されると、労使がそれぞれ「ひと」として相手方に配慮しなければならない義務が浮かび上がってくるのです。

　次に、民法を学習する2つのポイントである契約と不法行為について、その流れを押さえ、次いで債務不履行とは何か、学習を進めていきましょう。

5 契約と不法行為の流れ

　契約の流れは込み入っていますが、不法行為はいたってシンプルです。ですから、まずは契約関係の流れを理解することが大切です。不法行為については、契約に続いて詳しく述べましょう。

☑ 契約成立時

　契約が有効に成立すると、契約内容が明らかになり、権利義務が発生します。労働契約では、企業が従業員を採用すると「労働契約のすがた」でお話しした、基本的義務と付随的義務からなる労働契約の本旨（本来の内容）に従って、労使は互いに誠実に債務を履行しなければならない関係が出来上がります。

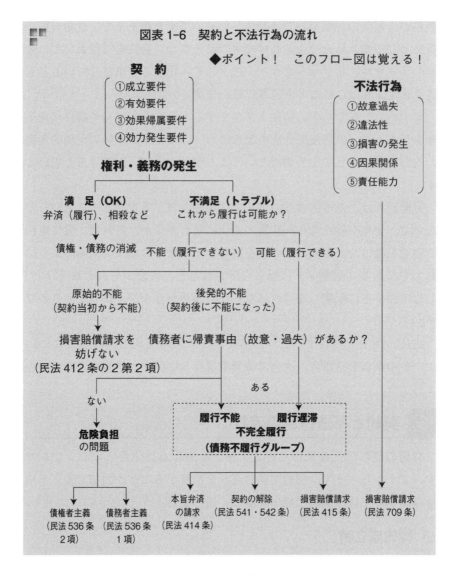

図表 1-6　契約と不法行為の流れ

◆ポイント！　このフロー図は覚える！

契　約
① 成立要件
② 有効要件
③ 効果帰属要件
④ 効力発生要件

不法行為
① 故意過失
② 違法性
③ 損害の発生
④ 因果関係
⑤ 責任能力

権利・義務の発生

満　足（OK）
弁済（履行）、相殺など

↓

債権・債務の消滅

不満足（トラブル）
これから履行は可能か？

不能（履行できない）　　可能（履行できる）

原始的不能
（契約当初から不能）

後発的不能
（契約後に不能になった）

損害賠償請求を
妨げない
（民法 412 条の 2 第 2 項）

債務者に帰責事由（故意・過失）があるか？

ない

危険負担
の問題

ある

┌──────────────────────────┐
│　　**履行不能　　　履行遅滞**　　│
│　　　　**不完全履行**　　　　　│
│　　**（債務不履行グループ）**　　│
└──────────────────────────┘

債権者主義
（民法 536 条
2 項）

債務者主義
（民法 536 条
1 項）

本旨弁済
の請求
（民法 414 条）

契約の解除
（民法 541・542 条）

損害賠償請求
（民法 415 条）

損害賠償請求
（民法 709 条）

☑ 契約内容が履行された場合（満足）

　労働契約の当事者がお互いにきちんと契約内容を履行すれば、めでた
しめでたしです。フロー図でいうと、円満に契約内容が実現されたので
「満足」に進みます。売買契約のような一回で終わる契約であれば、こ
れで債権債務は消滅、ということになります。これに対して、労働契約

は継続的な契約関係ですから、日々の労働が提供され、これに対して賃金が支払われ、労使の円満な状態が続く、というイメージになります。

☑ 契約内容が履行されなかった場合（不満足・トラブル）

ところが、労使トラブルになるのは、不満足（トラブル）の流れです。

例えば、従業員が一応働いているものの、仕事をさぼったり企業秘密を漏洩したりという事実があれば、その基本的義務（労働義務）や付随的義務（秘密保持義務）に違反していることになります。すると、従業員としての義務の不完全履行ということになり、債務不履行グループに流れが進みます。また、従業員が正当な理由もなく無断欠勤した場合は、その日の労働義務を履行することはできなくなり、履行不能ということで、これも債務不履行グループに進みます。

すると、企業は、義務違反をした従業員に対して、主に3つの法的主張（①本旨弁済（本来の履行）の請求、②契約解除（従業員の義務違反を理由とする解雇）、③損害賠償請求）ができることになります（ただし、①は、不完全履行の場合）。

ところが、従業員の欠勤により労働義務の履行が不能となっても、怪我や病気のように、欠勤の原因が従業員の責任ではない場合もあります。その場合は従業員の帰責事由にもとづく労働義務の債務不履行にはならず、履行できなかった労働義務は消滅してしまいます。

すると、残る問題は労働できなかった日や時間について、企業が賃金を支払わなければならないのか否かという点です。これが「危険負担」という問題です。原則は、ノーワーク・ノーペイで、労働義務を負っている債務者である従業員が賃金をもらえないリスクを負担するので、このように処理する考え方を債務者主義といいます。逆に、従業員が働かなかったのに賃金を支払わなければならない場合もあります。労働させる権利を持っている債権者である企業が賃金を支払うというリスクを負担するので、債権者主義といいます。

契約の流れを、このように具体的な労使の関係をイメージしながら、覚えてしまいましょう。

6 債務不履行

債務不履行は、「労働契約（労使の合意）に違反したら、どうするか？」という問題です。次の３種類に分類することができます。

共通するのは、「債務者が、債務の本旨に従った履行をしないこと」です。債務の本旨というのは、契約で約束した義務の本来の内容ということです。労働関係では、当事者の付随義務違反が不完全履行とされるケースが多いので、不完全履行の理解の重要度が高いことになります。

> **履 行 遅 滞**：履行が可能なのに、正当な理由がなく履行されないまま、本来の履行期を過ぎてしまった場合（民法 412 条）
> ex 給料の遅配（企業の履行遅滞）
>
> **履 行 不 能**：契約成立の後で、債務者の責めに帰すべき事由によって、履行が不能となってしまった場合（民法 415 条本文）
> ex 無断欠勤（従業員の履行不能）
>
> **不完全履行**：履行はなされたが不完全なもので、それが債務者の責めに帰すべき事由によるものである場合（明文の根拠規定はなし）
> ex 企業または従業員の付随的義務違反

☑ 履行遅滞

「債務の履行について確定期限があるときは、債務者は、その期限の到来した時から遅滞の責任を負う（民法 412 条 1 項)」。

この意味は、①履行は可能なのに、②履行期を徒過（いたずらに過ぎてしまった）、③債務者の帰責事由（遅れた理由は債務者がわざと（＝故意）、あるいはうっかりして（＝過失）という、債務者に落ち度があるということ）、④約束を破っているので違法。これが、履行遅滞です。

履行遅滞は、労働契約では問題となるケースは比較的少ないのですが、例えば、企業が従業員に対して賃金を払うのが遅れる、「給料の遅配」などの場合が履行遅滞に当たります。

☑ 履行不能

　「債務者が債務の本旨に従った履行をしないときまたは債務の履行が不能であるときは、債権者は、これによって生じた損害の賠償を請求することができる」（民法415条本文）。

　履行不能とは、①債務を履行することがもはやできなくなってしまい、②その原因が債務者の故意や過失によるもの（帰責事由）であり、③約束違反だから違法。これが、履行不能です。

　例えば、従業員が二日酔いで起きられなくて「今日はもう、仕事は嫌だ！」とまた寝てしまって、会社に連絡もしないという、いわゆる無断欠勤の事例で考えてみましょう。

　日々の労務の提供が従業員の負う義務ですから、その一日について履行不能の要件にあてはめると、次のように説明することができます。

---

① 　その日の労務は二度と提供することができないので、もはや履行は不能
② 　無断欠勤であり、わざと（＝故意）なされた履行不能
③ 　やむを得ない事情や正当な事由がない限り、労働義務違反は、原則として違法

　　　　　　　　　　　　→ 　よって、履行不能となる

　無断欠勤は債務不履行ですから、従業員に様々な責任が生じます。債務不履行責任だけでなく、懲戒処分とか、度が過ぎると解雇（契約解除）にもつながります。

☑ 不完全履行

　不完全履行については、明文の根拠条文はないのですが、民法ではこの類型を認めるのが通説的な考え方です。

　不完全履行は、①一応、債務の履行がなされている、②しかし、それが完全ではなく、③完全でないことについて債務者の故意、過失があり、④約束違反なので違法。これが、不完全履行です。

　労働関係では「債務不履行」というと、この不完全履行に当たるケースがとても多いので、重要度ランクは高いです。

　例えば、従業員が、自らの利益のために企業秘密を洩らしているとします。皆さんは、すぐに「秘密保持義務違反」と頭に浮かばれると思います。これを不完全履行の要件にあてはめると、次のように説明することができます。

---

① 　日々の業務を遂行しているので、基本的な義務、労務の提供は一応なされている

② 　しかし、従業員の雇用契約上の付随的義務の１つ「秘密保持義務」に反する行為をしているので、契約内容の一部について不履行が生じていて、全体としては義務をまっとうしていない

③ 　自らの利益を図るためということは、従業員の故意による秘密漏洩であり、

④ 　正当な理由なく企業秘密を漏洩するのは、原則として違法

→ 　よって、不完全履行となる

　労働関係では、労使とも、この付随的義務違反が問題になるケースが多いです。それは、労働契約が、71ページで見ていただいた**図表1-5**のように付随的義務が満載の契約だからであり、私たちは、付随的義務違反が、債務不履行（不完全履行）となるという流れの判断ができることが大事です。

☑ 債務不履行の相手方ができること

債務者が債務不履行に陥ると、①本旨弁済（履行）の請求、②契約の解除、③損害賠償請求の3つを、相手方は主張できることになります。

---

① **本旨弁済の請求**

本来の契約内容の履行を求めるもの。「今からでもいいから、約束どおりちゃんと履行せよ！」と言える（民法414条）ということ

② **損害賠償請求**

契約内容が履行されなかったために生じた損害の埋合わせを求めるもの。「あなたが約束を破ったから私は損をした。弁償してくれ！」と言える（民法415条）ということ

③ **契約の解除**

契約の当事者の一方から、そもそも契約がなかったものとして消滅させるもの。「あなたのような約束を破る人とは、お付合いをやめさせてもらう。契約は白紙に戻す！」と言える（民法541条、542条）ということ

先ほどの、従業員が企業秘密を洩らしている、というケースで考えると、企業ができることは、次のようになります。

① **本旨弁済の請求**

従業員に対して「企業秘密を洩らすな」といえますから、将来に向かって秘密漏洩の差止請求ができます。

② **損害賠償請求**

発生した損害があれば損害賠償請求ができます。

③ **契約の解除**

また、企業秘密の漏洩を理由として、労働契約を解除（解雇）することもできます。さらに、労働関係では特有の問題として懲戒の問題も発生してくるということになります。

これらのうち、①本旨弁済の請求と、③契約の解除は、債務者の帰責事由（故意または過失）を要件とせず、債権者が主張することができます。これに対して、②損害賠償請求は、債務者の帰責事由（故意または過失）があることが要件となります。

参照条文

☞　**民法412条1項**
　　債務の履行について確定期限があるときは、債務者は、その期限の到来した時から遅滞の責任を負う。

　2項　債務の履行について不確定期限があるときは、債務者は、その期限の到来した後に履行の請求を受けた時又はその期限の到来したことを知った時のいずれか早い時から遅滞の責任を負う。

　3項　債務の履行について期限を定めなかったときは、債務者は、履行の請求を受けた時から遅滞の責任を負う。

☞　**民法414条1項**
　　債務者が任意に債務の履行をしないときは、債権者は、民事執行法その他強制執行の手続に関する法令の規定に従い、直接強制、代替執行、間接強制その他の方法による履行の強制を裁判所に請求することができる。ただし、債務の性質がこれを許さないときは、この限りでない。

　2項　前項の規定は、損害賠償の請求を妨げない。

☞　**民法415条1項**
　　債務者がその債務の本旨に従った履行をしないとき又は債務の履行が不能であるときは、債権者は、これによって生じた損害の賠償を請求することができる。ただし、その債務の不履行が契約その他の債務の発生原因及び取引上の社会通念に照らして債務者の責めに帰することができない事由によるものであるときは、この限りでない。

　2項　前項の規定により損害賠償の請求をすることができる場合において、債権者は、次に掲げるときは、債務の履行に代わる損害賠償の請求をすることができる。

　一　債務の履行が不能であるとき。

　二　債務者がその債務の履行を拒絶する意思を明確に表示したとき。

　三　債務が契約によって生じたものである場合において、その契約が解除され、又は債務の不履行による契約の解除権が発生したとき。

☑ 私たち社会保険労務士に必要な POINT ＝従業員が働けない場合の賃金請求権行使の可否

　債務不履行は、「労働契約（労使の合意）に違反したら、どうするか？」という問題でした。債務者に帰責事由（故意または過失）がある場合が、損害賠償義務が発生することとなる典型的な債務不履行です。対して、債務者に落ち度がなく、約束違反ではないが債務の履行できなくなってしまった場合に、その不履行による損失（リスク）を当事者のどちらが負担するかというのが「危険負担」です。

　危険負担の考え方を理解することは、民法の契約関係の知識としてとても重要なのですが、民法のテキストでは不動産の売買契約などを例に説明されるので、とても理解しにくいところです。しかし、私たち社会保険労務士にとって重要な労働関係では、「従業員が労務不能となった場合に、企業が賃金を支払うのか、支払わないのか」、という問題に答えられれば、危険負担の考え方をマスターしたことになります。次に、従業員が欠勤したケースを例に考えてみましょう。

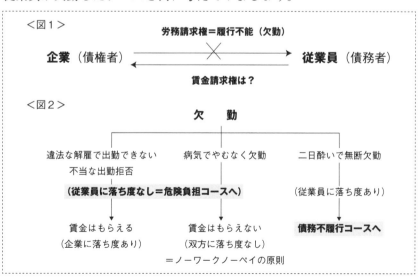

☑ 従業員に落ち度があるかないかで判断

　従業員が欠勤した場合、その日の労務は二度と提供することができません。図1のように、企業の従業員に対する労務請求権は、広い意味で、履行不能になってしまいます（この×になった権利を基準に、「債権者」、「債務者」と当事者に名前をつけます。労働関係では、企業＝債権者、従業員＝債務者と覚えてしまってください）。

　欠勤の理由が、二日酔いによる無断欠勤である場合には、従業員に落ち度がありますから、図2のように、債務不履行の一つである履行不能になります。対して、病気で出勤できないとか、違法な解雇をされたので出社しても入れてもらえないといったケースでは、従業員に落ち度はありません。そのような場合の労務提供不能は、債務不履行にはならないのです（もちろん、長期にわたる病気療養欠勤は、債務不履行を理由とする解除（解雇）とは別に、長期欠勤自体が労働契約解約（解雇）の正当事由になることがありますが、ひとまず置いてください）。

☑ 原則：債務者主義

　では、従業員の欠勤が債務不履行にならない場合、図1の「賃金」は、労使どちらが損するのでしょうか？　もちろん、2通りしかありま

　債務者主義（原則）
　　×（履行不能）になった債務の債務者（従業員）が
　　　賃金不払いというリスクを負担するルール
　　　（一方の債務が履行不能となったのだから
　　　　もう一方も履行しなくてよいとの考え方）

【従業員が損をする】
企業は賃金支払いを
拒絶できる
（賃金はもらえない）
ノーワークノーペイ
（民法 536 条 1 項）

　債権者主義（例外）
　　×（履行不能）となった債務の債権者（企業）が
　　　賃金というリスクを負担するルール
　　　（一方の債務は履行不能となったがもう一方
　　　　の債務は履行させるとの考え方）

【企業が損をする】
企業は賃金支払いを
拒絶できない
（賃金をもらえる）
（民法 536 条 2 項）

　→　民法は債務者主義を原則とする（民法 536 条 1 項）。

せん。×になった権利の債権者＝企業が賃金を損して「働いてもらって
いないのに、その日の賃金を支払う」か、働く義務のあった債務者＝従
業員が「賃金を損して、支払ってもらえない」かの2通りです。これを
決めておかないといけません。民法は、前ページの図のようにルール決
めをしています。

☑ 例外：債権者主義

　これに対して、違法解雇や不当な出勤拒否が理由で労務提供ができな
いなら、その期間の賃金はもらえます。これが例外に当たる場合です。
　例えば、解雇されると、従業員は職場に行っても入れてもらえず働く
ことができません。しかし、もしも解雇が権利（解雇権）の濫用だった
ら？　この場合には、債権者である企業が悪いのですから、賃金を損す
るのは債権者＝企業です。このようにルール決めをしているのです。要
するに、違法解雇などの場合には、それは使用者の責めに基づく労務提
供義務の履行不能ですから、従業員は、労働の意思と能力がある限り、
現実に労働していなくても、従業員はその間の賃金を請求できるという
ことになります。これが債権者危険負担主義です。

☑ 民法の条文で確認

　債務者危険負担主義の根拠条文は、民法536条1項です。
　「当事者双方の責めに帰することのできない事由によって債務を履行
することができなくなったときは、債権者は、反対給付の履行を拒むこ
とができる」。
　ここでいう債務者とは、病気で休んだ従業員のことで、反対給付とは
賃金のことです。病気で休んだ従業員は反対給付である賃金をもらえま
せん。債務者危険負担主義＝「ノーワーク・ノーペイの原則」です。対
して、違法解雇で働けない場合は債権者主義となり、根拠条文は、民法
536条2項です。
　「債権者（＝企業）の責めに帰すべき事由によって、債務を履行する
ことができなくなった（＝従業員が働けなくなった）ときは、債権者

（＝企業）は反対給付（＝賃金）の履行を拒むことができない」。

　つまり、従業員が労務提供できないことについて企業に落ち度がある
場合には、従業員はその労務提供できない期間の賃金を請求できる、と
いうことになります。

　労働訴訟・審判やあっせんの申立てでは、解雇無効を理由として、①
労働契約上の権利を有する地位の確認とともに、②係争期間中の賃金請
求を申し立てることが通例ですが、危険負担の考え方は、②の賃金請求
の根拠とされるわけです。

☑ 危険負担による賃金請求と、休業手当との関係

　危険負担の考え方に立って、企業に違法解雇等の帰責事由がある場
合、従業員は賃金の100％を請求することができます。一方、労働基準
法26条は、休業手当の制度を定めています。

　下の表は、危険負担（債権者主義）と休業手当の関係についてまとめ
たものです。ともに企業が従業員に金銭を支払わなければならない場合
ですが、その関係を表にしたものです。危険負担による賃金請求の場合
には、企業の帰責事由（故意・過失）が必要とされるので、対象となる

	危険負担（債権者主義） （民法536条2項）	休業手当 （労働基準法26条）
債権者（企業）の 帰責事由	故意・過失が必要	不可抗力を除いて 使用者の経営上の責任
認められる範囲	狭 い	広 い
支払うべき賃金	100％（※）	60％以上
損益相殺	あり（民法536条2項後段）	な し
法的性質	任意規定	強行規定
罰 則	な し	あ り （労働基準法120条1号）
付加金	な し	あ り （労働基準法114条）

※他の収入（中間収入）があれば、損益相殺の対象となるが、それでも休業手当
　（平均賃金60％）が最低保障ラインとなる（あけぼのタクシー事件・最一小判昭
　和62.4.2）。

ケースは狭いですが、賃金の全額について支払義務が生じます。対して、休業手当の場合には、企業の責任を広くとるので、対象となるケースは広いですが、支払義務は60%（以上）に制限される、といったバランスが図られていることがわかると思います。ここまでが、危険負担のお話でした。

参照条文

☞　民法536条（債務者の危険負担等）

1項　当事者双方の責めに帰することができない事由によって債務を履行することができなくなったときは、債権者は、反対給付の履行を拒むことができる。

2項　債権者の責めに帰すべき事由によって債務を履行することができなくなったときは、債権者は、反対給付の履行を拒むことができない。この場合において、債務者は、自己の債務を免れたことによって利益を得たときは、これを債権者に償還しなければならない。

8　不法行為とは？

☑ 労働関係訴訟では不法行為による損害賠償を命じる判決が多くある

　では、契約と並んで民法を理解するための2つ目のポイント、不法行為のお話に入っていきましょう。

　不法行為とは、人がその権利や利益を違法に侵害され、損害を受けたら、加害者に損害賠償させる制度です。民法709条に規定される不法行為の要件を満たせば、法律上当然に債権債務の関係が生じ、被害者から加害者に対して損害賠償請求権という債権が発生するわけです。

　ところで、民法は、もともとは人の意思に基づく法律関係、例えば契約が基本ですから、一般的な頭の引出しとしては、当事者間に契約関係があれば、契約上のお約束違反として、債務不履行による損害賠償の問題になるはずです。債務不履行の効果として、損害賠償請求権が発生す

ることがある、ということは既にお話したとおりです。このような考え方からすると、契約関係がある場合には債務不履行責任の問題として処理し、当事者間に契約関係がない場合には、不法行為による損害賠償の問題になる。そんな説明が一般的でしたし、素直な理解だと思います。

　すると、労働関係では通常は労働契約があるため、どんなトラブルであっても契約関係の問題として、債務不履行や危険負担の規定に従って処理すればよいのでしょうか？

　実際には、労働関係では、不法行為が問題となるケースが非常に多いのです。訴訟になった多くのケースでは、労働契約という契約関係があるのに、あえて債務不履行ではなく不法行為による損害賠償を命じている判決が多いのです。

参照条文

☞　民法 709 条

　　　故意又は過失によって、他人の権利又は法律上保護される利益を侵害した者は、これによって生じた損害を賠償する責任を負う。

●**電通事件**（最二小判平成 12.3.24）　☞百選 48 事件

　使用者は、雇用管理に際して業務遂行に伴う疲労や精神的負荷が過度に蓄積して、労働者の心身を損なうことのないよう注意する義務を負うとし、うつ病に罹患して過労自殺に追いこまれた労働者の遺族に対する企業の**不法行為責任**を認めました。

●**関西電力事件**（最三小判平成 7.9.5）　☞百選 12 事件

　特定政党の一員であることを理由として、企業が職場の内外で従業員を監視、尾行、電話の相手方の調査、ロッカーの無断開披などを行い、他の従業員と遮断、孤立を図る行為は、従業員の職場における自由な人間関係を形成する自由、名誉、プライバシーなどの人格的利益（人格権）を侵害するものとして**不法行為**となると判示しました。

●**日新火災海上保険事件**（東京高判平成 12.4.19）　☞百選 7 事件

　「新卒同年次定期採用者と同等の額をお約束します」などの求人広告がなされ、これを信じて入社した中途採用者について「新卒同年次定期採用者の下

限」の待遇しかなされなかったケースです。

判決は、中途採用者にその労働条件を明示せず、平均的給与と同等の待遇を受けることができると信じさせかねない説明がなされるなどの行為は、労基法15条1項に違反し、**信義誠実の原則に反する**ものであって、中途採用者は**不法行為による損害賠償**を求めることができる、としました。

●東京電力（千葉）事件（千葉地判平成6.5.23）☞百選14事件

「特定政党の党員・支持者」であることを理由に使用者から賃金差別や職場八分を受けたとして、従業員らが不法行為に基づく損害賠償（同期入社同学歴社員平均賃金との差額と慰謝料）を請求したケースです。

判決は、使用者の裁量権も法令および**公序良俗**の範囲を逸脱し、従業員の**差別的処遇を受けない法的利益**を侵害する場合には違法となり、使用者は**不法行為責任**を負うとしました。そして、少なくとも「賃金格差の30%」は違法な賃金差別によるものと認めました。

●丸子警報器事件（長野地上田支判平成8.3.15）☞百選（8版）19事件

女性正社員と同一内容の労働を提供する労働者を臨時社員として採用し、雇用期間の更新を形式的に繰り返すことによって女性正社員との顕著な賃金格差を維持拡大しつつ長期間の雇用を継続したことは、同一（価値）労働同一賃金の原則の根底にある**均等待遇の理念**に違反する。臨時職員の賃金が同じ勤続年数の女性正社員の8割以下となるときは**公序良俗違反**として**違法（不法行為）**となる、としました。

●福岡セクシュアル・ハラスメント事件（福岡地判平成4.4.16）☞百選16事件

直属上司からセクハラを受けて退職せざるを得なくなったケースです。
判決は、セクハラは、①女性の**人格**を損なって、その感情を害し、働きやすい職場環境で働く利益を害するので**不法行為**となるとして、直属上司に対する**不法行為責任**（民法709条）を認め、②企業は、被用者の**人格的尊厳**を侵す事由の発生を防止する義務があるとし、その**使用者責任**（民法715条）を認めました。

このように、裁判所が多くの労使トラブルの場合に不法行為を根拠として紛争解決をしているのは、なぜでしょうか。次の図にポイントを挙げました。

☑ 「不法行為」を理解するポイント

　次ページの**図表1-7**は、契約関係の有無という一般論を基準とするのではなく、どういう性質の行為が不法行為になるのか、を示した図です。どんな場合に裁判所が不法行為の問題にするのか、を示した図です。このイメージをしっかり持ってほしいのです。

　左のブロックの楕円の上、「契約関係あり」の囲みからは、当事者同士の「合意（約束）違反」は「債務不履行」になる、という流れが書いてあります。契約関係がある当事者同士のトラブルは、既に勉強した債務不履行になるのが自然な流れです。対して、不法行為とは、この図にあるように、平たく言うと、「『法の精神』に違反しているのでその責任を問います」ということです。

　契約関係がある場合でも、単なる約束違反ではなくて、憲法の「ひと」の尊厳というリーガルスピリット（法の精神）あるいはスピリットが織り込まれている「信義則」（民法1条2項）、「公序良俗」（民法90条）など、これら大切な法の精神に違反すると「不法行為」になる、というイメージを、私たちの頭の引出しにしたいのです。「不法行為」の「法」とは、全法体系を貫く「ひと」の尊厳という「法の精神＝リーガルスピリット」と、これが織り込まれている規定に反することです。単に「何々法」に違反する、ということではありません。

　図は、契約関係がある場合でも、信義則や公序良俗など、法の精神である憲法13条の「ひと」の尊厳理念が織り込まれている規定に違反するときは、たとえ契約関係があっても不法行為の問題になることを表しています。

　楕円の下は、契約関係があってもなくてもかけがえのない「ひと」として守らなければならない大切な事柄を侵害してはダメだということを示しました。これが民法709条に書いてある「権利」という言葉です。これを侵害するとリーガルスピリットに違反するから、不法行為になることを表しています。

　図の下に、文章でポイントを書きました。

図表 1-7　どういう行為が不法行為になるか

不法行為＝「法の精神」（リーガルスピリット）に反する行為

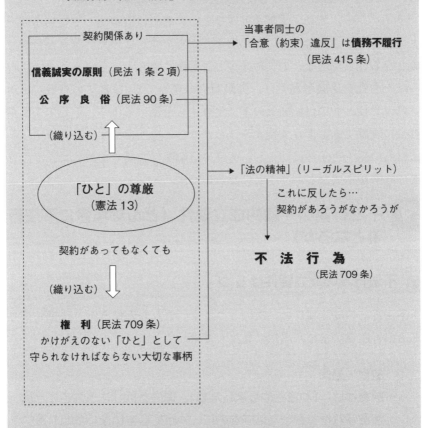

契約関係あり

信義誠実の原則（民法１条２項）

公　序　良　俗（民法 90 条）

（織り込む）

「ひと」の尊厳
（憲法 13）

契約があってもなくても

（織り込む）

権　利（民法 709 条）
かけがえのない「ひと」として
守られなければならない大切な事柄

当事者同士の
「合意（約束）違反」は**債務不履行**
（民法 415 条）

「法の精神」（リーガルスピリット）

これに反したら…
契約があろうがなかろうが

不　法　行　為
（民法 709 条）

不法行為＝「法の精神」（リーガルスピリット）に反する行為
これが最もクリアになるのが労働関係

「ひと」の生命（いのち）、心身（こころと身体）の健康や自由、プライバシー、
名誉、平等など**「ひと」の尊厳**に直接関わる権利が問題とされるから

財産（**物や金**）が対象となる売買などの契約関係や
不法行為の場合であっても侵害の対象が財産である場合とは**明確に異なる**

不法行為は「法の精神」（リーガルスピリット）に反する行為であり、これが最もクリアになるのが労働関係です。なぜなら、労働関係は、「ひと」の生命（いのち）、心身（こころと身体）の健康や、自由、プライバシー、名誉、平等など「ひと」の尊厳に直接関わる権利が問題とされることが非常に多い法律関係だからです。この点、物とか金が対象となる売買契約などの契約類型とは明確に異なる、ということです。

　私たち社会保険労務士は、労働関係の現場で、「ひと」の尊厳が実現され、労使ともに信頼関係の下に生き生きと働けるよう、そして企業が社会に貢献できるよう支援することができる専門家です。それゆえ、不法行為の発生を未然に防止し、労使の信頼関係を築くためにも、不法行為の理解が重要だということになるのです。

9 不法行為の一般的成立要件（どんな場合に不法行為となるか）

☑ 不法行為の成立要件は5つ

　不法行為の成立要件は、次の5つです。これらが揃うと、法律効果である損害賠償請求権が当然に発生します。

> ① **故意・過失**
> 　→故意とは、「わざとやりましたね」、過失とは「こうなることは注意すればわかったはずなのに、やってしまいましたね」ということ
> 　結果の予見可能性があったのに、注意義務違反で加害行為に及んでしまった
> ② **責任能力**
> 　→「それが許されないことは、あなたわかりますね？」ということ
> ③ **違法性**
> 　→「あなたは『ひと』にとって大切な事柄を傷つけました。それ

は『法の精神』に反します。それが違法ということですよ」と
いうこと

④ **損害の発生**

→「あなたが傷つけたもの、それはお金では換算できないものも
もちろんあるけれど、強いてお金に直せばこれだけです」とい
うこと

⑤ **因果関係**

→「その損害のうち、誰が見てもここまではあなたのせいだとい
うことになるでしょう」ということ

債務不履行には、本旨弁済、契約解除、損害賠償の3つの法律効果が
ありましたが、不法行為の場合はとてもシンプルです。上記①から⑤ま
でが主張できるならば、法律効果として「責任をとってください」と言
える、すなわち損害賠償請求権の発生、ということになるわけです。

「ひと」の大切なものを傷つけたら、「法の精神」＝リーガルスピリッ
トに照らして、裁判所が「コラ！不法行為だぞ！」とレッドカードを切
る、ということです。

では、①から⑤の中で、「不法行為」の考え方の基本からして一番大
切な要件は、どれでしょうか？　ヒントは、「不法行為」は「法」の精
神に反する行為だということです。

答えは、③の違法性です。

☑ 「法の精神」に違反することは広く違法性ありとされる

民法の教科書を読んでも、89ページの**図表1-7**のイメージがはっき
り持てていないと、どうして「違法性」という要件があるのか、わかり
づらいです。

なぜなら、民法709条の条文上は「権利または法律上保護される利益
を侵害」と書かれているだけで、違法性という言葉は、一言も出てきま
せん。しかし、民法を少しでも勉強された方なら聞いたことがあると思
いますが、学者は、「権利侵害」「利益の侵害」ということだけにこだわ

らずに、広くこの部分を「違法性」という言葉に読み替えて解釈しています。条文に「権利」とか「法律上保護された利益」と書いてあるのに、あえてそれを読み替えて「違法性」、つまり不法行為の要件なのだと解釈しているわけです。

　もちろん、「○○権」（例えば所有権）と名前がついている権利を侵害しても不法行為になるのですが、権利としての名前がついていなくてもよいのです。判例は、「信義則違反」「公序良俗違反」あるいは民法709条の「権利」という言葉の意味合いにリーガルスピリットを織り込んで、「人格権」侵害だから不法行為、などという言い回しをします。その言いたいことは、「『法の精神』に違反しているので違法ですよ、だから不法行為ですよ」ということを示しているわけです。

　このように、不法行為とは、憲法13条の「ひと」の尊厳＝リーガルスピリットと深く結びついています。労働関係訴訟で、例えば労働者が過労死した、いじめにあって退職に追い込まれた、といった事案において、裁判所が不法行為を根拠として損害賠償を命じるのは、以上のような不法行為の本質に基づいて判断しているのです。このことをきちんと理解していただければ、「不法行為」の本質はマスターしたことになります。

　不法行為のお話をもっと深めていくと、①どのような場合に、どの範囲で因果関係が認められるのか（因果関係の考え方）、②過失相殺が認められる場合、③使用者の責任が問われる場合（使用者責任）など、どんどん学習は進んでいきます。ただ、本書では、一番のエッセンスとなる部分をお話ししました。

☑ 債務不履行と不法行為の関係

　ここで、まとめとして、債務不履行責任と不法行為責任の関係について、ポイントを表にすると、次のとおりです。

	債務不履行責任 （お約束違反）	不法行為責任 （法の精神に反する行為）
帰責事由（故意・過失）の立証責任	債務者	被害者
因果関係	相当因果関係 （民法416条）	相当因果関係 （明文ないが民法416条類推）
損害賠償請求権を受働債権とする相殺	できる。 （禁止する明文なし）	禁止される場合あり （民法509条1号、2号）
過失相殺	責任及び金額を定める について必ず斟酌 （民法418条）	金額を定めるについて斟酌することができる。 （民法722条2項）
不法行為責任と契約責任との関係	請求権競合説：1つの事実が両責任の要件を満たすかぎり、いずれの請求権も成立し、どちらでも主張することができる（この考え方が判例・通説）。 法条競合説 ：契約法（＝特別法）、不法行為法（＝一般法）の関係にあるので契約責任の発生する場合には不法行為責任は主張できない。	

<h3 style="text-align:center">〈不法行為と債務不履行の消滅時効期間〉</h3>

	債務不履行	不法行為
一般の損害賠償請求権	① 権利を行使することができることを<u>知った時から5年</u>（民法166条1項1号） ② 権利を行使することができる時から10年（民法166条1項2号）	① 損害および加害者を知った時から3年（民法724条1号） ② 不法行為の時から20年（民法724条2号）
人の生命または身体の侵害による損害賠償請求権	① 権利を行使することができることを知った時から5年（民法166条1項1号） ② 権利を行使することができる時から20年（民法167条）	① 損害および加害者を知った時から5年（民法724条の2） ② 不法行為の時から20年（民法724条2号）

※いずれも、①②のいずれか早いほうの時の経過をもって消滅時効が完成する。

・ 参照条文

☞ **民法416条1項** 債務の不履行に対する損害賠償の請求は、これによって通常生ずべき損害の賠償をさせることをその目的とする。
　2項 特別の事情によって生じた損害であっても、当事者がその事情を予見すべきであったときは、債権者は、その賠償を請求することができる。
☞ **民法509条** 次に掲げる債務の債務者は、相殺をもって債権者に対抗することができない。ただし、その債権者がその債務に係る債権を他人から譲り受けたときは、この限りでない。

☞　**民法418条**　債務の不履行又はこれによる損害の発生若しくは拡大に関して債権者に過失があったときは、裁判所は、これを考慮して、損害賠償の責任及びその額を定める。

☞　**民法722条2項**　被害者に過失があったときは、裁判所は、これを考慮して、損害賠償の額を定めることができる。

☞　**民法166条1項**　債権は、次に掲げる場合には、時効によって消滅する。
　一　債権者が権利を行使することができることを知った時から5年間行使しないとき。
　二　権利を行使することができる時から10年間行使しないとき。

☞　**民法167条**　人の生命又は身体の侵害による損害賠償請求権の消滅時効についての前条第1項第2号の規定の適用については、同号中「10年間」とあるのは、「20年間」とする。

☞　**民法724条**　不法行為による損害賠償の請求権は、次に掲げる場合には、時効によって消滅する。
　一　被害者又はその法定代理人が損害及び加害者を知った時から3年間行使しないとき。
　二　不法行為の時から20年間行使しないとき。

☞　**民法724条の2**　人の生命又は身体を害する不法行為による損害賠償請求権の消滅時効についての前条第1号の規定の適用については、同号中「3年間」とあるのは、「5年間」とする。

☑ 労働関係でよく参照する憲法や民法の条文は押さえておこう

　最後に、「憲法や民法と言っても、民法などは条文も膨大で、どんな条項が労働関係で問題になるのか、よくわからない」という声をよく聞きます。社会保険労務士は労働法令には精通していますが、具体的な労使トラブルに対応する際に憲法や民法の規定がどのように関わるのかについては、すぐにはピンと来ないのが普通ではないでしょうか。

　しかし、労働関係でよく参照する憲法や民法の条文は、そんなに数多いわけではありません。本書では、労働判例を理解する際や、実務にあたってよく参照する憲法と民法の条項を、巻末に参考資料として掲げました。例えば本書でも、必須労働判例を勉強する際には、判例の結論部分や考え方のみちすじの部分で指摘されている条文について、参考資料の条文にあたって、その内容を確認していただきたいと思います。

図表1-8　あるべき労使の姿

（1）人事労務管理：従業員の意欲の維持・向上と労働生産性を高める目的で、企業がその従業員に対して行う「人」の管理

人事・教育訓練・福利厚生・労使関係対策・人間関係管理などを含む

労務管理の担い手：事業主（トップ）＋人事部門＋ライン管理職（＝管理者）

（2）なぜ人事労務管理が大切なのか

◆ポイント！　労使は誠実・信頼・配慮の関係があるべき姿

・雇用契約は、労使の高度な信頼関係を基礎とする継続的関係

（雇用関係の基本は、自律した労使（そして従業員同士も）が、互いに信頼関係で結ばれること）

⇩

常に、「信義誠実の原則（民法1条2項）」を肝に銘ずることが大切

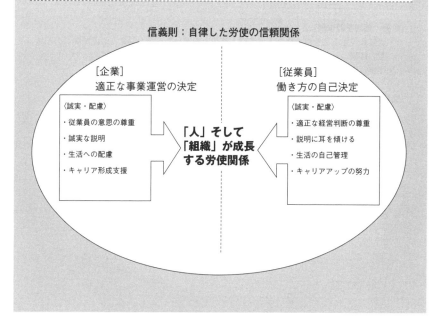

信義則：自律した労使の信頼関係

［企業］
適正な事業運営の決定

〈誠実・配慮〉
・従業員の意思の尊重
・誠実な説明
・生活への配慮
・キャリア形成支援

「人」そして「組織」が成長する労使関係

［従業員］
働き方の自己決定

〈誠実・配慮〉
・適正な経営判断の尊重
・説明に耳を傾ける
・生活の自己管理
・キャリアアップの努力

☞ **民法1条2項**

　　権利の行使及び義務の履行は、信義に従い誠実に行わなければならない。

☞ **民法623条**

　　雇用は、当事者の一方が相手方に対して労働に従事することを約し、相手方がこれに対してその報酬を与えることを約することによって、その効力を生ずる。

☞ **労働契約法3条4項**

　　労働者及び使用者は、労働契約を遵守するとともに、信義に従い誠実に、権利を行使し、及び義務を履行しなければならない。

☞ **労働契約法6条**

　　労働契約は、労働者が使用者に使用されて労働し、使用者がこれに対して賃金を支払うことについて、労働者及び使用者が合意することによって成立する。

具体的には・・・

[企業、管理者の役割]
・従業員のやる気を引き出す人事制度　適切な配置異動　能力開発　労働時間への配慮　能力に報いる賃金制度の構築　etc
・従業員のキャリアアップのみちすじを具体的に示し、支援すること

[従業員の役割]
・企業における自らの役割を自覚し、誠実な労働を通じてそれを果たすこと
・自律した生活設計を行い、キャリアアップの努力をすること

・企業が「人」の成長発達の場となる
　（生きがいある仕事）
・社会への貢献と、企業の存在意義の確立
・より規律ある組織への成長、発展
・雇用の確保、労働条件の向上

☑ あるべき労使の姿とは

　私たち社会保険労務士は、企業の人事労務管理の専門家です。そして、人事労務管理制度の基本は労使の信頼関係だということを、私たちは肝に銘じています。

　労務管理とは、従業員の意欲の維持・向上と労働生産性を高める目的で、企業がその職員に対して行う「人」の管理です。平たく言うと、労務管理とは、事業をする上で従業員にやる気を持って働いてもらうために、様々な仕組みや工夫を行うことです。

　なぜ、労務管理が大切なのでしょうか？　それは、雇用契約の本質から言って、「誠実、信頼、配慮の関係」があるべき労使のすがただからです。平たく言うと、労使は、企業理念を共有して目的に向かってベクトルを合わせ、協力して顧客や社会から求められる役割を果たす運命共同体です。そのベクトルを合わせるためには信頼関係が大切で、労務管理により労使の信頼関係を築くことで人と組織が成長する労使関係になるから、大切なのです。

　このことは、民法や労働契約法の規定からも読み取れます。民法では1条2項に信義誠実の原則が明記されており、労働契約法では3条4項に「信義に従い誠実に」、というキーワードが明記されています。

　民法で契約一般についての信義誠実の原則を規定しているのですから、わざわざ労働契約法には書かなくてもよいようなものですが、労働契約は、様々な契約類型の中でも、特に当事者である労使の信頼関係が大切な契約類型です。だからこそ、わざわざもう一度確認しますということで、労働契約上の信義誠実の原則を、条文として置いているのです。これは大事なポイントです。

☑ 雇用管理、人事制度、労使関係管理の3つを構築する

　あるべき労使の姿からは、企業と従業員の具体的な役割は、次のようになります。

> 企業、管理者の役割 → 従業員に愛情（強い関心）を持って真剣に向き合い、そのやる気を引き出すしくみを作ること
>
> 従業員の役割 → 企業の中で求められる自分の役割を自覚し、誠実な労働をすること

　これがうまくいくと、人が育ちます。企業が人の成長発達の場となります。事業主と従業員が互いに信頼し合って双方の役割を果たし、企業が従業員の果たした役割にきちんと報いるしくみを作ると、従業員は、生きがいを持って働くようになります。すると規律ある組織になっていくし、ますます良い人財が参加してくれる企業に成長していくわけです。

　そのための人事制度のポイントは、企業の目的・理念を持って人事戦略を考え、しくみづくりをすることです。雇用管理、人事制度、労使関係管理の3つを構築していきます。

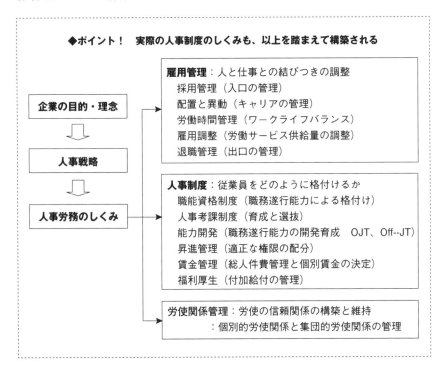

人事労務管理制度は、労使関係をより良くするためのしくみづくりです。いわば、土台の上に立つ建築物のようなものです。土台はしっかりしていなければなりません。

土台は、労基法をはじめとする労働関係諸法の最低限のルールを知り、守ることです。コンプライアンスがベースなのです。法令順守と正しい知識運用を管理者が肝に命ずることが大切な理由は、ここにあります。

5 | 紛争解決を求める依頼者とどう向き合えばよいのか？　〜問題対処のみちすじ

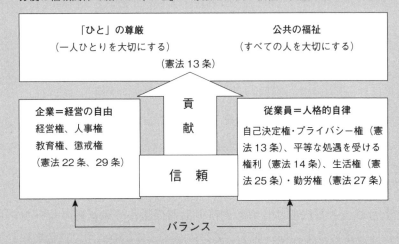

図表 1-9　労使関係の本来の姿

労使は信頼関係で結ばれ「ひと」の尊厳と公共の福祉に貢献することが理想

「ひと」の尊厳
（一人ひとりを大切にする）

公共の福祉
（すべての人を大切にする）

（憲法 13 条）

貢献

企業＝経営の自由
経営権、人事権
教育権、懲戒権
（憲法 22 条、29 条）

従業員＝人格的自律
自己決定権・プライバシー権（憲法 13 条）、平等な処遇を受ける権利（憲法 14 条）、生活権（憲法 25 条）・勤労権（憲法 27 条）

信　頼

バランス

◆問題対処のみちすじ

① この人（企業、従業員）に絶対に力になる、尽くすと決める（肚決め）
② 依頼者の目的を把握する
③ 目的達成のための法律的根拠（条文や判例）を検索する（＝法的知識）
④ 対立利益に配慮しながら、必要性＋許容性を吟味して、バランスのとれた解釈をする
⑤ 結論（解決策）を出す
⑥ 「ひと」の尊厳（スピリット）の温かい光を当てて検証する

　①と⑥が決定的に大切（＝価値観）
　しかし、③の知識の検索ができて、かつ④、⑤の流れに結びつけることができなければ、いくら優れた価値観を持っていても精神論になってしまい、具体的な問題解決はできない。画にかいた餅になってしまう。
　したがって、価値観と知識は車の両輪のように大切

☑ 労使トラブルは、人間にとって大切な権利が対立している状態

　ここまで、補佐人時代の社会保険労務士に必要な憲法や民法の必須知識を押さえてきました。

　次に、実際の労使トラブル解決の現場において、どのような判断枠組みで、どのようなみちすじで問題に対処するのかをお話ししましょう。

　労使トラブルは法律問題として現れますから、法的な分析が必要なのはもちろんですが、私たち自身の基本的な考え方（価値観）が、とても重要になります。

　前ページの**図表1-9**を見てください。本書の冒頭でも示したこの図が、私の頭の引き出しで、私はどんなときもこの図をイメージして、目的（「ひと」の尊厳と公共の福祉）を見失わないようにしています。そのために労使の信頼関係を築くのが、私たち社会保険労務士の使命です。

　企業には、経営の自由があります。適切な事業運営をするための決定権があります。そこには、経営権、人事権、そして教育権、懲戒権という大切な権利が含まれます。一方、労働者には、一人の人間として自己決定する自由があります。生活する権利、勤労する権利もあります。平等な取扱いを受ける権利、精神的な自由など人間として譲れない権利もあります。

　労使トラブルは、事業主と労働者という生身の人間同士の、「働くこと」という人間にとって最も大切な権利が関係する場面での対立です。

☑ 具体例に沿って解決までのみちすじを考えてみよう

　皆さんは、労使関係で企業の社長さんや従業員から法律問題が絡む相談を受けたとき、どのような流れで解決に至るみちすじを考えますか？

　私は、前ページの①から⑥の流れで考えます。これは、きっと皆さんのお役に立つと思います。以下、具体的な相談の流れに沿って、解決に至るみちすじの考え方をお話しします（訳あって、①は後からお話ししますので、まず②からです）。

> 母親の介護を理由に配転命令を断って解雇された
> 従業員Xさんの相談

② 依頼者の目的を把握する

　これは、誰もがされると思います。まずよくお話を聞いて、依頼者の目的（解雇はおかしい！とか、配転命令を撤回してほしい！といった目的）を把握します。そして、解雇や配転を覆したいといった依頼者の目的に照らして、その基礎となる事実の把握も行います。例えば、労働契約の内容や就業規則の定めを確認するなど、ヒアリングすべき重要な事実もここでチェックしていくことになります。

　労使トラブルには様々な類型があり、各類型によってチェックすべき重要な事実は少しずつ異なります。そのチェックすべき事実や証拠資料については、各類型の申立書面の書き方のところで触れます。

③ 目的達成のための法律的な根拠になる情報の検索

　法律問題ですから、条文というかたちで明文化されたものがあれば絶対に確認しますし、配転のように明文がないケースでも、重要問題には必ず判例法理があると考えて検索します。

　すると、考え方として、配転ならば企業の経営の自由の一環として、裁量権があります。それは、従業員に一定のキャリアパスを踏ませて成長させる人事教育権の一環ですし、どのような配置で人を生かすのかは重要な経営事項の決定です。裁量権が幅広く認められなければ、企業活動を円滑に行って社会に貢献することができません。ですから、「東亜ペイント事件」判決（配転の類型の必須判例参照）にあるように、かなり幅広く企業の配転命令権を認めるわけです。

　一方で、従業員にも自己決定する自由があるし、家族との生活を大切にする権利もあります。理由もなく解雇されたら生活できないし、勤労権も侵害されたことになります。ですから、裁判所も、一定の場合に

は配転命令も濫用となる場合があるとします。それが、東亜ペイント判決で示された、配転によって生活上の著しい不利益があるとか不当な動機目的の配転は権利の濫用になる、という考え方です。

　このように、依頼者の目的を把握してその根拠となる条文や判例を検索すると、依頼者にとって自らの主張したい事柄の根拠があぶりだされてきます。そこで、裁判所も行っているように④の検討へ移ります。

④　対立利益に配慮しながら、**必要性＋許容性を吟味して、バランスのとれた解釈をする**

　つまり、互いの対立利益にも配慮しながら、この配転は必要性があるのか、相当性のあるものなのか、バランスのとれた解釈を施して、実態を分析検討してみます。

　すると、本当にお母さんの介護が必要で転勤が無理なのか、それとも奥さんが転勤してほしくないと言っているだけで本当は転勤に応じるべきなのか、ということも含めて、自分なりの解釈が出てきます。

⑤　結論（解決策）を出す

　結論、解決策を導くということになります。時に依頼者の目的に反する場合でも、バランスのとれた解釈をして、本当にその人にとって必要な対案を提示してあげることが必要な場合もあります。

　専門家として知識だけを教えてくれればよい、という依頼者の場合、条文や判例の検索をした結果を教えてあげて、依頼者に都合の良い知識だけを教えて報酬をもらえればよい、という考え方もあります。

　しかし、それでは依頼者の目的に応えているのは知識の部分だけにとどまっている、ということになります。それでは社会保険労務士としての使命を果たしているとは言えません。

　ですから、実は、解決に至るみちすじとしては、まだ前と後に大切なことがあります。それが、①と⑥です。

① この人（企業、従業員）に絶対に力になる、尽くすと決める（肚決め）（＝愛）

⑥ 「ひと」の尊厳（スピリット）の温かい光を当てて検証する（＝成長）

　まず①は、何があってもこの人の力になって尽くす、と決める肚決めです。この熱意と情熱が、ケアと愛の観点です。

　そして、結論が本当にその人に人間としての成長をもたらすものなか、光を当てて検証することが、⑥です。バランスをとって解釈すると言っても、一般的な法律論では不十分です。従業員の個性、置かれている状況、会社の状況、社会の状況、いろんな要素があるわけですから、それらを踏まえてXさんをどのように処遇するのがよいのか、検証したいところです。

☑ 納得性の高い解決を得るためには、ド真剣に向き合うこと

　私だったら、①から⑥までのプロセスを経て、配転を拒否したXさんのキャリアのステージアップという観点から言っても、置かれている状況から言っても、もう一度会社でやり直して配転先に赴任するのがよいと言うかもしれませんし、いったん退職を認めて、自分のスキルを生かして個人事業主として会社の仕事を回してもらうという解決の仕方をするかもしれません。

　個別具体的な事例について、とことんまでその人の幸せと成長を願う、というケアの観点を踏み外さなければ、当事者にとって納得性の高い解決が、必ずできます。

　人の成長のプロセスは無限の可能性があるわけですから、過去や現在の視点で物事の正しい、正しくないを判断することも大切ですが、その人にとって、企業にとって、将来に向かって未来の視点で考えていくと、納得性の高い解決が得られると思います。

　知識と理屈で正しいと考えたことでも、当事者や私たちの物事への向き合い方がド真剣でなければ、正しい結果になるとは限りません。大切

なのは、決めたことを正しい結果にしていくことです。「正しいと思って決めたことを、本当に正しくしていく」ド真剣さと努力だと思います。これが、⑥の「ひと」の尊厳（スピリット）の温かい光を当てて、その人をケアしていく、という意味だと考えています。

　この①から⑥が、問題に対処するみちすじです。もちろん、スピリットだけでは精神論になってしまいますから、法的な知識が必要になります。このプロセスには、いずれが欠けても不十分だということがわかっていただけると思います。

☑ 人を「大切に想う」強い気持ちがその人の良心を引き出す

　ここで、私がなぜこのようなお話をするようになったのか、きっかけとなった体験談をお話しさせてください。

　私は、41歳の時に生死の境をさまようような大病を患い、その時から、自分の役割ということをいつも考えるようになりました。神戸のポートアイランドの中央市民病院に3カ月半入院して、危篤状態から回復しました。外科手術の腕も立ち、いつも笑顔で親切に私が安心できるように相談にのってくれる名医にめぐり会うことができたのです。

　私の病室からは神戸港の対岸にポートタワーも見えたし、消灯後に病棟の待合所のベンチまで点滴架につかまりながら壁を伝って行くと、真っ赤な神戸大橋や三宮という繁華街の灯りも見えました。

　膵臓に腫瘍ができて難しい状態で、3回も手術をしました。体力が弱りきって死の淵をのぞきこみ、もうしんどいとか、苦しいとか、不安とかを通り越した時に、私が神戸の町を見ながら誓ったことがあります。

　もし、医療者や家族、多くの方々の力で助けていただいて、神戸の町、自分の家に帰ることができたら、私は、私らしく残りの人生を生きていきたい。そして、自分の役割を果たしたい、と。

　その時まで、私は法律事務所の事務員をしながらずっと司法試験の勉強をしてきたので、勉強ばかりで家族もかまってあげられなかったし、自分の責任で仕事をしたことがありませんでした。

　でも、これからは自分の人生を自分らしく生きよう。そして、私しか

できないことを、きちんと役割を果たそう。

　その時に、私は、死ぬかもしれない現実の中でも、そんなふうに思える自分は「人間」なんだと思って、不思議にうれしかったのです。

　私は病人で働けずにいましたが、妻や子どもたち、病院の皆さんにいたわられ、勤務先の野口弁護士先生はじめ職場のみんなも気遣ってくれて、多くの方の力で生かされている、とても大切にされていると感じました。そして、そのことに感謝できて、自分の役割を果たしたいと思える自分がいることに、気がついたのです。

　このことがきっかけになって、私は社会保険労務士の仕事をするようになるわけですが、それまで、司法試験の勉強で知識だけを覚えこんでいたと、気づいたのです。憲法13条の謳う「ひと」の尊厳というリーガルスピリット。その大切さが、自分の体験を通して、すとんと私の心に入ったのだと思います。すると、それまで、バラバラだったいろんな法律の本質が、車の両輪のように、バシっと見えてきたのです。

　そのため、私は、法律のお話をする際、知識だけではなくリーガルスピリットとリーガルナレッジが車の両輪だということを、そのお話をできるのが私の役割だと思ったので、これまで一貫してお話してきましたし、そのような役割を与えていただけることが本当に喜びです。

　余談めいたお話しをしてしまいましたが、実は「大切にされる」「愛される」ということが、人間同士の信頼を深め、紛争を予防したり解決したりする上で最も重要なことです。

　私が、社会保険労務士が「温かい目線で」紛争解決に当たろう！と繰り返してきたのは、社会保険労務士の多くが、このような志を共有していてくださると実感し、信じているからなのです。

　私は、大病をするまで、自分勝手でわがままで醜くてずるい面があることがわかっていて、それがたまらなく嫌で、そのくせそんな弱い自分を認めたくなくてもがいていました。その私に「自分の役割を果たして人の役に立ちたい！」という「良心」を呼び覚まし、引き出してくれたのが、妻や子どもたち、病院の先生や看護師さん、職場の皆さんから「大切にされる」体験でした。その人を「大切に想う」強い気持ち（＝

愛）は人に良い影響を及ぼし、その人の良心を引き出す強力なパワーを持っているのだと信じます。私の本質は今でも変わっていません。弱い面、醜い面があります。そのことを認めた上で、そんな自分でも少しでも人の役に立ち、そのことに喜びと幸せを感じることができる「良心」を引き出していただいたのだと感謝しているのです。

☑ 「困った社長さん」の問題にもド真剣で向き合う

　私はよく社会保険労務士の知人から、「労働法令を守らない事業主さんがいて困っています。前田さんはどのように対応しているんですか？」と聞かれます。

　残業代を払わないでへっちゃらな社長、「うちの会社に有給休暇はない！」と断言する社長、「労働基準法は法律のほうがおかしい！」と言ってはばからない社長…、様々です。皆さんは、このような困ったひとりよがりな社長さんにどのように向き合っていらっしゃるのでしょうか。

　これまで見てきた問題対処のみちすじを思い出してください。このような社長は、労働基準法違反のリスクを負うことは承知の上ですから、みちすじの②から⑤までの知識面で説得を試みても、大抵は失敗に終わります。

　社長をそのような考え方にしているのは、理屈や損得よりも、従業員に向き合う姿勢に負うところが大きいのです。原因は様々でしょう。社長自らがそのような取扱いを受けて耐え忍んだ時期があったのか。従業員の費用を犠牲にしても守るべき大切な何かがあるのか。それはおいそれと話していただけることはないし、仮に分かったとして、それを理不尽だと否定しても、考え方（価値観）が変わらない限り、人の行動は変わらないのです。

　ですから、私は、もちろん②から⑤の法律的知識もお話しするのですが、むしろ①と⑥の考え方を実践するようにしています。つまり、私が死にかけた時に、家族や周りの人たちがしてくれたことです。

　①として、その社長を「大切な人」「かけがえのない大好きな人」と

決めます（肚決め）。実際にはもっと具体的に「従業員のことを心から大切に想っている素晴らしい社長！」と決めます。

そして、⑥として、「素晴らしい社長」に向き合い、周りの従業員たちにも、私の決めた想いを折りに触れてお話しすることを実践するのです。その社長からあれこれ理不尽なことを言われることがあったとしても、私の中では「素晴らしい社長」なのですから、「社長らしくないですね」とは言いますが、へっちゃらです。

そのように接し続けると、社長の心の中に眠っていた「従業員のことを大切にしたい」という良心が引き出されてきて、それまでとは異なる対応をしてくれる社長に変化していくのです。信じられないかもしれませんが、これは本当です。

私の大好きな作家、喜多川泰さんの『手紙屋』という小説に、「相手にそうなってほしいという『称号』を与えると、その人はその称号どおりの人になろうとする」という一節があります。どんな人にも弱い面はありますが、その人には必ず気高い良心が存在します。とすれば、その人を「かけがえのない素晴らしい人」として「大切に想う」強い気持ち（＝愛）は、その人に良い影響を及ぼし、その人の良心を引き出し、成長させる強力なパワーを持っているのです。

問題対処のみちすじ、どうか実践してみてください。

第2章

労使トラブル解決
に必要な民事訴訟
法の知識

1 ｜ ＡＤＲと民事訴訟の共通点、相違点

図表 2-1　民事訴訟と ADR の比較

民事訴訟

●法的観点
　権利義務の存否を事実と証
　拠に基づいて判断する
　フル装備の紛争処理手続
　最終的には一刀両断の解決
　も可能

労働 ADR

●法的観点
　権利義務の存否を踏まえる
●ケアの観点
　話合いと納得による自律的
　紛争解決を援助する
　「ひと」同士の「信頼と尊重」
　の回復を目指す手続き

民事訴訟

総合大病院（裁判所）

で行われる

患部の治療・摘出（外科手術）

ＡＤＲ
（Alternative Dispute Resolution）

懇切なお医者さんのいる診療所
（ADR 機関）

で行われる

「ひと」のトータルなケア

☑ 民事訴訟のイメージ

最初に、民事訴訟による紛争解決とＡＤＲ（話合いによる紛争解決）には共通点があり、相違点があることを確認しておきましょう。

前ページの**図表2-1**は、左側が民事訴訟を表しています。民事訴訟手続は、法的観点をとても重視します。権利義務の存否を事実と証拠に基づいて判断する、フル装備の紛争処理手続です。最終的には、判決というかたちで一刀両断の解決ができます。イメージ図のとおり、外科手術に似ています。患部をえぐり取って治療するような面もあって、患者の命は助かるかもしれないけれど、あとから傷口が痛んだり、非常に体力を消耗したりすることもあります。そんなイメージです。

私は、補佐人として労働訴訟の実務に携わって、実感したことがあります。それは、労働訴訟では、労働契約の内容（就業規則の定め、雇用契約書の内容など）や労働実態に関する事実（労働時間、賃金など）、事実を証する証拠が、とても重要視されるということです。そして、それらの事実は判決内容に直結することも、実感しました。後にお話しする民事訴訟法のしくみとルールに則る限り、事実や証拠がとても重要になるのは当然だと思います。ただ、裁判所も弁護士も、やはり話合い（和解）による紛争解決を図るなど、一刀両断の外科手術のような解決ではなく、ケアの観点から、当事者にとって納得の解決を得る努力をされていることも忘れてはならないと思います。

☑ ＡＤＲのイメージ

対してＡＤＲは、もちろん法的観点も踏まえますが、前面に出てくるのはケアの観点です。当事者の話合いと納得によって、「ひと」同士の信頼と尊重を回復できるようにする手続きです。こういう側面が大切だとされています。医療に例えれば、懇切なお医者さんのいる診療所で診てもらうイメージです。私たち社会保険労務士は、この懇切なお医者さ

んのような専門家でありたいと思います。

このように考えると、訴訟もＡＤＲも、多かれ少なかれケアの観点も法的観点も大切にしなければならない紛争解決手続であるということは、共通しているのです。

2 労使トラブル解決手続に必要な 2 つの観点

☑ ケアの観点と法的観点が重要

私たち社会保険労務士にとって、補佐人として、またはあっせん代理人として大切なことは、次の2つの観点です。

まず、ケアの観点です。この大切さは、既に繰り返しお話ししました。当事者の「ひと」としての想いを大切にし、その自律的な解決を援助するのです。

また、法的観点も大切です。紛争解決にあたっては、ＡＤＲ手続でも民事訴訟でも、当事者の権利義務、法律関係を論理的に整理することが、出発点となります。民事訴訟や他の紛争解決手続ではもちろん、重要な観点です。私たち社会保険労務士には専門家としての知識が問われます。権利（訴訟物）やその判断方法、要件事実、判例法理などの知識が必要となるのです。ＡＤＲ手続は話し合いによる紛争解決手続ですが、後で訴訟になる可能性がある限り、民事訴訟になった場合でも通用するように、権利と事実を特定して申立書などの書面を書くことがＡＤＲの段階から求められます。ＡＤＲでは、ケアの観点がバックボーンになりますが、加えて民事訴訟法の基礎知識に則った法的観点からの論理的な主張が、出発点になります。

この2つが車の両輪だということを、まず確認しました。

●**ケアの観点**：法的観点だけでなく、当事者の「ひと」としての想いを大切にし、その自律的な解決を援助する

- 傾聴と共感によるケア
- カウンセリング的な技法も用いて感情面のカタルシス、癒しや、真の納得に向けたケアが求められる
- 当事者本人、代理人および調停者（あっせん委員）の倫理観、価値観（ひいては人間力）が問われる場面でもある

●**法的観点**：権利義務、法律関係を論理的に整理することが出発点となる

- 民事訴訟や他の紛争解決手続と共通する観点
- この観点にかかる能力担保は必須
- 将来社会保険労務士が紛争解決手続における全面的な代理権を獲得するためにも、権利（訴訟物）やその判断方法、要件事実、判例法理などの知識が必要
- ＡＤＲでも、民事訴訟の前段階として、請求を特定する役割も果たす

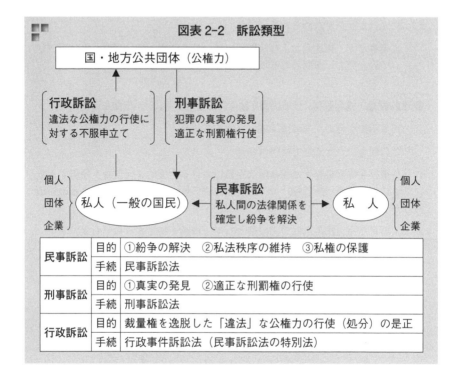

図表 2-2　訴訟類型

民事訴訟	目的	①紛争の解決　②私法秩序の維持　③私権の保護
	手続	民事訴訟法
刑事訴訟	目的	①真実の発見　②適正な刑罰権の行使
	手続	刑事訴訟法
行政訴訟	目的	裁量権を逸脱した「違法」な公権力の行使（処分）の是正
	手続	行政事件訴訟法（民事訴訟法の特別法）

☑ 多くは民事訴訟、時に行政訴訟

　訴訟には、民事訴訟・刑事訴訟・行政訴訟の区別があります。図は、3種類の訴訟について、誰と誰との間の何を目的とする訴訟かという切り口で描いたものです。

　1つ目が、最もポピュラーな「民事訴訟」です。「私人」つまり、われわれ個人や団体、企業対同じく私人との間の民事に関わる訴訟ということです。民事訴訟は、私人間の法律関係、つまり権利義務の有無を判断して確定させて紛争を解決する手続きです。

2つ目が、刑事訴訟です。弁護士ものの法廷ドラマでもよく出てきますが、「犯罪」があった場合に、その「真実を発見」して、犯罪行為を行った者に「適正な刑罰を科する」ことを目的とする訴訟です。

　3つ目が、行政訴訟です。国・地方公共団体（＝公権力）の「違法な公権力の行使」に対する不服申立を内容とする訴訟です。

　図の下の表には、各訴訟について、その目的と手続きの根拠となる法律を書きました。

　私たち社会保険労務士が取り組む労使トラブルは、この分類で言うと、圧倒的に民事訴訟の領域に該当する紛争が多いです。労働契約上の権利を有する地位の確認（昔は解雇無効確認という呼名でしたが）とか、賃金、解雇予告手当の請求、損害賠償請求などです。労働判例の世界でも、そういう事件がとても多いです。

　これらは、労使という民間同士の民事上の権利義務の有無、内容を判断して確定する訴訟ですから、民事訴訟です。

　労働関係では、行政訴訟も少しだけ意識しておきましょう。というのは、労災保険給付について労働基準監督署長が支給・不支給に関する決定をする行為は、公権力の行使に当たります。この決定をめぐる訴訟（例えば、不支給処分の取消しを求める）などは、行政訴訟に当たります。労働判例でも、「○○労基署長事件」という名前がついている事件は、行政訴訟に該当するわけです。

　ここでは、訴訟には3つの種類があることと、それらのざっくりしたイメージがつかめればOKです。

☑ 民事訴訟のルールは民事訴訟法で規定

　これまで、憲法や民法、労働法等の全体像を勉強しました。

　労使関係というのは、労働契約によって結ばれた労使の間の法律関係です。労使間の権利や義務の内容が問題となります。

　私たち社会保険労務士の役割は、憲法のスピリットの光を当てて、民法や労基法等の知識を使って労働にかかる法律問題を解決することです。さらには、労使トラブルを予防することが大切です。

その憲法、民法や労働法による労使間の権利義務の有無や内容を判断する手続きとしくみ、ルールが、民事訴訟法（以下、「民訴法」といいます）に定められているのです。

☑ まずは基礎的な知識を身に付け、権利の有無を判断する場合のルールをマスターしよう

　私たちが補佐人として裁判所に出廷する場面や、ＡＤＲ実務の現場を想像してみましょう。裁判官や弁護士は、もちろん法律のプロですし、「あっせん手続」にあたる労働局の紛争調整委員会の委員の方々も皆さんが「司法の世界のプロ」です。労働法の学者や、弁護士が委員です。その人たちは民事訴訟のしくみとルールをしっかりイメージした上で話されます。

　ですから、私たち社会保険労務士も民事訴訟のしくみやルールを知らないではまともな議論ができなくて、説得力のある主張がしにくいと思います。現場で通用する知識を身に付ける。その目的意識を持って民訴法の勉強をして身に付ければ、憲法、民法、労働法を使う道具を手にするわけですから、すごい能力アップになります。

　では、どの程度民訴法を理解すればよいのでしょうか？

　民訴法は、本格的に勉強しようとすると細かい知識をごまんと覚えなければいけません。裁判所の手続きですから、きちんと細かい知識を覚えようとすると、イメージがわきにくく、どうにもおもしろくないので、“眠訴（眠ると書いて眠訴）”と言ったりします。

　しかし、当面の到達目標は、民事訴訟のしくみについて、ざっくりと理解すればよいと思います。それは、民事訴訟や判例の役割などについて、基礎的な知識を持つことと、権利の有無を判断する場合のルールをマスターすることです。

　ただ、補佐人実務を行っていくからには、いずれ、民訴法の細かい知識、例えば裁判所の管轄や裁判の期日（実際に訴訟の手続きをする時間のことを期日といいます）の手続きの進め方、法廷でどうやって証人調べをするのかなど、細かい手続きについても理解を深め、実践の中で習

熟していく必要があります。

　憲法や民法、労働法等（企業活動と労働にかかる法）の勉強をしてきたことを生かして、まず、権利があるのかないのかの判断をする考え方と知識を身に付けましょう。

　そして、民訴法の基本を踏まえた労働関係のあっせん手続の申立書面、答弁書の具体的な書き方を、これから勉強していきましょう。申立書面、答弁書の内容は、基本的には補佐人実務をする際の労働訴訟の訴状や答弁書と同じです。ただ、訴状や答弁書にはポイントになる事実を証する「証拠」のことも記載する必要があります。また、別途「証拠説明書」という書面も必要になってきます。これらについては、労働事件の各類型のところで、チェックすべき事実や必要な証拠を挙げていますので、確認していただきたいと思います。

　また、民事訴訟における、原告、被告、裁判所のなすべき事柄（第一審訴訟の流れ）について、**図表 2-3** に表してみました。各当事者や代理人・補佐人、裁判所が訴訟手続でどのような訴訟行為を行って訴訟が進行していくのか、イメージしていただきたいです。

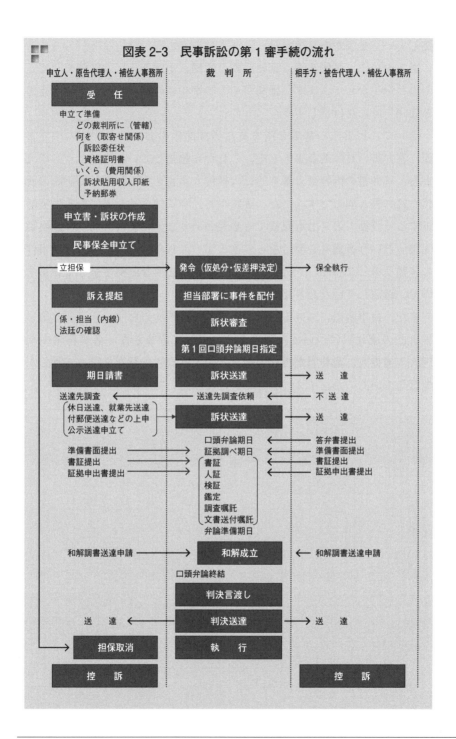

図表 2-3　民事訴訟の第 1 審手続の流れ

申立人・原告代理人・補佐人事務所	裁 判 所	相手方・被告代理人・補佐人事務所
受　任		

申立て準備
　　どの裁判所に（管轄）
　　何を（取寄せ関係）
　　　┌訴訟委任状
　　　└資格証明書
　　いくら（費用関係）
　　　┌訴状貼用収入印紙
　　　└予納郵券

申立書・訴状の作成		
民事保全申立て		
立担保	発令（仮処分・仮差押決定） →	保全執行
訴え提起	担当部署に事件を配付	

┌係・担当（内線）
└法廷の確認

	訴状審査	
	第 1 回口頭弁論期日指定	
期日請書	訴状送達 →	送　達

送達先調査 ←　　送達先調査依頼 ←　　不 送 達
　┌休日送達、就業先送達

| ┌付郵便送達などの上申 | 訴状送達 → | 送　達 |

　└公示送達申立て

準備書面提出 →　　口頭弁論期日 ←　　答弁書提出
書証提出 →　　　　証拠調べ期日 ←　　準備書面提出
証拠申出書提出 →　┌書証 ←　　　　　書証提出
　　　　　　　　　│人証 ←　　　　　　証拠申出書提出
　　　　　　　　　│検証
　　　　　　　　　│鑑定
　　　　　　　　　│調査嘱託
　　　　　　　　　└文書送付嘱託
　　　　　　　　　弁論準備期日

| 和解調書送達申請 → | 和解成立 ← | 和解調書送達申請 |

口頭弁論終結

	判決言渡し	
送　達 ←	判決送達 →	送　達
担保取消	執　行	
控　訴		控　訴

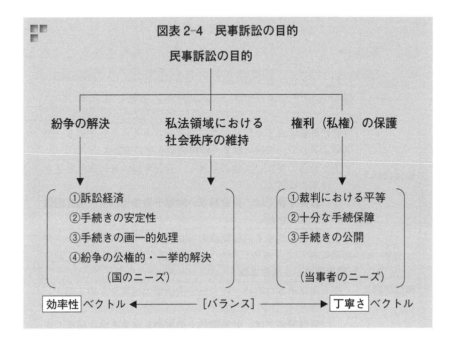

図表 2-4　民事訴訟の目的

民事訴訟の目的

紛争の解決	私法領域における 社会秩序の維持	権利（私権）の保護
①訴訟経済 ②手続きの安定性 ③手続きの画一的処理 ④紛争の公権的・一挙的解決 　（国のニーズ）		①裁判における平等 ②十分な手続保障 ③手続きの公開 　（当事者のニーズ）

効率性 ベクトル ◀── ［バランス］ ──▶ 丁寧さ ベクトル

　民事訴訟の目的とは何でしょうか？　まず、「権利の保護」です。権利の有無について紛争があるわけですから、権利があるなら「ある」と宣言して保護します。それによって「紛争の解決」という目的が達成されますし、結果として「社会秩序の維持」を図ることができます。この3つが民事訴訟の目的です。

　では、どのように裁判所に「権利を保護してください」と、求めていくのでしょうか？　それは、書面により、裁判所に権利を主張し、その当否について審判を求める申立てをすることによって行います。この申立てのことを「訴え」といいます。

4 | 民事訴訟における「訴え」の３類型

図表2-5　訴えの種類

訴え：原告が、裁判所に対して被告との関係で権利主張（これを
「訴訟上の請求」「訴訟物」という）を示し、その当否について審判（審理および判断）を求める、書面による申立て

給付の訴え	原告が被告に対する特定の給付請求権があることを主張し、裁判所に対して、被告に対する**給付判決**を求める訴え
	例：金銭の支払い、物の引渡し、登記申請の意思表示などを求める訴え **労働関係では、賃金請求、解雇予告手当請求、損害賠償請求**　など
確認の訴え	原告が被告に対する法律関係の存在または不存在を主張し、裁判所に対して、被告に対し、法律関係の存否を確認する判決（**確認判決**）を求める訴え
	例：債務不存在確認、株主総会決議無効確認を求める訴えなど **労働関係では、労働契約上の権利を有する地位確認の訴え**　など
形成の訴え	原告が被告に対する特定の法律関係の変動（発生・変更・消滅）についての形成要件の存在を主張して、裁判所に対して、その法律関係の変動を宣言する判決（**形成判決**）を求める訴え
	例：人事訴訟（離婚の訴え　など） 　　社団関係訴訟（会社の取締役解任の訴え　など）

訴えの類型（権利主張の仕方）は、裁判所にどのように権利保護を求めるかにより異なります。民事訴訟では３類型ありますが、私たち社会保険労務士は、労働事件でよく出てくる、給付の訴えと確認の訴えの２つについてイメージできればＯＫでしょう。

　給付の訴えとは、労働関係ならば「賃金を払ってくれ」「解雇予告手当を払ってくれ」「損害賠償金を払ってくれ」など、平たく言えば金を払ってくれ、という訴えです。

　確認の訴えとは、労働関係では、労働契約上の権利を有する地位を確認するものです。解雇は無効だから、今も従業員としての労働契約に基づく権利がある、その法的な地位が存在することを裁判所に確認してもらう、という訴えです。

5 | 民事訴訟における権利の存否の判断の しかた

図表 2-6　民事訴訟における権利の存否の判断のしかた

民事訴訟は 権利 の存否の判断
法律関係を確定し紛争を解決する
国家作用

（平たく言うと）

──── あなたの言っている権利はあるの？
それを裁判所が判断して、権利を守り
紛争を解決しますね。

しかし「権利」は観念の所産
物理的に確認することができない

──── でも「権利」って見えない。
聞こえない。匂うことも味わうことも
触ることもできない。困りましたね。

「権利」の発生・変更・消滅を定
める法律の規定の「構成要件に該
当する 事実」（要件事実（主要
事実ともいう））の存否を調べて
法規に当てはめれば判断できる

──── ただ、お手上げじゃありませんよ。
法律の条文に「こんな事実があるときは
こうなる」と書いてある。その事実のあ
るなしは客観性があるから調べることが
できます。
それを条文にあてはめれば「権利」があ
るのかないのかは判断できますね。

要件事実の存否は 証拠 によって
経験則に従って事実認定

──── その事実があるかないかは、いろんな
証拠を裁判官が見て、常識に照らして
判断することにしましょう。

☑ 事実の存否を調べ、法規に当てはめて権利の存否を判断する

　民事訴訟は、権利の存否の判断をして法律関係を確定し、紛争を解決する国家作用です。

　平たく言うと、「あなた（原告）の言っている『権利』はあるの？それを裁判所が判断して、権利を守り、紛争を解決しますね」ということです。このように、訴訟で審理の対象となる権利のことを、民事訴訟の世界では「訴訟物」とか「請求」と呼びます。平たく言うと、訴訟の

テーマになる権利のことです。

　しかし、権利は観念の所産ですから、物理的に確認することができません。「観念の所産」とは、平たく言うと、「権利って言っても、人間が頭の中で考えたものですよね。権利があるんだって言われても、目で見えないですよ。それに聞こえない、権利そのものは五感の作用では認識できないじゃないですか」ということです。

　ではお手上げか、というとそうではない。過去の「事実」であれば、調べればわかります。そして権利の発生、変更、消滅を定める法律の規定の「構成要件に該当する事実」（これを要件事実とか主要事実とも言います）の存否を調べて法規にあてはめれば、判断できます。平たく言うと、たしかに権利というのは人間が頭の中で考えることですから、「あるよ」と言われても見たり触ったりできるものではない。しかし、法律の条文には「こんな事実のあるときはこういう権利がある」と書いてある（正確に言うと法律効果のことですが、本書ではざっくりと解説します。そのほうがイメージを理解しやすいと思いますので、以下、どんどん読み進んでください）。

☑ どんな「事実」をどうやって調べるの？

　「事実」には客観性があります。ですから客観性のある過去の「事実」を調べるのです。権利の発生原因になる過去の事実があるのかを調べて条文にあてはめれば、権利がある（ない）を判断できる。そういうポイントになる事実を「要件事実」といいます。

　では、その要件事実の調べ方は？　要件事実の存否は、証拠により、経験則に従って事実を認定していきます。平たく言うと、その事実があるのかないのか、当事者の主張に争いのある場合にはいろんな証拠を出してもらって、それを裁判官が見て検討して、常識に照らして（経験則とは、平たく言うと裁判官の良識のこと）判断します。

　これが、民訴法の一番基本となる、「権利の存否の判断方法」です。このプロセスに沿って、民事訴訟では権利を事実で、事実を証拠で、という流れで判断します。

☑ 判断のための４つのルール

判断は、次の４つのルールに従ってなされます。

次では、それぞれのルールについてもう少し詳しく見ていきます。

---

① **処分権主義**

→ 権利主張は当事者の自由だという考え方

訴えが出されて初めて裁判が始まり、訴訟をして権利主張するのも「取り下げます」と言って権利主張をやめるのも、話し合いで和解して終わるのも、それは当事者の自由ですよ、という考え方

② **弁論主義**

→ 訴訟において、原告の掲げた権利の有無について、あるという根拠になる事実、ないという事実、そして裏付けになる証拠の申出をするのは、原告被告の権限であるし、責任でもある。自分の責任で出してね、という考え方

③ **自由心証主義**

→ 訴訟において原告が権利主張し、被告が争いました。双方事実も主張し、争いのある事実は証拠で立証しようと頑張ったら、後は、裁判所は自由に証拠を評価して、争点になっている事実があるかないか自由に判断します、という考え方

これで、普通の場合には、事実があるとかないとか認定されて、当事者の主張する権利があるのかないのかは判断できる

④ **証明責任**

→ 最後までどうにも事実があるともないとも判断できなかった場合に、原告被告どちらが負けるリスクを負うのか？　というルールが、証明責任という考え方

争点になる事実の立証に失敗したら負けるリスクを負う当事者は、事前に決まっている、ということ

---

6 | 基本的な４つのルール

1 処分権主義

図表 2-7　処分権主義のイメージ

権利に関するルール
平たく言うと、権利についての**自己決定自由主義**

1）民事訴訟による紛争解決を求めるか
2）どの範囲で紛争の処理を求めるか ⎱ 本人の自由
3）最終的に判決による解決を求めるか

これらについて当事者に**自己決定権**（憲法 13 条）を認める考え方

[憲 法]　　自 己 決 定 権

↓

[民 法]　　私的自治の原則

↓

[民事訴訟法]　処 分 権 主 義

① 不告不理の原則　② 審判範囲の確定　③ 当事者の意思による
　　　　　　　　　　　　　　　　　　　　訴訟の終了

申立てなければ｜裁判所は当事者の申｜訴えの取下げ（同 261 条）
裁判なし｜立て以外の事項につ｜訴訟上の和解、請求の放
（民訴法 133 条）｜いて判決できない｜棄・認諾（同 267 条）
　　　　　　　｜（同 246 条）

（平たく言うと）

そもそも裁判をするか｜たとえ裁判になって｜たとえ裁判になった
しないかはあなたの自｜も、あなたが求めて｜後でも、途中で下り
由だから、あなたが裁｜いないことまでは裁｜るのも仲直りするの
判したいと言わないか｜判所は判断できませ｜も、自由に決められ
ぎり裁判所は動きませ｜んよ、ということ｜るということ
ん、ということ

☑ 処分権主義とは？

　処分権主義とは、「権利」に関するルールです。平たく言うと、権利についての自己決定自由主義のことで、つまり裁判所を使って自分の権利を主張するかどうかは、自由であり、次の①から③について、当事者に自己決定権を認める考え方です。

---

　①　民事訴訟による紛争解決を求めるのか？

　②　どの範囲で紛争の処理を求めるのか？

　③　最終的に判決による解決を求めるのか？

---

①　民事訴訟による紛争解決を求めるのか？

　「不告不理の原則」、申し立てなければ裁判なし、ということです。

　難しい言葉と文章ですが、平たく言うと「そもそも裁判をするかしないのかはあなたの自由です。だから、あなたが裁判したいと言わない限

り、裁判所は出しゃばって動いたりしませんよ」ということです。

② どの範囲で紛争の処理を求めるのか？

「審判範囲の確定」と言い、平たく言うと、「たとえ裁判にしても、あなたが求めていないことまで裁判所は判断できませんよ。だって、あなたはこの範囲で裁判してって言いましたもんね」、ということです。

例えば、退職金の未払いが1,000万円あるけれど、全額ではなく100万円を請求するという一部請求をするのも、原告の自由です。審判の対象となる範囲は、当事者が決定できるということです。

③ 最終的に判決による解決を求めるのか？

当事者の意思による訴訟の終了も自由です。「たとえ裁判にした後でも、途中で裁判を下りる（取下げ）、あるいは仲直りする（和解）のは、あなたの自由ですよ」ということです。裁判の終わり方についても、判決をもらう以外の方法を選ぶかどうか、自由に自己決定できるということです。

以上をまとめると、処分権主義というのは、民事訴訟のテーマである「権利」について、当事者が自由に自己決定して処分できるというルールだということです。

では、原告が訴訟で権利主張すると決めて、訴状を出して訴訟になりました。次が弁論主義の出番になります。

2 弁論主義

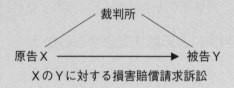

図表 2-8　弁論主義のイメージ

事実と証拠に関するルール
事実と証拠　本人提出主義

判決の基礎になる「事実の確定」に必要な訴訟資料（要件事実の主張＋必要な証拠の申出）の提出を当事者の権能および責任とする考え方

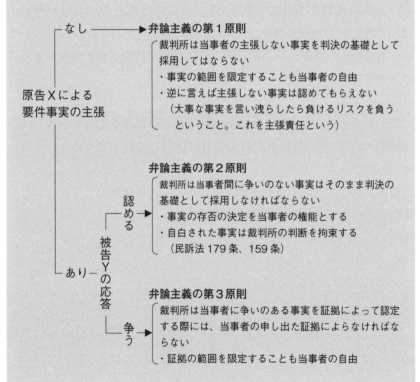

裁判所

原告X ―――――――→ 被告Y

Xの Y に対する損害賠償請求訴訟

― なし ―――→ 弁論主義の第1原則
　　　　　　　　裁判所は当事者の主張しない事実を判決の基礎として
　　　　　　　　採用してはならない
　　　　　　　　・事実の範囲を限定することも当事者の自由
　　　　　　　　・逆に言えば主張しない事実は認めてもらえない
原告Xによる　　　　（大事な事実を言い洩らしたら負けるリスクを負う
要件事実の主張　　　　　ということ。これを主張責任という）

　　　　　　　　弁論主義の第2原則
　　　　　　　　裁判所は当事者間に争いのない事実はそのまま判決の
認　　　　　　　基礎として採用しなければならない
め　　　　　　　・事実の存否の決定を当事者の権能とする
る　　　　　　　・自白された事実は裁判所の判断を拘束する
被　　　　　　　　（民訴法179条、159条）
告
Y
の
― あり ― 応
　　　　答
　　　　　　　　弁論主義の第3原則
　　　　　　　　裁判所は当事者に争いのある事実を証拠によって認定
争　　　　　　　する際には、当事者の申し出た証拠によらなければな
う　　　　　　　らない
　　　　　　　　・証拠の範囲を限定することも当事者の自由

☞ 　民訴法 159 条 1 項

　　　当事者が口頭弁論において相手方の主張した事実を争うことを明らかに
　　しない場合には、その事実を自白したものとみなす。ただし、弁論の全趣
　　旨により、その事実を争ったものと認めるべきときは、この限りでない。

☞ 　民訴法 179 条

　　　裁判所において当事者が自白した事実及び顕著な事実は、証明すること
　　を要しない。

☑ 弁論主義とは？

　弁論主義とは、事実と証拠は本人提出主義であるということです。こ
れをきちんと書くと、「判決の基礎をなす事実の確定に必要な訴訟資料
（その中身は、要件事実の主張＋証拠の申出）は、その提出を当事者の
権能及び責任とする考え方」ということです。

　この弁論主義も、具体的な中身は3つあり、前ページのフロー図はそ
の第1原則から第3原則を表しています。

☑ 第1原則

　弁論主義とは「事実と証拠は本人提出主義」ですから、提出するのは
本人の責任です。要件事実について原告が「主張なし」の場合、「主張
しない要件事実」については、裁判所は「ないもの」として扱わなけれ
ばなりません。ですから、「裁判所は当事者の主張しない事実を判決の
基礎として採用してはならない」ということになります。結果として、
ポイントとなる大事な要件事実を言い漏らした原告は負けるリスクを負
うことになります。これが第1原則です。

　この第1原則があるので、原告は、自分の権利主張の根拠になる要件
事実をきちんと主張しなければだめだということになります。原告Xの
主張がきちんとなされた場合、被告の対応によって、2つに分かれま
す。それが、第2原則と第3原則です。

☑ 第2原則

　被告が「その事実は間違いありません、OK」と認めた場合です。これを民事訴訟でも自白と言いますが、このように事実に争いのない場合には、証拠などは関係なしにその事実ありと裁判所は認めます。その結果、事実を認めたYは負けるかもしれません。これが第2原則です。「裁判所は、当事者間に争いのない事実はそのまま判決の基礎として採用しなければならない」ということです。

☑ 第3原則

　被告が事実を争う場合です。この場合が実際には一番多いのですが、争いがあるわけですから、これまで勉強した「権利の存否の判断のしかた」に則って、事実があるかないか証拠によって判断しなさい、ということになります。そして、その証拠は、当事者の出した証拠によります。この場合、勝ち負けは証拠次第です。これが、「裁判所は当事者に争いのある事実を証拠によって認定する際には、当事者の申し出た証拠によらなければならない」という、弁論主義の第3原則です。

　ここまでの2つは、当事者サイドのルールでした。対して、これからお話しする自由心証主義と証明責任の2つは、裁判所サイドのルールです。

3 自由心証主義

図表 2-9　自由心証主義のイメージ

> 事実と証拠に関するルール
> 平たく言うと、**証拠の使い方・評価は裁判所の自由という主義**

　事実認定にあたって当事者の提出した証拠資料の採否と、その証拠力の評価、審理のプロセスで現れた一切の事情（これを「弁論の全趣旨」という）の斟酌を、すべて裁判官の自由な判断に委ねる考え方（民訴法247条）

　※心証：事実についての裁判官の確信の度合い

事実の主張と証拠の申出は当事者の権能
（弁論主義）

裁判所による自由な証拠評価
（自由心証主義）

具体的内容

証拠方法の無制限	証拠共通の原則	弁論の全趣旨の斟酌
犯罪によって手に入れたものでもない限りは、原則として、どのような証拠でも使える、ということ	原告・被告どちらが提出した証拠であっても、提出された限りはいずれに有利にも不利にも評価できる、ということ	訴訟の場に現れた一切の事情について、裁判官は証拠の背景や事情、態度を見てもOK、ということ

事実の認定

参照条文

☞ 民訴法247条

> 裁判所は、判決をするに当たり、口頭弁論の全趣旨及び証拠調べの結果をしん酌して、自由な心証により、事実についての主張を真実と認めるべきか否かを判断する。

☑ 自由心証主義とは？

　自由心証主義とは、平たく言うと、原告や被告から出された証拠の使い方や評価は裁判所の自由という考え方です。当事者の申し出てきた証拠を採り上げてもよいし、価値のない証拠として採り上げないこともできます。採り上げた証拠についても「なるほど。よくわかりました」と評価してもよいし、措信できない（信用できない）と評価してもよく、自由に評価できるという考え方です。

　先ほど勉強した弁論主義は、事実と証拠は本人提出主義でした。弁論主義によって主張された事実を証拠で認定するわけですが、提出された証拠は、裁判官の良心と常識、つまり良識を信頼します。証拠の使い方と評価は自由です、というのが自由心証主義の考え方です。

　以上の考え方をきちんと書くと、自由心証主義とは「事実認定にあたって、当事者の提出した証拠資料の採否と、その証拠力の評価、審理のプロセスであらわれた一切の事情（これを弁論の全趣旨という）の斟酌を、すべて裁判官の自由な判断に委ねること」ということになるわけです。

☑ 弁論主義との関係

　弁論主義との関係は、前ページのフロー図を見てください。

　ルールの順序としては、弁論主義が先です。事実を認めてもらうために事実主張や証拠を提出するのは、当事者である原告や被告本人です。しかし、いったん出た「証拠」をどのように評価して事実認定するのかは、裁判官の良識で「自由に心証を形成してよい」ということで、「自由心証主義」というわけです。

ちなみに「心証」とは、「事実についての裁判官の確信の度合い」のことをいいます。

　自由心証とは、当事者本人たちから出された証拠を自由に使って、確信に至るかどうかは、裁判官を信頼して任せますよ。裁判官は「良心」に従って公平に見てくれるはず（憲法76条3項）ですから、というわけです。この具体的な内容は、3つあります。

☑ 証拠方法の無制限

　平たく言うと、どんな証拠でも証拠として使える、ということです。刑事裁判ではとても厳格に考えますが、民事訴訟では緩やかです。犯罪によって手に入れたもの、例えば相手方の家に忍び込んで盗み出した文書など、そんなものでもない限り、原則としてどんなものでも証拠とでき、取捨選択は裁判官に委ねます。

☑ 証拠共通の原則

　原告・被告どちらが提出した証拠であっても、提出された限りは、どちらに有利にも不利にも自由に評価できる、ということです。出した本人に有利になるとは限らず、出したほうに「やぶへび」になることもあるということです。

☑ 弁論の全趣旨の斟酌

　平たく言うと、弁論の全趣旨とは、訴訟に現われた「その他一切の事情」です。

　裁判官は、裁判のプロセスで出てきたことは何でも材料にできます。例えば、証人が出てきて証言をした。その内容は供述証拠として証人調書に記載されて、立派な証拠になります。ただ、その証人は、相手方弁護士から反対尋問されるとしどろもどろになって、汗がいっぱい出てきた。顔色が変わった。こういう「しどろもどろ。汗だらだら。顔色が変わった」この様子、態度。これも「弁論の全趣旨」です。裁判官はそれを見て、「この人の証言はウソらしい。事実認定の材料にしない」と判

断してよいのです。

　余談ですが、私が補佐人業務を受任して以降、一番意識しているのがこの「弁論の全趣旨」です。最初に裁判所の法廷に出頭する際、ともに事件に取り組むM弁護士が「前田先生、きちんと社労士のバッジをつけてきてくださいね」と言いました。これまで社会保険労務士が法廷に出ることはなかったわけですから、裁判所の心証を害することがないよう、心配されたのかもしれません。もちろん、落ち着いた色のスーツにバッジという出で立ちで臨んだのです。加えて、書面を書く際も「誤字脱字があってはならない。そんなつまらないことで裁判官に『原告の主張していることは信用できない』と思われてはならない」、ということを強く意識しています。

　弁論の全趣旨とは、要するに訴訟当事者や代理人、補佐人のすべての行動や態度に及びますから、出で立ちや文章の書き方、訴訟に取り組む熱心さなどまで評価の対象となるのです。

　以上が「自由心証主義」の内容です。このルールで、証拠によって事実を認定します。

4 証明責任

図表 2-10　証明責任のイメージ

> **権利・事実・証拠にまたがるルール**
> 平たく言うと、**判断不能のときに負ける側を決めておく**

ある事実が「真偽不明」（ノンリケット）の場合に、判決において、その事実を要件とする自己に有利な法律効果の発生または不発生が認められないことになる一方当事者の不利益の負担を証明責任という（立証責任、挙証責任ともいう）

証拠を調べても要件事実が真偽不明の場合、本来なら権利の存否は判断不能

・しかし裁判拒否はできないので、この場合に原告・被告のどちらが不利益を受けるかを事実ごとに決めてあらかじめ割り振っておく
・この不利益を受けるリスク（証明に失敗したら敗訴するリスク）を証明責任という

> **証明責任の分配（割振りの仕方）**
>
> 大原則：その事実を証明することで利益を受ける側が証明責任を負う
> 判例・通説は条文の規定をこの大原則によって３つに分類（法律要件分類説）

[権利根拠規定]

法律効果の発生を主張する当事者は、その発生を規定する条文（権利根拠規定）の定める要件事実について証明責任を負う

ex　不法行為に基づく損害賠償請求権について民法 709 条の要件事実：原告が証明責任を負う。

[権利障害規定]

法律効果発生の障害となる事由を主張する当事者は、障害を規定する条文（権利障害規定）の定める要件事実について証明責任を負う

ex　不法行為に基づく損害賠償請求について民法 712 条、713 条の責任能力がないとの事実：被告が証明責任を負う。

[権利消滅規定]

法律効果の消滅を主張する当事者は、消滅事由を規定する条文（権利消滅規定）の定める要件事実について証明責任を負う

ex　解雇予告手当請求に対して既に支払った事実（弁済：民法 473 条～）：被告（事業主）が証明責任を負う。

☑ 証明責任とは？

　証明責任とは、権利、事実、証拠にまたがるルールです。平たく言うと、「裁判官が、証拠を評価しても事実の認定に迷ったとき、つまり判断不能のときに負けるリスクを負う人を決めておくルール」のことです。

　ある事実が真偽不明（これをノンリケットといいます）の場合に、判決においてその事実を要件とする自己に有利な法律効果の発生または不発生が認められないことになる一方当事者の不利益の負担を、証明責任といいます。立証責任、挙証責任と言っても同じです。

　これまでお話ししたように、訴訟では、権利を事実によって、事実を証拠によって判断します。当事者は、原告・被告とも、それぞれ争点になる要件事実について一生懸命証拠を出します。ですから、裁判官が「要件事実について認定できない。わからん」という状況になることがあり得るのです。そういう状態を「真偽不明」とか「ノンリケット」といいます。事実があるかもしれないし、ないかもしれない。ならば権利の存否は判断できないはずです。しかし、判決は書かなければならない。どうしても一刀両断で裁判してくれ、判決をくださいと当事者が言う場合、裁判所は、「わからないから判決しません」とはいきません。必ず判決というかたちで判断を示さないといけないことになっています。

　そこで、しかたがないので「もうわからない」という場合に、負けるリスクを負う当事者をあらかじめ決めておきます、というのが「証明責任」という考え方です。

☑ 証明責任の大原則

　判例・通説は、この証明責任を原告、被告のいずれが負うのか、予測可能性だけはきっちりしておこうということで、あらかじめ大原則を立てました。

　大原則とは、「その事実を証明することで利益を受ける側が証明責任を負う」ということです。

あらかじめ負けるかもしれないリスクを割り振るわけですから、基準は明確でなければいけません。ですから、判例・通説は、民法などの条文をこの大原則によって３つに分類しました。この分類に従って、証明責任をいずれの当事者が負うか決定します、ということです。このような考え方を、法律要件分類説といいます。

①　権利根拠規定

　一定の法律効果の発生を主張する当事者は、その発生を規定する条文（これを権利根拠規定といいます）の定める要件事実について証明責任を負います。平たく言うと、権利を主張する人がそのポイントになる要件事実の証明をしなくてはだめで、もし失敗したら負けるリスクを負う、という考え方です。

　例えば、不法行為に基づく損害賠償請求権ならば、その権利の発生を規定しているのは民法709条です。その４つの要件事実、①故意過失、②違法性、③損害の発生および④因果関係は、原告が主張立証しなければなりません。その要件事実について、立証が足りない、裁判官が真偽不明だと思えば、原告は負けるリスクを負います。そのため、原告である申立人は、自分の権利主張について負けないために、きちんと権利を掲げて、その権利発生の要件になる事実を主張して、相手方から争われたら事実があることを示す証拠を提出していくわけです。ですから、訴状や申立書面には、権利を掲げ、権利があるというための要件事実を掲げて証明していくのです。

②　権利障害規定

　法律効果発生の障害となる事由を主張する当事者は、障害を規定する条文（これを権利障害規定といいます）の定める要件事実について、証明責任を負います。例えば、不法行為では、責任能力がないから不法行為責任がないという主張は、権利障害規定に当たる事実の主張です。

　不法行為に基づく損害賠償請求訴訟について、民法712条、713条には「責任能力のない人は不法行為責任を負わない」と書いてあるわけで

すが、これについては被告に証明責任があるわけです。

③ 権利消滅規定

　いったん発生した法律効果の消滅を主張する当事者は、消滅を規定する条文（これを「権利消滅規定」といいます）の定める要件事実について証明責任を負います。

　平たく言うと、「あなたの権利はもう消滅して、今はないよ」と主張する人が証明責任を負うということです。

　従業員が解雇予告手当の支払いを請求する訴訟を起こした例で言うと、「たしかに解雇予告手当の請求権があった。しかし、もう払ったじゃないですか。あなたの権利はもうなくなっていますよ」という弁済した事実は、解雇予告手当請求権の消滅を主張する事業主が証明責任を負うということです。

　このように、ある事実が真偽不明の場合は負けるリスクを明確に定めたルールが、証明責任です。

☑ 社会保険労務士が携わるＡＤＲの場で求められること

　民訴法では、このようにして権利の存否を判断します。4つのルールの中でも、弁論主義と証明責任という考え方があるので、権利を掲げ、その権利があるならあるというポイントになる事実、ないならないというポイントになる要件事実を、当事者はきちんと書面に書いて、主張立証しなければなりません。私たち社会保険労務士が携わるＡＤＲでも法的観点が大切ですから、民事訴訟と同じように、きちんと権利と事実を書かなければならないということになります。

　また、書面の書き方のところでも後述しますが、きちんと書面に書くべきなのは、自分サイドの主張や事実だけではありません。ＡＤＲ手続は迅速性も大切な手続きです。原則として1回の期日で話し合いをします。そのため、事前の十分な準備が必要です。ですから、書面の内容についても、本来は相手方の主張・立証責任に属する主張や事実であっても、あらかじめ先取りして書かなければならない場合があるのです。具

体的には、そのことを書いておかないと紛争の実態がよくわからないので説明に必要とされる事柄や、相手方が当然に主張するであろう事柄は、申立書や答弁書にきちんとストーリーになるように書かなければ、あっせん・調停委員等がケースの詳細を理解できないのです。これでは1回の期日では話し合いができず、困ってしまいます。

　例えば、民事訴訟では「当方の主張を最初から洗いざらい出すのは控えて、相手方の応答（認める、認めない）によって、争点を整理していけばよい」という作戦をとる場合もあると思います。最近では民事訴訟も迅速化を目指して集中的に争点整理をすると聞いていますが、何回もの期日を重ねて、当事者の主張を突き合わせて争点を整理することもあるでしょう。その場合には、主張の逐次の応酬も考えられると思います。

　しかし、ＡＤＲ手続では原則として１回のあっせん期日での話し合いになります。ですから、当事者は権利主張や事実を小出しにするのではなく、すべて申立書や答弁書に記載することが求められます。

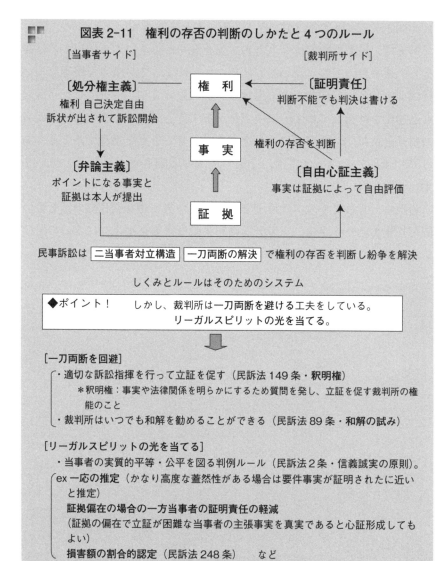

図表 2-11　権利の存否の判断のしかたと 4 つのルール

［当事者サイド］　　　　　　　　　　　　　　　　［裁判所サイド］

〔処分権主義〕━━━━【権利】◀━━━━〔証明責任〕
権利 自己決定自由　　　　　　　　　　判断不能でも判決は書ける
訴状が出されて訴訟開始

〔弁論主義〕　　　　　　【事実】　　権利の存否を判断
ポイントになる事実と　　　　　　　〔自由心証主義〕
証拠は本人が提出　　　　　　　　　事実は証拠によって自由評価

　　　　　　　　　　　　【証拠】

民事訴訟は 二当事者対立構造 一刀両断の解決 で権利の存否を判断し紛争を解決

しくみとルールはそのためのシステム

◆ポイント！　　しかし、裁判所は一刀両断を避ける工夫をしている。
　　　　　　　　リーガルスピリットの光を当てる。

［一刀両断を回避］
・適切な訴訟指揮を行って立証を促す（民訴法 149 条・釈明権）
　＊釈明権：事実や法律関係を明らかにするため質問を発し、立証を促す裁判所の権
　　能のこと
・裁判所はいつでも和解を勧めることができる（民訴法 89 条・和解の試み）

［リーガルスピリットの光を当てる］
・当事者の実質的平等・公平を図る判例ルール（民訴法 2 条・信義誠実の原則）。
ex 一応の推定（かなり高度な蓋然性がある場合は要件事実が証明されたに近い
　と推定）
　証拠偏在の場合の一方当事者の証明責任の軽減
　（証拠の偏在で立証が困難な当事者の主張事実を真実であると心証形成しても
　よい）
　損害額の割合的認定（民訴法 248 条）　　など

参照条文

☞ **民訴法2条**

　　裁判所は、民事訴訟が公正かつ迅速に行われるように努め、当事者は、信義に従い誠実に民事訴訟を追行しなければならない。

☞ **民訴法89条**

　　裁判所は、訴訟がいかなる程度にあるかを問わず、和解を試み、又は受命裁判官若しくは受託裁判官に和解を試みさせることができる。

☞ **民訴法149条**

　1項　裁判長は、口頭弁論の期日又は期日外において、訴訟関係を明瞭にするため、事実上及び法律上の事項に関し、当事者に対して問いを発し、又は立証を促すことができる。

☞ **民訴法第248条**

　　損害が生じたことが認められる場合において、損害の性質上その額を立証することが極めて困難であるときは、裁判所は、口頭弁論の全趣旨及び証拠調べの結果に基づき、相当な損害額を認定することができる。

☑ 4つのルールを覚えよう

　まず、当事者サイドのルールです。処分権主義で訴訟をするか、どういう範囲で権利主張するかは当事者の自由です。訴訟が提起され、事実や証拠の提出の段階になると、弁論主義です。ポイントになる事実と証拠は、当事者が提出する権限と責任があります。

　次に、裁判所サイドのルールでは、自由心証主義。当事者が主張する事実について、本人が提出した証拠によって、裁判官は、自由に評価して事実を認定し、権利の有無を判断します。これで通常は権利の存否が判断できます。

　最後に、どうしても証拠から事実について認定できず、権利の存否の判断ができないときには、証明責任という考え方を使って、あらかじめリスクを負うと決まっている当事者が敗訴します。判断不能でも判決は書ける。これが証明責任です。

　民事訴訟は、このようなしくみとルールで権利の存否を判断して判決を下して、紛争を解決します。頭の引出しとして、この流れをきちんと

覚えてください。

☑ 一刀両断を避けるための工夫もされている

　ただ、対立と一刀両断というのは、本来のリーガルスピリットの考え方である「ひと」と「ひと」が尊重し合い、信頼で結ばれるという人間本来の姿から見れば、決して好ましいことではありません。ですから、裁判所は一刀両断を避ける工夫をしています。また、形式的にルールに従った判断をするのではなく、リーガルスピリットの光を当てることを忘れません。

　民事訴訟では、今まで見てきた判断のしかたや４つのルールというシステムは、ある意味では手段です。本当に大切なのは、リーガルスピリットの光を当てて権利を守ることです。

　ですから、まず、裁判所は形式的に一刀両断をすることはしないようにしています。

　例えば、裁判所は適切な訴訟指揮を行って、当事者の不十分な点を指導します。これを、「釈明」といいます。

　また、裁判所は訴訟のプロセスで、いつでも和解を勧めることができます。和解の試みと言いますが、これも一刀両断を避ける工夫です。

　さらに、リーガルスピリットの光を当てることも、裁判官は忘れません。これは、実際の訴訟で当事者の実質的平等と公平を図るために判例の打ち立てたルール（「一応の推定」という考え方など）に、現れています。

☑ 労働判例にみる「一応の推定」の具体例

　労働判例の中にも、救済の必要性が高い場合には一応の推定という考え方で立証負担を軽減した事例、労使のパワーの格差、証拠偏在などで損害額の立証ができない場合に救済した事例があります。

> ●福井鉄道事件（福井地武生支判平成 5.5.25　労判 634 号 35 頁）
> 　人事考課が平均的従業員に比べて低位であり、使用者が労働者の思想信条を

嫌悪し差別意思があると認められる場合には、不当な差別があることが「一応推定」される。すると、使用者は不当な差別でないとの合理的理由を立証しなければならない、と判示しました。

● 東京電力（千葉）事件（千葉地裁平成 6.5.23 判決）　☞ 百選 14 事件

　特定政党の党員・支持者であることを理由に会社から賃金差別や職場八分を受けたとして、Ｘらが不法行為に基づく損害賠償を請求したケース。Ｘらは「損害」について、同期入社・同学歴社員平均賃金との差額と慰謝料などを請求したのに対し、裁判所は次のように述べてＸらを勝訴させました。

(1)　本件の著しい賃金格差は、特段の事情のない限り、Ｘらが特定政党の党員・支持者であることが理由であると推認できる

(2)　使用者の従業員処遇に関する裁量権の行使も、法令（ex 労働基準法 3 条・差別的取扱禁止）および公序良俗（民法 90 条）の範囲を逸脱し、従業員の差別的処遇を受けない法的利益を侵害する場合は違法となり、使用者は不法行為責任を負う

(3)　①平均的処遇の内容が特定不可能であること、②Ｘらの能力・業績のマイナス査定が賃金格差の原因に混在していることから、Ｘらの損害の立証が足りないとしても、少なくとも「賃金格差の 30％」は違法な賃金差別によるものと認める

☑ 東京電力（千葉）事件判決のポイント

　この判決は、労働判例としてだけでなく、民訴法を学ぶ上でも、とても重要です。

　不法行為（民法 709 条）における要件事実の証明責任は、すべて原告が負うのが大原則です。しかし、証拠は企業のほうに偏在していますから、具体的な使用者の「差別意思」や「損害額」の証明は、労働者には困難な現実があります。

　本判決は、上記要件事実のうち「故意・過失」（賃金差別事件の場合には、特に使用者の「差別意思」の存在）の証明については、客観的に使用者に特定思想の嫌悪が認められ、差別事実があれば、特段の事情がない限り、「差別意思」が認められるとしました。さらに「損害額」について、通常の場合の証明レベルに至らなくても裁判所の裁量的な認定

を認めました。これは、証拠の偏在や企業と労働者との現実的な訴訟追行能力の格差に着目して、訴訟当事者としての労働者の救済を図ったものです。

　つまり、本判決は「証明責任の軽減」という視点からも、差別から労働者保護を図ったものと言えます。なお、この判決の内容も契機となって、現行の民訴法に248条（損害の割合的認定）の条文が盛り込まれたことも、記憶しておきたいところです。

☑ 民訴法について押さえておくべきこと

　平たく言うと、和解とは、話し合いによる解決ですから、私たち社会保険労務士のＡＤＲによる紛争解決と、考え方は同じです。また「リーガルスピリットの光を当てる」とは、実際の訴訟で当事者の公平を図るために、様々な考え方で杓子定規な結論にならないようにしているということです。

　権利の存否の判断のしかたと４つのルール。これをきちんと理解したいと思います。

　そして、最後に大切なのは、民訴法の考え方の中にも、リーガルスピリットは織り込まれているということです。

　以上を理解していただければ、私たち社会保険労務士にとっての民訴法の基本はＯＫということになります。

8 | 保全処分（仮差押、仮処分）

図表 2-12　保全処分の概要

保全処分：民事訴訟における権利の実現が、その本案判決確定を待っていては著しく困難となる場合に裁判所が命じる暫定的処分

保全処分の目的：裁判は時間がかかるので、本案訴訟（原告の本来の請求。ex 労働契約上の権利を有する地位の「確認」）における判決の確定を待っていては、原告の権利の実現が不可能または著しく困難となってしまうおそれがある。
そこで、「民事保全法」は、①仮差押、②仮処分という 2 つの類型の保全処分を定め、本案判決の執行を保全する（民事保全法 1 条）。

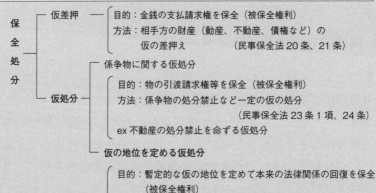

保全処分
- 仮差押
  - 目的：金銭の支払請求権を保全（被保全権利）
  - 方法：相手方の財産（動産、不動産、債権など）の仮の差押え　　（民事保全法 20 条、21 条）
- 仮処分
  - 係争物に関する仮処分
    - 目的：物の引渡請求権等を保全（被保全権利）
    - 方法：係争物の処分禁止など一定の仮の処分（民事保全法 23 条 1 項、24 条）
    - ex 不動産の処分禁止を命ずる仮処分
  - 仮の地位を定める仮処分
    - 目的：暫定的な仮の地位を定めて本来の法律関係の回復を保全（被保全権利）
    - 方法：法律関係を仮に定めてこれを前提とする処分を命じる（民事保全法 23 条 2 項、24 条）
    - ex 労働契約上の権利を有する地位の確認・賃金仮払いの仮処分

[保全処分のイメージ図]

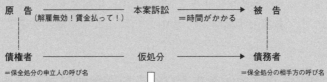

原　告（解雇無効！賃金払って！）——本案訴訟 ＝時間がかかる→ 被　告

債権者 ——仮処分→ 債務者
＝保全処分の申立人の呼び名　　＝保全処分の相手方の呼び名

仮処分決定：本案判決に先立って緊急に債権者を救済

（労働関係では労働契約上の権利を有する地位の存在確認請求訴訟を本案として、従業員としての仮の地位を定める仮処分および賃金仮払いの仮処分を求めるケース多数）

☑ 保全処分とは？

　これまで、主に判決に至るまでの民事訴訟法の基礎知識をお話しして
きました。補佐人業務では、これに加えて保全処分（仮差押、仮処分）
といった手続きにも関わる機会が出てきます。

　保全処分（仮差押、仮処分）とは、判決のような本来の裁判に先立っ
て、超早い簡易な裁判を行って権利の執行を保全する手続きです。

　労働関係で登場する保全処分というのは、地位保全の仮処分や賃金仮
払いの仮処分というのが多いです。労働者たる地位を「仮の地位を定め
る仮処分」で認めてもらう、あるいは「賃金の仮払い」を裁判所に命じ
てもらって、給料をもらいながら本来の訴訟（本案訴訟といいます）を
するケースも多いのです。

☑ 具体的な保全処分のイメージ

　前ページのイメージ図をご覧ください。

　労働訴訟の原告が「解雇は無効だ！賃金を払って！」と本案訴訟を提
起します。しかし、訴訟には時間がかかるため、原告（仮処分事件で
は、原告のことを債権者と呼びます。民事保全法にそう書いてあるから
です）が仮処分の申立てを本案訴訟の裁判所と同じ裁判所に出します。
仮処分決定で申立てが認められれば、本案判決に先立って、緊急に債権
者、原告を救済できます。こういった手続きが、仮処分と呼ばれるもの
です。

　この手続きでは、裁判所が非公開で当事者の言い分を聴き（「審尋」
といいます）、決定を発します。通常の訴訟と異なり、かなり柔軟な手
続きなので、審尋の手続きをする中で和解によって解決することも可能
です。

☑ 労働事件では担保を立てなくても保全処分ができる

　また、仮差押、仮処分の事件では、立担保というしくみもあります。
保全処分事件では、本来の訴訟に先立って暫定的な決定が下されますか

ら、本案訴訟では保全処分とは異なる判断が下され、結果的に債務者（＝被告）に損害が発生するおそれがあります。例えば、原告の権利が本当は認められないのに、債務者の不動産の処分が仮に禁止されたらどうでしょうか。債務者は不動産を売却したくてもタイミングを逸してしまって損害を被ることがあります。その損害賠償請求をしようと思っても、債権者（＝原告）に資力がなければやられ損になってしまいます。このため、保全処分では対象となる財産の価額の一定割合の金額について、債権者（＝原告）に担保（保証金）を立てさせます。供託や銀行への保証委託契約という方法が採られますが、平たく言うと債権者に現金を積ませ、もし将来債務者（＝被告）に損害が発生したら、そのお金から弁償させる、というしくみがとられています。

　ただ、現在の裁判所の保全実務では、労働事件にかかる仮の地位を定める仮処分や、賃金仮払いの仮処分については、労働者に担保を立てさせる実例は、ほとんどありません。したがって、労働者は現金がなくても仮処分命令を求めることができるのです。

☑ 仮差押事件とは？

　また、労働事件では仮差押の事案も出てきます。

　私が補佐人を務める未払賃金請求の事件では、被告企業が訴訟をしている最中に不動産などの名義を第三者に移転するということがあり、判決で未払賃金の請求が認められ、たとえ強制執行をしても空振りになってしまうおそれが高くなりました。そこで、未払賃金請求権の執行を保全するために、被告企業に残されていた不動産を仮差押する決定をもらって、仮差押登記をするという申立てをしました。

　補佐人として労働訴訟に携わるようになると、このような仮処分、仮差押についても弁護士と協力して取り組む機会が増えてくると思います。

☞ **民事保全法 20 条（仮差押命令の必要性）**

1 項　仮差押命令は、金銭の支払を目的とする債権について、強制執行をすることができなくなるおそれがあるとき、又は強制執行をするのに著しい困難を生ずるおそれがあるときに発することができる。

2 項　仮差押命令は、前項の債権が条件付又は期限付である場合においても、これを発することができる。

☞ **民事保全法 21 条（仮差押命令の対象）**

仮差押命令は、特定の物について発しなければならない。ただし、動産の仮差押命令は、目的物を特定しないで発することができる。

☞ **民事保全法 23 条（仮処分命令の必要性等）**

1 項　係争物に関する仮処分命令は、その現状の変更により、債権者が権利を実行することができなくなるおそれがあるとき、又は権利を実行するのに著しい困難を生ずるおそれがあるときに発することができる。

2 項　仮の地位を定める仮処分命令は、争いがある権利関係について債権者に生ずる著しい損害又は急迫の危険を避けるためこれを必要とするときに発することができる。

3 項　第 20 条第 2 項の規定は、仮処分命令について準用する。

4 項　第 2 項の仮処分命令は、口頭弁論又は債務者が立ち会うことができる審尋の期日を経なければ、これを発することができない。ただし、その期日を経ることにより仮処分命令の申立ての目的を達することができない事情があるときは、この限りでない。

☞ **民事保全法 24 条（仮処分の方法）**

裁判所は、仮処分命令の申立ての目的を達するため、債務者に対し一定の行為を命じ、若しくは禁止し、若しくは給付を命じ、又は保管人に目的物を保管させる処分その他の必要な処分をすることができる。

権 利 ·········· Xの請求：不法行為に基づく損害賠償請求権

訴訟のテーマ・対象となるもの　　　（しかし、損害賠償請求権は目に見え
「訴訟物」「請求」ともいう　　　　ない）

条文にあてはめ ········ そこで不法行為による損害賠償請求権発生の
要件事実の有無を調べ法規（条文）にあてはめて
権利の有無を判断していく

事 実

［申立てのテーマ］

経験則にあてはめ ········ 事実に争いのある場合はXの言い分だけでなく、
客観的な**証拠**を経験則にあてはめて要件事実の
有無を認定していく

証 拠

［不法行為による損害賠償請求権にかかる要件事実　1〜5］

1　故意・過失　　　　5　責任能力

2　違法性　　　　被申立人が不存在を主張立証すべき要件事実
→権利障害事実（民法712条、713条）

3　損害の発生

4　因果関係　　　　　　　　［法律効果］

申立人が主張立証すべき要件事実　　　損害賠償請求権
→権利根拠事実（民法709条）　　　（金○○円を支払え）

☞ **民法709条**

　　故意又は過失によって他人の権利又は法律上保護される利益を侵害した者は、これによって生じた損害を賠償する責任を負う。

☞ **民法712条**

　　未成年者は、他人に損害を加えた場合において、自己の行為の責任を弁識するに足りる知能を備えていなかったときは、その行為について賠償の責任を負わない。

☞ **民法713条**

　　精神上の障害により自己の行為の責任を弁識する能力を欠く状態にある間に他人に損害を加えた者は、その賠償の責任を負わない。ただし、故意又は過失によって一時的にその状態を招いたときは、この限りでない。

☑ 事例で申立書・答弁書の書き方のポイントを押さえよう

　ここまでを踏まえて、書面作成のトレーニングをしてみましょう。不法行為に基づく損害賠償請求の申立書面と答弁書を書く訓練ということです。下記の事例に沿って申立書・答弁書の書き方、書面のコア部分である「解決を求める事項」、「被申立人の主張」を中心に説明します。

　まずは申立書および答弁書を一読してから、それぞれのポイント解説へと進んでください。

　なお、訴訟の場合の訴状や答弁書も、書くべき内容の基本は同じです。

　訴状には、請求の趣旨、原因を記載しますが、「請求の趣旨」が「求めるあっせんの内容」に対応し、「請求の原因」が「あっせんを求める理由」と同じだということです。

訴　　状	答　弁　書
請求の趣旨 　＝求めるあっせんの内容 請求の原因 　＝あっせんを求める理由	請求の趣旨に対する答弁 　＝求めるあっせんの内容に対する答弁 請求の原因に対する答弁 　＝あっせんを求める理由に対する答弁

　上の図のように、タイトルが変わるだけで書くべき要件事実は同じと

いうことです。

☑ 実際の申立書面、答弁書の書式について

あっせん手続申立書、答弁書の書式は、資料1，2（338〜340ページ）を参照してください。

申立人が会社等の法人である場合には、代表者の代表権を確認するために、添付書類として法人の登記事項証明書が必要です。申立人が法人でない場合も、被申立人が法人の場合には、当事者について記載する際は、法人登記簿全部事項証明書などを確認して、本店所在地、代表者氏名などを正確に記載されるとよいでしょう。

また、確実に手続関係書類が届くよう、登記簿上のデータと実際の事業場所在地が相違する場合には、書類送付先として実際の事業場所在地を併記するなどの工夫も必要かと思います。

```
┌──────── トレーニングのケース ────────┐

　広告代理業を営むＹ社では、長時間・深夜労働が常態化してい
た。従業員Ｘは、慢性的な長時間労働でその健康は悪化していっ
た。Ｙ社側は、それを認識しながら特段の配慮はしなかった。Ｘ
は業務遂行と睡眠不足で心身ともに疲労困憊状態になり、これが
誘因となってうつ病に罹患し、その後の退職強要もあって退職す
ることを余儀なくされてしまった。

　Ｘは、このような事実関係を主張して、Ｙ社に不法行為による
損害賠償を求めたい。
```

あっせん手続申立書

[紛争の概要]

申立人は、被申立人の営業所での過酷な勤務が原因で、うつ病になり、退職せざるを得なくなりました。申立人は、令和○年○月○日に退職後、何度か慰謝料などを支払ってほしいとの手紙を送って被申立人に申し入れました。

しかし、被申立人からの返事はまったくありません。既に退職して3カ月になりますので、いつまでも放っておかれては困ります。そこで、この申立てをします。

[解決を求める事項]

求めるあっせんの内容

申立人は、被申立人に対し、金○○円（およびこれに対する令和○年○月○日から支払済みまで年3パーセントの割合による金員）の支払いを求めます。 ❶

訴訟物＝「権利」の金額

あっせんを求める理由

1．当事者について

申立人は、令和○年○月○日まで被申立人の神戸市中央区の事業場で営業職として勤務していた者です。また、被申立人は同区において広告代理業を営む株式会社です。 ❷

2．うつ病発症と退職

申立人は、被申立人における長時間労働が原因でうつ病を発症し、労務不能となりました。被申立人は、申立人のうつ病は業務とは無関係と言い張り、様々な嫌がらせを受けたため、申立人は心ならずも退職届を提出せざるを得ませんでした。 ❸

3．被申立人の不法行為責任
　　申立人がうつ病にかかったのは、被申立人Y社での過酷
　な長時間労働が原因です。被申立人は不法行為に基づく損
　害賠償責任を負います（民法709条）。　　　　　　　　❹

訴訟物「権利」の内容の特定

　　すなわち、被申立人は、適切な労働時間の管理を行って
　従業員の健康を害さないように配慮する義務があるのにこ
　れを怠った過失により、申立人に過酷な長時間労働をさせ
　たものです。申立人のうつ病発症という健康被害は、これ　❺
　が原因です。また、申立人は、うつ病にかかった後の被申
　立人の様々な嫌がらせによって退職に追い込まれ、大きな
　精神的苦痛を受けました。

　　…　**事実1：過失による加害行為**
　　　　事実3：うつ病発症と精神的苦痛という損害の発生
　　　　事実4：加害行為と損害発生との因果関係
　　　　事実2：違法性

　　申立人の被申立人における勤務実態や労働時間など、
　具体的な事実や関係する事情およびこれを証する資料は　　❻
　以下のとおりですので、添付いたします。
　　（中略）

4．損害賠償額

　申立人のうつ病発症と退職による損害は、次のとおりです。

事実3：損害の金銭的評価（損害額）

(1)　積極損害（治療費など）　　　　　　　金〇〇円

(2)　消極損害

　　・将来にわたる労務不能による逸失利益

　　　　　　　　　　　　　　　　　　　　金〇〇円

　　・休業損害　　　　　　　　　　　　　金〇〇円

(3)　慰謝料　　　　　　　　　　　　　　　金〇〇円

　　合計　損害額　　　　　　　　　　　　金〇〇円

❼

5．まとめ

　よって、不法行為（民法第709条）による損害賠償請求権に基づき、上記のあっせんを求めます。

　最後に、これまでの経緯および申立人の現在の心情については、別添の「陳述書」に詳細に記載しております。これもあわせご検討いただいて、公正なあっせんをお願いします。

❽

1 申立書の書き方のポイント

　Xさんは、151ページのように事実を認識しているわけです。この場合、申立てのテーマである権利（Xの請求）は、不法行為に基づく損害賠償請求権です。この権利は、民法709条の要件事実があれば、他に特別な事情がない限りは認められるわけです。

① 解決を求める事項

　申立書のコアになるのは「解決を求める事項」です。ここが、民事訴訟で言えば訴状の内容に当たる重要な部分ということになります。見本と見比べながら読み進めてください。

② 求めるあっせんの内容

　まず、❶のように冒頭に求める権利（訴訟物）を書きます。
　ここでは「金○○円」と金額ですが、金額だけを見ても、まだどんな権利なのかはわかりません。どのような権利なのかの特定は、あっせんを求める理由とあいまってすることになります。

③ あっせんを求める理由

【1．当事者について】

　まず、❷のように誰と誰との間の申立てなのかを書きます。

【2．うつ病発症と退職】

　ここからが、事実を述べていく部分です。
　このケースでは、❸の部分です。

【3．被申立人の不法行為責任】

　❹の「うつ病にかかったのは…過酷な長時間労働が原因です。被申立人は不法行為に基づく損害賠償責任を負います（民法709条）」との記

載から、冒頭の金〇〇円は、不法行為による損害賠償請求権だと特定しました。金銭の支払いの場合には、本文の具体的記述で、権利を特定します。

さらに、❺の７行は、短い文章ですが、不法行為の要件事実を文章にしています。

事実１：過失による加害行為
事実３：うつ病発症と精神的苦痛という損害の発生
事実４：加害行為と損害発生との因果関係
事実２：違法性について

そして、❻では勤務実態や労働時間など、具体的な事実や関係する事情およびこれを証する資料を提出しています。

これは、❺で「過失により、申立人に過酷な長時間労働をさせた」と主張したものの、まだ抽象的で、被申立人が具体的にどのように適切な労働時間管理を怠って、申立人に健康被害を発生させたのかがわかりません。そこで、勤務実態や労働時間の長さ、労働の過酷さやこれらに対する被申立人の対応などについて、具体的事実を述べる必要があるので、添付しているものです。

なお、民事訴訟とは異なり、ＡＤＲでは証拠ではなく参考資料という扱いになりますが、資料があれば、あっせんの進め方の材料になりますから、あっせん機関はコピーをとって預かることができる取扱いとなっています。

④　損害賠償額

❼では、 事実３：損害の金銭的評価（損害額） を主張しています。

⑤　まとめ

当事者の奥深い心情や、解決を求める事項に占める本当のウエイトは、お金ではないこともあります。法的な切り口だけではなく感情の問

題が大きい場合もあります。それを大切にしてケアするのがＡＤＲ手続の神髄だと思います。

　ただ、それを申立書に全部ぶちまけて書くことはせず、申立書には権利、事実を簡潔明瞭に書いて、申立人の心情的なことは、例えば「陳述書」にしたためてもよいのではないかと、私は考えています。実際、民事訴訟でも当事者本人の陳述書を出す例が多いのです。

　以上、申立書面には、権利を特定してその発生根拠になる要件事実を、具体的な出来事や事柄を拾い出して文章化する、と理解していただければＯＫです。

答 弁 書

［被申立人の主張］

求めるあっせんの内容についての答弁 ❾

　申立人の求めるあっせんの内容は、認めません。

あっせんを求める理由に対する答弁 ❿

1．申立書1項（当事者）については認めます。

2．同2項以下について

　　申立人がうつ病にかかった原因が被申立人の長時間労働 ⓫
　であるとの主張は、認めません。したがって、法的な責任
　は被申立人にはありません。

3．被申立人の主張

　　被申立人の業務に繁忙な時期があったことは認めます。
　しかし、時間外労働は、月平均で○○時間くらいです。業
　務命令として申立人に残業を命じたことはさほど多くな
　く、長時間労働が原因でうつ病にかかったなどと言われて
　も困ります。

　　また、申立人は非常に生真面目で几帳面すぎる性格で、
　上司に届け出ずに残業したり、自ら仕事を持ち帰ったりし
　ていたことを、後から申立人の同僚であった従業員から聞 ⓬
　きました。そのようなことは、被申立人は、当時はまった
　く関知しておりませんでした。

　　申立人がうつ病にかかって休業してからは、このような
　事情をめぐって感情的な対立が生じましたが、被申立人と
　しては事実を主張しただけのことで、決して嫌がらせを
　行ったわけではありません。退職届も自ら提出されたもの
　であり、申立人の主張には理由がないと考えています。

---

2 答弁書の書き方のポイント

では、次に答弁書の書き方を見てみましょう。

①　求めるあっせんの内容についての答弁

申立人の求めるあっせんの内容についての主張を、明快に書きます。

②　あっせんを求める理由に対する答弁

あっせん手続申立書に書かれた、あっせんを求める理由に対し、事実を認める部分は❿のように、認めない部分は⓫のように書きます。

③　被申立人の主張

長時間労働については「繁忙な時期があったことは認めます」とした上で、「業務命令として申立人に残業を命じたことはさほど多くなく」、むしろ「申立人は非常に生真面目で几帳面すぎる性格で、上司に届け出ずに残業したり、自ら仕事を持ち帰ったりしていた」等と書いています。

退職については「退職届も自ら提出されたもの」と主張し、嫌がらせの有無については「被申立人としては事実を主張しただけのことで、決して嫌がらせを行ったわけではありません」と、申立人の主張している事実を否認しています。

このように、書き方としては、答弁書では申立書に書かれた事実を認める部分と認めない部分とを明確に書いて、争点を明らかにしていきます。そして、被申立人側で主張すべき法的な主張を書いていきます。

　以上がトレーニングでした。

第3章

様々な労使トラブ
ルケースごとの
主張書面の書き方

1 | 最初に〜労働事件の難しさ

図表3-1　労働事件における3つの難しいところ

1　**規範的な要件事実（権利の濫用、合理性、必要性、相当性）が多い**

規範的要件→それ自体では抽象的で、評価を伴う要件

書面で主張する際、単に「権利の濫用」と主張するのではなく、権利の濫用であると評価されるさらに掘り下げた具体的事実（評価根拠事実という）を記載して、要件を基礎づける必要がある

2　**判例法理の重要性が高い**

労働事件では、判例によるルールが法令と同じようなパワーを持っているため、条文だけでなく判例法理の内容とされる要件も、具体的事実の主張に盛り込む必要がある

3　**要件事実が1つの条文だけでは出てこない**

例：解雇を争って「労働契約上の権利を有する地位の確認」を申し立てるケース

| 前提 |：期間の定めのない労働契約は、契約が終了する特別な事実がない限り、使用者が解雇を通知した後も労働契約が有効な状態は続いていて、労働契約関係があるものと考えられる

使用者	労働者
解雇によって労働契約関係は終了したと主張	解雇が権利濫用で無効であることを主張して、「労働契約上の権利を有する地位」にあることの確認を求める

複数条項から要件事実を拾う必要がある

- 解雇が権利濫用で無効　→　労働契約法16条
- 労働契約の成立　→　労働契約法6条、民法623条

ここまで、権利（訴訟物、請求）の特定や要件事実の基礎を勉強してきました。労働事件でも、そのフレームワークは同じです。ここからは、様々な事件のパターンについて具体的な書面（労働訴訟では訴状や答弁書、準備書面という名前の書面になりますが、本書ではすべて「主張書面」というくくり方で呼ばせてください）の書き方を勉強します。

　ところで、最初に「労働事件の難しさ」と書きました。労働事件には難しいところが３つあります。まず、その３つをもう少し詳しくお話ししましょう。

1　規範的な要件事実が多い

　規範的要件事実とは、例えば、権利の濫用、合理性、必要性、相当性といった言葉が条文に書いてある場合です。

　規範的要件とは、それ自体では抽象的で評価を伴う要件ですから、書面の中で単に「権利の濫用」だと言い放っても、何が濫用ですか？　となってしまいます。よくわからないので、権利の濫用であると評価される、さらに掘り下げた具体的事実（評価根拠事実といいます）を記載して、要件を基礎づける必要があります。

2　判例法理の重要性がとても高い

　労働事件では、判例によるルールが法令と同じようなパワーを持っています。むしろ条文には書かれていないけれども、判例法理によってここが重要だとされているポイント、要件が多いのです。

　そこで、そういう判例が示しているポイントを盛り込む必要があるのです。そのためには、労働判例の理解がぜひとも必要になります。

3　１つの条文だけで要件事実が出てこない場合が多い

　例えば、解雇を争って「労働契約上の権利を有する地位の確認」を申し立てるとします。

　考え方としては、大前提となる法律的な考え方の一般論として、期間の定めのない労働契約を締結したら、契約が終了する特別な事実がない

限り、現在まで有効な状態が続いていて、労働契約関係があるはずだという考え方に立ちます。

　ところが、実際には使用者から解雇によって労働契約関係は終了したと主張されて労働者は就労できない状態です。そこで、労働者は、使用者の解雇が権利濫用で無効であることを主張することになります。

　このような考え方に立つので、要件事実としては、労働契約の成立（労働契約法6条、民法623条）と、解雇されたこと、その解雇が権利濫用であって無効であること（労働契約法16条）という複数条項から要件事実を拾う必要があるということです。

　以上の3つは、常に意識してください。ただ、本書に登場する12の労使トラブルパターンでそれぞれ書くべき要件事実は、条文に当たらなくてもわかるように、既に当事者ごとにブロックに書いておきました。

　では、各パターンを見る前に、なぜ労働判例に判例法理として一定の拘束力が認められるのかを押さえた上で入っていきましょう。

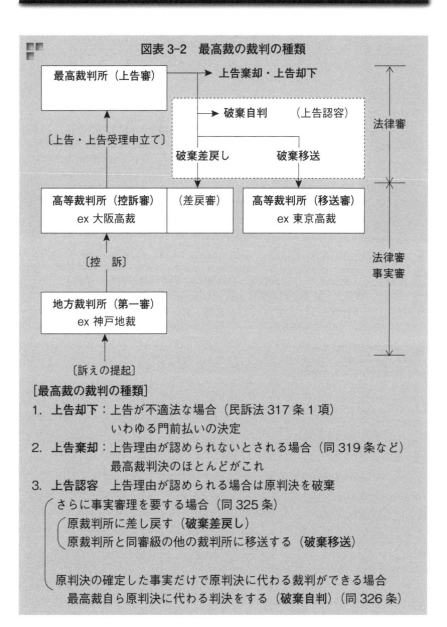

図表 3-2　最高裁の裁判の種類

[最高裁の裁判の種類]

1. **上告却下**：上告が不適法な場合（民訴法 317 条 1 項）
   いわゆる門前払いの決定
2. **上告棄却**：上告理由が認められないとされる場合（同 319 条など）
   最高裁判決のほとんどがこれ
3. **上告認容**　上告理由が認められる場合は原判決を破棄

   さらに事実審理を要する場合（同 325 条）
   　原裁判所に差し戻す（**破棄差戻し**）
   　原裁判所と同審級の他の裁判所に移送する（**破棄移送**）

   原判決の確定した事実だけで原判決に代わる裁判ができる場合
   　最高裁自ら原判決に代わる判決をする（**破棄自判**）（同 326 条）

図表 3-3　認容判決後の流れと最高裁判決の拘束力

上告認容
上告理由が認められる場合原判決を破棄

事実審理を要する場合（同 325 条）
破棄差戻し：原裁判所に差し戻す
破棄移送：原裁判所と同審級の他の裁判
　　　　　　所に移送する

原判決の確定した事実だけで原判決に
代わる裁判ができる場合
破棄自判：最高裁自ら原判決に代わる
　　　　　判決をする（同 326 条）

原則：破棄差戻し（上告審は法律審なので事実審理は行わないため）

[破棄判決の拘束力]→その事件限り。しかし法的拘束力あり

原裁判所または移送裁判所：改めて口頭弁論を開き、従前の口頭弁論を続行
　　　　　　　　　　　　　する形で審判し直す

破棄されたにもかかわらず同一内容の判決が繰り返されるおそれあり？

原裁判所（差戻審）・移送裁判所（移送審）は、**最高裁が破棄の理由とした
事実上・法律上の判断に拘束される**（民訴法 325 条 3 項）

📎 参照条文

☞　**民訴法 317 条 1 項**

　　　前条第 1 項各号（第 316 条 1 項 1 号は上告が不適法で不備を補正でき
　　ない場合と規定）に掲げる場合には、上告裁判所は、決定で、上告を却下
　　することができる。

☞　**民訴法 319 条**

　　　上告裁判所は、上告状、上告理由書、答弁書その他の書類により、上告
　　を理由がないと認めるときは、口頭弁論を経ないで、判決で、上告を棄却
　　することができる。

☞　**民訴法 325 条**

　　1 項　第 312 条第 1 項（判決に憲法の解釈の誤りがあることその他憲法の
　　違反があるとき）又は第 2 項に規定する事由があるときは、上告裁判所は、
　　原判決を破棄し、次条の場合を除き、事件を原裁判所に差し戻

し、又はこれと同等の他の裁判所に移送しなければならない。高等裁判所が上告裁判所である場合において、判決に影響を及ぼすことが明らかな法令の違反があるときも、同様とする。

2項　上告裁判所である最高裁判所は、第312条第1項又は第2項に規定する事由がない場合であっても、判決に影響を及ぼすことが明らかな法令の違反があるときは、原判決を破棄し、次条の場合を除き、事件を原裁判所に差し戻し、又はこれと同等の他の裁判所に移送することができる。

3項　前2項の規定により差戻し又は移送を受けた裁判所は、新たな口頭弁論に基づき裁判をしなければならない。この場合において、上告裁判所が破棄の理由とした事実上及び法律上の判断は、差戻し又は移送を受けた裁判所を拘束する。

☞　民訴法326条

次に掲げる場合には、上告裁判所は、事件について裁判をしなければならない。

一　確定した事実について憲法その他の法令の適用を誤ったことを理由として判決を破棄する場合において、事件がその事実に基づき裁判をするのに熟するとき。

（以下略）

☑ 労働判例を理解しよう

　私たちは既に民訴法の基本を勉強しました。弁論主義や証明責任といった考え方があるので、きちんと要件事実を主張しなければならないということでした。要件事実は、原則として法律の条文が根拠になります。しかし、労働事件の場合には、既にお話ししたとおり、判例法理の重要性がとても高いので、そういう判例が示しているポイントを盛り込む必要があります。そのために、労働判例の理解がぜひとも必要になります。

　では、判例法理にパワーがあるのはなぜでしょうか。ここで押さえて理解しておきましょう。

☑ 最高裁の判決の種類と判決後の流れ

　民事訴訟が提起されると、最後は最高裁まで争うことができること
は、皆さんご存知のとおりです。**図表3-2**はその流れを示したもので
す。

　民事訴訟は、原則として地裁、高裁、最高裁の順序で審理がなされま
す。最高裁までいくと、その上の裁判所はないので、判断の仕方が少し
複雑になって、5種類あります。**図表3-2**では、上告を認めませんとい
うグループが上告却下、上告棄却です。上告却下は、いわゆる門前払い
です。不適法な上告なので内容を見るまでもなく却下される場合です。
上告棄却は、上告の理由は審理したけれども認められませんということ
で、これが数としては一番多く、上告棄却率は約97％といわれていま
す。

　これに対して、まれに、上告を認めますということで上告認容になり
ます。上告認容は、原判決である控訴審の判決を破棄するということに
なります。それが点線に囲まれたグループで、破棄自判、破棄差戻し、
破棄移送の3つです。

　上告認容の場合の原則は「破棄差戻し」です。たまに「破棄移送」と
いうのもあります。さらにまれに最高裁がそのまま自分で判断し直して
判決を書いてしまう「破棄自判」というのもあります。差戻しをしない
で自分で判断してしまうので、「自判」といいます。

　なぜ破棄差戻しが原則かというと、最高裁は、法律上の判断だけをす
るところだからです。事実を調べることはしません。これを"最高裁は
法律審だから"と言ったりします。控訴審判決を破棄するけれども、改
めて判決するにはもっと事実を調べる必要があるという場合は、原裁判
所等に事実と証拠の調べをやり直させるということになるわけです。

☑ 最高裁判決が持つ拘束力

　上告が認容された場合には破棄判決が下されますが、破棄判決には強
い法的拘束力があります。最高裁がダメだと言ったら、その事件を差し

戻された裁判所は従わなければなりません。

　なぜなら、破棄されたにもかかわらず同じ判決がまた下されたら、何をやっているのかわからないことになるからです。破棄判決の拘束力は、その事件についてだけ認められるものですが、最高裁の下した判断は差し戻された裁判所を法的に拘束する、ということになります。

☑ 労働判例の先例拘束力

　ところで、労働判例による判例法理は、もっと一般的に法令と同じような拘束力を持っています。当該個別の事件にとどまらない一般的パワーがあると感じられるから、判例法理がポイントとする考え方や事実が重みを持ってくるわけです。それが、次にお話しする判例の先例拘束力（事実上の拘束力）です。

3 | 最高裁判例の先例拘束力

図表3-4　制定法重視と判例法重視の比較

法源（裁判で解釈適用の根拠とできる法形式）

制定法重視	判例法重視
（大陸法系の国々）	（英米法系の国々）
ex ドイツ、日本など	ex アメリカ合衆国、イギリスなど

制定法重視側：

憲法をはじめとする制定法

判例：**法的拘束力なし**

具体的な裁判例が法的な拘束力ある
先例としてまでは作用しない。

判例法重視側：

憲法をはじめとする制定法
＋
判　例

判例：**法的拘束力あり**

具体的な裁判例がのちの事件
で法的な拘束力ある先例とし
て作用する。

しかし次の規定があるので**事実上の先例拘束力あり**
①最高裁判例を変更するには大法廷判決による必要（裁判所法10条3号）
②最高裁判例に違反することが上告受理申立理由となる（民訴法318条1項）

先例拘束力は、原則として最高裁判例に認められる
判決の結論を導くのに不可欠の判決理由部分に認められる
　判決理由（ratio decidendi　レイシオ・デシデンダイ）

　傍　　論（obiter dictum　オビタ・ディクタム）・・・先例拘束力なし

☞　裁判所法 10 条（大法廷及び小法廷の審判）

　　　事件を大法廷又は小法廷のいずれで取り扱うかについては、最高裁判所
　　の定めるところによる。但し、左の場合においては、小法廷では裁判をす
　　ることができない。
　　一　当事者の主張に基いて、法律、命令、規則又は処分が憲法に適合する
　　　かしないかを判断するとき。（意見が前に大法廷でした、その法律、命
　　　令、規則又は処分が憲法に適合するとの裁判と同じであるときを除く。）
　　二　前号の場合を除いて、法律、命令、規則又は処分が憲法に適合しない
　　　と認めるとき。
　　三　憲法その他の法令の解釈適用について、意見が前に最高裁判所のした
　　　裁判に反するとき。

☞　民訴法 318 条 1 項

　　　上告をすべき裁判所が最高裁判所である場合には、最高裁判所は、原判
　　決に最高裁判所の判例（これがない場合にあっては、大審院又は上告裁判
　　所若しくは控訴裁判所である高等裁判所の判例）と相反する判断がある事
　　件その他の法令の解釈に関する重要な事項を含むものと認められる事件に
　　ついて、申立てにより、決定で、上告審として事件を受理することができ
　　る。

☑ 制定法重視と判例法重視

　最高裁の破棄判決は、その事件限りですが強い法的拘束力を持つとい
うことでした。では、その事件限りではなくて、なぜ一般的に日本中で
先例としてのパワーがあるのか（実際にあるのですが）？　ということを
お話します。

　実は、判例のパワーについては国によって考え方が違います。まず、
判例には法的な拘束力として強い先例拘束力がある、という流れが**図表
3-4** の右側の判例法重視の国々の場合です。

　法源（ほうげん）とは、裁判所が実際の裁判で根拠とできる、または
根拠としなければならない法はどんなものかということですが、判例法
重視の英米法の国々では、判例にも、民法や商法などの制定法と並んで

法的拘束力が認められます。具体的な裁判例がのちの同種事件で法的な拘束力ある先例として作用します。法律と同じような強い効力があるわけです。

これに対して、日本は**図表3-4**の左側の制定法重視のグループに属します。制定法重視の大陸法系の国々には、ドイツ、フランス、イタリア、スペインなどがあります。日本も大方の法律はこの大陸法系に属しています。韓国なども同様です。これらの国々は、制定法重視ですから、判例には法的拘束力はないとされます。そこで、具体的な裁判例がとても強い法的な拘束力をもって先例とされるまでには至らないのが自然な流れに見えます。

☑ 制定法重視でも判例に事実上の先例拘束力あり

ところが、ここで少しひねりが入ります。次の規定があるので、事実上の先例拘束力があるとされていきます。その規定というのは、まず①裁判所法10条です。従来の最高裁判例を変更するには、大法廷判決によらないとダメ、ということが裁判所法10条3号に書いてあります。最高裁には第1から第3まで小法廷があって、そこでも重要な判例が出るわけですが、そこで示された考え方を覆すには、裁判官15人全員が並ぶ大法廷でないとダメということです。いったん下された最高裁判例の考え方は変更しにくい、と書いてあるのと同じです。

ということは、最高裁が以前に下した判断はなかなか覆らないだろうから、それに従ったほうがいい、という意味合いで、最高裁判例は事実上の先例としてパワーを持つことになる、というわけです。

次に、②民訴法318条1項によれば、従来の最高裁判例の考え方に違反することが、上告受理申立理由となります。

これは、高等裁判所が過去の最高裁の判断と異なる理由で敗訴させたら、こんな高裁判決はダメだと言って最高裁に上告受理を申し立てることができる、ということです。その限りでは、過去の判例は先例としてのパワーを持つということになります。

☑ 先例拘束力が認められるのは判決理由の一部（骨子にあたる理由）

　このように、判例には事実上の先例拘束力があります。しかしそれは原則として最高裁判例に認められるものです。それから、判決の結論を導くのに不可欠の判決理由（これを、「レイシオ・デシデンダイ」といいます）の部分に認められるということを理解してください。

　このように、事実上とはいえ、判例の先例拘束力があるので私たちは労働判例を勉強しますし、その骨子に当たる判決理由のみちすじを自分の頭で理解できないといけない、ということになるわけです。

　また、主張書面の作成についても、労使紛争のパターンによっては判例法理が示すルールに従った要件事実をきちんと示さなければならないということになります。

4 | 裁判の事件番号の見方、主な記録符号

　労働判例を検索するときは、判決などの言渡年月日などで判例を特定します。また、個々の事件には「事件番号」や「事件名」が付されていて、裁判所ではこれによって事件を特定します。

　補佐人として裁判所に出頭し、法廷に赴くと、入り口にその日に開廷される事件の事件番号、事件名、当事者および開廷時刻が掲示されているので、それを確認してそれぞれの法廷に入るわけです。

　事件についての準備書面や証拠説明書といった主張書面にも、必ずこの事件番号、事件名および当事者を記載します。

　労働事件では、判例集に掲載されるような重要判例には企業名が事件のニックネームとしてつけられている例が多いですが、正式には、事件を特定するのは事件番号です。

　そこで、補佐人業務をする場合には、裁判の事件番号の見方、主な記録符号の意味合いを理解しておく必要があります。176 ページに一覧表を載せておきました。

1 判例の特定の仕方

```
最高裁      令和〇年〇〇月〇〇日      大法廷    判決
　※１      ※２                  ※３    ※４

東京高裁    昭和△△. △△. △△      決定
　※１      ※２                  ※４

大阪  地  判    平成××年××月××日
　※１  ※４  ※２
```

※１　裁判をした裁判所の名称
※２　裁判の成立した（言い渡された）年月日

2　事件番号と事件名

平成 28 年	（ワ）	第 1890 号	損害賠償請求事件
※1	※2	※3	※4

※1　受付の年：その年の 1 月 1 日から 12 月 31 日までの間に、その
　　　　　　　裁判所で受理した事件であることを示す

※2　記録符号：最高裁判所規程に従って、事件の種類により事件記
　　　　　　　録に符号をつける

※3　受付番号：その年の 1 月 1 日から 12 月 31 日までの間の申立て
　　　　　　　を、その裁判所で受け付けた順番に番号をつける

（※1～3 の部分を「事件番号」と呼びます）

※4　事 件 名：申立をした者が、その事件のテーマに沿ってつけ
　　　　　　　た、事件の名称

　労働判例で、「企業名」事件（ex 電通事件）という名前を事件に付す
のは、いわば「事件の通称」です。

3　記録符号の種類

　記録符号は、①民事事件、②刑事事件、③行政事件、④家事事件の別
と、裁判所の別に従い、最高裁判所規程で定められています。主な符号
は、次のとおりです。

　例えば、解雇を争って①労働契約上の権利を有する地位の確認と②賃
金請求を求める労働訴訟事件の場合には、民事事件という分類になりま
す。そこで、記録符号は第一審（地裁）では（ワ）、控訴審（高裁）で
は（ネ）となります。また、上告事件では（オ）、上告受理申立て事件
では（受）となります。

　労災保険給付の不支給決定を争うような事件では、行政事件という分

類になり、(行ウ)、(行コ)、(行ツ) というように審級に応じて記録符号が付されることになります。

① 民事事件

事件の種類	記録符号			
	簡易裁判所	地方裁判所	高等裁判所	最高裁判所
通常訴訟事件	ハ	ワ		
控訴事件		レ	ネ	
上告事件			ツ	オ or 受
督促事件	ロ			
民事保全事件 (仮処分、仮差押)	ト	ヨ	ラ	
意思表示公示送達	サ			
証拠保全申立	サ	モ	ウ	
手形訴訟事件	手ハ	手ワ		
少額訴訟事件	少コ			
人事訴訟事件		タ		
調停事件	ノ			

② 刑事事件

事件の種類	記録符号			
	簡易裁判所	地方裁判所	高等裁判所	最高裁判所
公判請求事件	ろ	わ	う	あ

③ 行政事件

事件の種類	記録符号			
	簡易裁判所	地方裁判所	高等裁判所	最高裁判所
訴訟事件		行ウ		
控訴事件			行コ	
上告事件				行ツ

④ 家事事件

事件の種類	記録符号			
	家庭裁判所	地方裁判所	高等裁判所	最高裁判所
家事審判事件	家			
家事調停事件	家イ			

5 | 主張書面の書き方

1 はじめに

☑ 補佐人時代を迎え、主張書面作成能力のレベルアップが必要

　今後の課題として、社会保険労務士が補佐人としてどのような書面を書くのかという点があります。

　補佐人は、代理人である弁護士や本人と同様の訴訟行為ができるわけですから、訴状や答弁書、準備書面、証拠説明書といった法律上および事実上の事柄については、すべて主張書面として書くことができます。これからは弁護士と協力して、主張書面をともに検討し、分担を決めて起案するという役割が出てくるのではないでしょうか。さらに、私たち社会保険労務士の専門分野である労働社会保険や労務管理、賃金といった分野では、弁護士から任されて意見書を起案する、ということも考えられます。

☑ 作成する書面の内容が結果を左右する可能性もある

　私が補佐人を受任して初めて書いた意見書は、補佐人事件の2つ目の事件（ケース2事件）で書いたものなのですが、賃金について未払いがあり、その支払いを求めた事案でした。

　ところが、その労働契約はとても曖昧でした。労働契約であることに争いはないのですが、賃金額がいくらなのか明確な雇用契約書もなく、明らかなのは原告である労働者の銀行口座に振り込まれた当初の手取額だけでした。

　ここから、この労働契約では一体いくらの賃金額で合意がなされたのか、契約の内容を確定していくことが必要となり、裁判所から「この手取額では総支給額はどのくらいになるのか推定してください」との釈明

があったのです。

　社会保険料等の控除前の賃金額が総支給額になるわけですから、ここは社会保険労務士の出番です。私は、手取額から逆算して所得税、社会保険料、雇用保険料を控除する前の金額について、保険料の控除のしくみや計算プロセスを記して金額を示し、総支給額は少なくとも32万円を下らない、とする意見書を提出しました。

　これが、補佐人としての初めての書面でした。

　裁判所がその金額を総支給額として労働契約上の賃金額の合意があったと認定してくれた場合、手取額を基準額とした場合よりも未払賃金額が一層増えることになるので、原告にとっては有利なことになります。そして、27ページで見たように、実際の判決の中で、この主張が認められたのです。このように、社会保険労務士が労働訴訟の場面で必要とされる場合は数多くあると思われるのです。

　ここから、労使トラブルの12パターンについて、書面の書き方と参考判例を示していきます。書き方には押さえておいてもらいたいポイントがありますので、最初の普通解雇のところで、それもお話ししていきましょう。

2 解　雇

(1)　普通解雇

　書面を作成する前に、訴訟物を明らかにし、それに沿って当事者の主張すべき事実を整理しておく必要があります。

　以下、各労使トラブルのパターンについて訴訟物と当事者の主張すべき事実を掲げた上で、書面の書き方を解説します。

　特定社会保険労務士試験を受験される先生方には、各パターンのブロックの中身、主張すべき事実は覚えていただきたいです。

☑ 訴訟物および求めるあっせんの内容

> **＜訴訟物＞**
> 　申立人の被申立人に対する労働契約上の権利を有する地位
>
> **＜求めるあっせんの内容＞**
> 　申立人が、被申立人に対し、労働契約上の権利を有する地位にあることの確認を求めます。
> 　（賃金請求も行う場合）
>
> > 　申立人は、被申立人に対し、金○○円（既発生分）および令和○年○○月○○日から毎月○○日限り、金○○円の割合による金員（ならびにこれらに対する各支払日の翌日から支払済みまで年3パーセントの割合※による金員）を支払うよう求めます。

※（　　　）内の遅延損害金を請求するかどうかは申立人の自由です。

　企業（商人）が事業主として締結する労働契約は、その事業のためにするものであるので、賃金や退職金債権に対する遅延損害金は、令和2年4月1日改正民法施行前は商事法定利率6％の割合（商法514条）でした。これが、改正民法施行後は、民法404条2項により、年3パーセントに統一されました。この利率は、3年ごとに変動することとなるので、今後は注意が必要です。

普通解雇を争う場合、訴訟物つまり、申立てのテーマは「申立人の被申立人に対する労働契約上の権利を有する地位」です（懲戒解雇、整理解雇も同じです）。

求めるあっせんの内容は、「申立人が、被申立人に対し、労働契約上の権利を有する地位にあることの確認を求めます」、と書いてください。従来は、「解雇が無効であることを確認する」という請求が一般的でしたが、過去の事実である解雇の有効・無効よりも、現在の法律関係の確認を求めるべきなので、上記のように記載するのがよいとされます。

また、この申立てでは賃金の支払いを併せて求めることが多く、この場合の訴訟物は、「申立人の被申立人に対する、労働契約に基づく賃金請求権」です。その場合には、破線で囲んだ部分を併せて記載します。

☑ 当事者の主張すべき事実

当事者の主張すべき事実は、次ページの図の各ブロックの中に掲げられているポイントになる事実について、実際に起こった事実まで掘り下げて、具体的に書きます。

解雇を争っているこのパターンでは、まず、労働契約上の権利を有する地位の確認請求と賃金請求とを分けて考えてみましょう。

申立人は、左側のブロックに挙げたポイントとなる事実を、具体的に記載します。解雇については、被申立人の解雇権濫用であること（労働契約法16条）に当たる具体的な事実を記載します。

被申立人は、右側のブロックに挙げたように、解雇が正当であるとの具体的事実を主張していくことになります。

賃金の支払いについては、申立人は、無効な解雇による就労不能が使用者の責めに帰すべき事由に当たるので、民法536条2項前段によって、申立人は賃金請求権があるということを主張していきます。被申立人は、解雇が正当であるから就労拒否が正当であることを主張していくことになります。

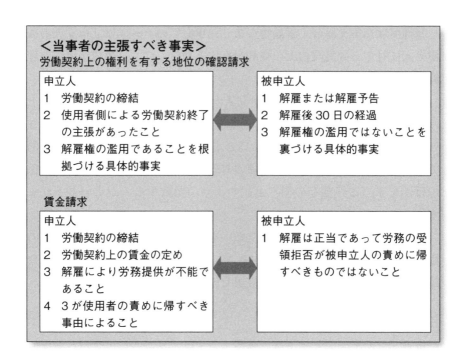

<当事者の主張すべき事実>

労働契約上の権利を有する地位の確認請求

申立人
1　労働契約の締結
2　使用者側による労働契約終了
　　の主張があったこと
3　解雇権の濫用であることを根
　　拠づける具体的事実

被申立人
1　解雇または解雇予告
2　解雇後30日の経過
3　解雇権の濫用ではないことを
　　裏づける具体的事実

賃金請求

申立人
1　労働契約の締結
2　労働契約上の賃金の定め
3　解雇により労務提供が不能で
　　あること
4　3が使用者の責めに帰すべき
　　事由によること

被申立人
1　解雇は正当であって労務の受
　　領拒否が被申立人の責めに帰
　　すべきものではないこと

【労働契約上の権利を有する地位の確認請求について】

　まず、申立人の左側のブロックを見てください。現在も申立人には労働契約上の権利がある、従業員としての地位があるというわけですから、出発点は①労働契約の締結をした事実、です。ところが、②使用者側から契約終了だと主張されて困っています、と書きます。

　被申立人は、右側ブロックの1、2にあるように、きちんと有効な解雇をしましたと言い返すでしょうから、申立人は左側ブロックの3で、「いや、その解雇は解雇権の濫用です。労働契約法16条によって、解雇は客観的に合理的理由がないか、あるとしても社会通念上相当と言えないから、解雇権の濫用として無効です」ということを具体的事実で述べます。被申立人は、右側ブロックの3で「いやいや、解雇権の濫用ではなくて、解雇には合理的理由があり、かつ社会通念上も相当であるから有効である」ということを、具体的に述べていくことになります。

　既に述べましたが、民事訴訟の場合には、主張を小出しにしても何回

かの期日にわたってこれらの主張や事実について当事者双方の言い分を突き合わせ、争点を整理することができますが、ADR手続では原則として1回のあっせん期日で話し合いをしていくことになります。そのため、双方は、この＜当事者の主張すべき事実＞のブロックにある事実を、申立書、答弁書に漏れなく書く必要があります。場合によっては、相手方が主張すべき事実であっても、紛争の実態があっせん機関や調停者にわかるようにするために、自分の書面に記載することが必要な場合もあります。

【賃金請求について】

次に、賃金請求については、申立人は左側ブロックの1にあるように、労働契約の締結が、賃金請求権の根拠になります。これは、労働契約上の権利を有する地位の主張と共通です。地位の確認と賃金請求のように複数の訴訟物がある場合に訴訟物ごとに記載を分けて同じ事実を2回も書くのは煩瑣ですし、書面全体としてその事実がわかればよいのですから、くだくだしく同じ事実を重複して記述することは不要だと思います。

そして、左側ブロックの2の「賃金の定め」があって賃金額が出てきます。

しかし、解雇によって就労が不能になっていて（3）、この労務提供の不能は、使用者の責めに帰すべき事由による（4）、という流れです。

労働の意思と能力があり、労務提供を申し出ているのに使用者側が就労を拒否している場合、違法な解雇によって、正当な理由がないのに就労を拒否されていることになります。事業主の責めに帰すべき事由によって働くことが不能になったわけです。もしそうなら従業員には労務の反対給付である賃金請求権があり、使用者はその履行を拒むことができない、というのが民法536条2項前段に書いてあることで、裁判所もそのように考えて処理します。危険負担についての債権者主義という考え方です。

賃金については、こういったことを記述するわけです。

結局、申立人は、左側ブロックに挙げたポイントとなる事実を、具体的に記載します。実質的には、被申立人の解雇権濫用であること（労働契約法16条）に当たる具体的な事実を記載します。対する被申立人は、右側ブロックに挙げたように、解雇が正当であるとの具体的事実を主張していくことになります。

☑ 解雇の合理性、相当性

　ここで、もう少し解雇の合理性、相当性について掘り下げましょう。

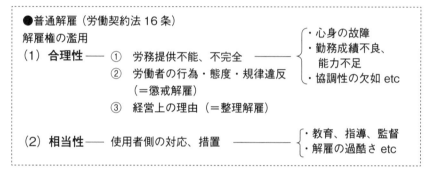

　労働契約法16条は、「解雇は、客観的に合理的な理由を欠き、社会通念上相当であると認められない場合は、その権利を濫用したものとして、無効とする」という条文です。

　ですから、解雇権の行使が権利の濫用であって無効とされるための要件事実は「合理性がないこと」または「相当性がないこと」この2つですが、既にお話ししたように、これらは抽象的な規範的要件です。これらを、もっと具体的に掘り下げて書く必要があるのです。

☑ 「解雇の合理性があること」をどのように書けばよいか

　解雇の合理性があるとされるのは、上の図のとおり、①〜③の3つです。①について言えば、例えば「心身の故障によって業務に耐えないとき」、プライベートな病気（私傷病）で働けないような場合です。不完全とは、「勤務成績の著しい不良」「能力不足」「協調性の欠如」などが、具体的事実になります。こういうときは労働契約を解消する合理的

な理由があります、と言える事実です。申立書で主張すべき事実は、実はこのようなところまで落とし込んだ具体的事実を書くわけです。これは、実は、多くの企業で就業規則に記載してある解雇事由に該当する事実のことです。

☑ 「解雇に相当すること」をどのように書けばよいか

相当性があるかどうかは、解雇が「やむを得ない」というのが相当性ですから、大方の人が考えて解雇もやむを得ない、と言えるだけのことをしたか、という使用者側の対応、措置が問われます。また、労働契約を解消しなければならないほど従業員側の問題が大きいのか、普通解雇にすることが過酷すぎないか、といったことが問われる場面になります。

そのため、ここでは従業員の側から「使用者の教育指導、監督が怠慢」「解雇処分は重過ぎる」といった事情を主張していくことになります。

結局、普通解雇の場合の申立書は、労働契約上の権利を有する地位という権利、法律関係をテーマに掲げて、この合理性と相当性に関わる具体的事実を述べていくわけです。

あっせん手続申立書

[紛争の概要]
　申立人は、被申立人から令和○年○○月○○日、解雇の通知を受けました。申立人には解雇される理由はないので、その撤回を再三申し入れましたが、勤務していた当時の上司や人事担当者は会うことも拒否しています。

[解決を求める事項]
求めるあっせんの内容
1．申立人は、被申立人に対し、労働契約上の権利を有する地位にあることの確認を求めます。　❶
2．申立人は、被申立人に対し、金○○円及び令和○年○○月○○日から毎月 25 日限り、金○○円の割合による金員ならびにこれらに対する各支払日の翌日から支払済みまで年３パーセントの割合による金員の支払いを求めます。　❷

あっせんを求める理由
1．当事者および労働契約
　(1)　被申立人は、前記本店所在地に本社がある株式会社です。主として○○の製造販売を営業の目的としています。本社のほか、各地に営業所や工場を持つ資本金○○○万円の株式会社です。　❸
　(2)　申立人は、昭和○○年○○月○○日、被申立人との間で労働契約を締結し、その後次のような部署に配属され、担当業務を遂行しました。
　　　昭和○○年○○月○○日　本社○○課　○○業務
　　　平成○○年○○月○○日　○○営業所○○課　○○業務
　　　平成○○年○○月○○日　本社○○課　○○業務
　　　平成○○年○○月○○日　○○営業所　××業務（解雇に至るまで）　❹

2．解雇の通告

　　被申立人は、申立人に対し、令和○年○○月○○日、就業規則に定める解雇事由「職務のついての適性、必要な能力の著しい欠如が明らかであるとき」に該当するとして、「令和○年○○月○○日付をもって解雇する」という内容の解雇通告書を交付して、通告してきました。　❺

3．解雇の無効

　　被申立人の主張する「職務のついての適性、必要な能力の著しい欠如が明らかであるとき」に該当する事実はありません。申立人は、入社以来、長年にわたって○○業務を担当し、スペシャリストとしての高い評価を受けてきました。

　　このたびの解雇は、被申立人が申立人に十分な説明もせず、突然××業務に配転し、それでも申立人が必死になって新しい××業務に習熟しようとしている最中に、突然申し渡されたものです。合理的な理由がないもので、解雇権の濫用であり、労働契約法16条により無効です。　❻

4．申立人の賃金

　　申立人は、被申立人から、次のとおり賃金を受領していました

　　　　賃金締切日　毎月15日
　　　　賃金支払日　当月25日　❼
　　　　賃金月額　　金○○円

5．労働契約上の地位および賃金請求権

　　このたびの解雇は無効であり、申立人と被申立人との間には労働契約関係が存在しています。にもかかわらず、被申立人は、解雇を理由に令和○年○○月○○日以降の申立人の就労を拒んでいます。また、賃金も支払っていません。

　　よって、上記のあっせんを求めます。

　　最後に、これまでの経緯および申立人の現在の心情については、別添の「陳述書」に詳細に記載しております。これもあわせご検討いただいて、公正なあっせんをお願いします。　❽

☑ 申立書の書き方のポイント

「解決を求める事項」を見てください。

まず、「求めるあっせんの内容」として、❶・❷の2つを書きましょう。

次に、「あっせんを求める理由」では、❸のように当事者のことを述べ、❹のように労働契約の締結の事実を述べます。

「2．解雇の通告」では、❺のように、解雇通告についての事実を述べます。

ここで就業規則に定める解雇事由について書いていますが、就業規則所定の解雇事由に該当する事実ですから、本来は被申立人（会社）が主張すべきことです。しかし、あっせんの場では被申立人が主張することが当然予想される事実ですし、申立段階から、どのような理由で解雇通告されたのかを明らかにしないと紛争のポイントがよくわかりません。また、書面としても次の項目である解雇無効の主張の記述にうまく流れていきません。そこで、申立人は先取りして申立書の中で記述しているわけです。

「3．解雇の無効」では、❻のように解雇事由がない旨を具体的に主張します。

「4．申立人の賃金」では、❼のように、賃金の定めについて書きます。

「5．労働契約上の地位及び賃金請求権」では、❽のように書き、あっせんを求めます。

答 弁 書

[被申立人の主張]

求めるあっせんの内容についての答弁 ❾

　申立人の求めるあっせんの内容は、いずれも認めません。

あっせんを求める理由に対する答弁

1. 申立書1項（当事者）、2項（解雇の通告）および4項 ❿
　（申立人の賃金）については認めます。

2. 同3項および5項について

　　申立人には、就業規則に定める解雇事由「職務のつい
　ての適性、必要な能力の著しい欠如が明らかであると ⓫
　き」に該当する事実が存在します。したがって、解雇が
　有効であることは、次に述べるとおりです。

3. 被申立人の主張

　　平成○○年○○月○○日、申立人を××業務に配置転
　換したこと、××業務が従来の申立人の担当業務と異な
　る業務だったことは事実です。

　　しかし、この配置転換については、従来申立人が担当
　していた○○業務が当社の業態変換のために業務量が激
　減したためで、被申立人にとってはやむを得ない必要に
　基づくものでした。また、配置転換にあたっては申立人
　の同意も得て行っています。 ⓬

　　にもかかわらず、申立人は新たな××業務に情熱を持
　てないのか、必要な教育を満足に受けようとしません。
　ミスも多く、年下の上司から注意を受けると、かえって
　暴言を吐いたりし、職場の秩序が保持できないのです。
　これでは到底雇用を継続することはできませんので、解
　雇に至ったものです。

☑ 答弁書の書き方のポイント

　「被申立人の主張」として、「求めるあっせんの内容についての答弁」
では、❾のように、申立人の求めるあっせんの内容は、いずれも認めな
いと述べています。

　「あっせんを求める理由に対する答弁」は、「1. 申立書1項（当事
者）、2項（解雇の通告）及び4項（申立人の賃金）について」は、❿
のように、事実として争う必要はないとして認めています。

　「2. 同3項及び5項について」では、申立人が解雇は無効だと言って
いるのに対し、⓫のように、解雇が有効であると主張しています。

　「3. 被申立人の主張」では、申立書の❻のような主張に対し、⓬のよ
うに主張して、解雇には合理性も相当性もあるから解雇権の濫用ではな
いと言っているわけです。

☑ 当事者からのヒアリングのポイント

　ここまで、解雇について申立書、答弁書など主張書面の書き方を押さ
えました。

　これら書面を書くときは、既に述べたように依頼者とド真剣に向き合
い、100ページで紹介した「問題対処のみちすじ」1番から6番の流れ
で、しっかりと相談を行います。そして、例えば解雇を争う事案だと考
えた場合、解雇事件の申立人、被申立人の各ブロックに記載したポイン
トになる事実（要件事実）を念頭に置きつつ、その事実や付随する事
情、依頼者の心情を聴いていきます。

　要件事実は、ヒアリングの際の指針になる重要な事実です。ただ、既
に述べたように、依頼者の問題を解決するためには過去の事実だけにと
らわれた要件事実一辺倒のヒアリングでは、依頼者との信頼関係は構築
できないと思いますし、時間をかけて依頼者の心情を聴くことがとても
大切だと私は考えています。

　私たち社会保険労務士は、企業経営や労務管理の実態を踏まえた、経
営者や労働者の心情に共感できる経験値を持っています。その経験を基

礎として親身にヒアリングすることが大切だと考えます。

　以上のことは、以下に述べるどの労使トラブルのパターンについても共通のことです。

☑ 確認すべき書証

　ヒアリングで得られた事実の確認をするためには、依頼者から口頭で事情を聴くことに加えて、その事実を確認するための書面（訴訟では書証となるもの）を確認する必要があります。

　例えば、解雇を争って賃金も請求しているこの事案では、次のような書面を確認する必要があります。

> ①**労働契約書**
> 　契約の締結日、賃金(額、支払方法)、当事者の特約などを確認する
>
> ②**解雇通知書（解雇理由証明書、退職理由証明書なども含む）**
> 　解雇または解雇予告の年月日、解雇の効力発生日、普通解雇なのか懲戒解雇かの区別、解雇理由などを確認する
>
> ③**就業規則・労働協約**
> 　就業規則や労働協約上の解雇理由の定めを確認する
> 　賃金規程などが別規程として存在する場合には、賃金の定めを確認する
>
> ④**給与明細書**
> 　その労働者についての支給明細を確認する
>
> ⑤**会社の法人登記簿謄本**
> 　会社が当事者である場合には代表者の資格証明書としても提出が必要になるが、会社の事業内容や役員等を確認する上でも必要

　以上の普通解雇については、解雇権濫用の代表判例ということで、労働判例百選の71番事件「高知放送事件」を載せました。これは、必ず勉強すべき判例です。また、能力不足を理由とする解雇については、百選72事件「ブルームバーグ・エル・ピー事件」が重要です。

百選 71 事件（解雇権の濫用）

高知放送事件（最高裁昭和 52.1.31 第二小法廷判決）
[事 件 番 号] 昭和 49 年（オ）第 165 号
[事 件 名] 従業員地位確認等請求事件
[掲 載 文 献] 労働判例 268 号 17 頁、労働経済判例速報 937 号 3 頁
[事件の概要]

　Xは、Y放送でアナウンサーとして勤務し、その職務には宿直して翌日早朝の定時ラジオニュースを放送することが含まれていた。ところが、Xは 2 週間のうちに 2 度にわたり寝過ごして、早朝のニュースを放送することができず、2 度目の寝過ごし事故については正確な事故報告をしなかった。

　Y放送は、Xの行為は就業規則所定の懲戒事由にあたり懲戒解雇すべきところ、Xの将来も考慮して普通解雇事由「その他・・・やむを得ない事由があるとき」に該当するとして普通解雇とした。

　Xが、この解雇は無効であるとして、従業員としての地位の確認を請求したケース。

⚖ 判例の結論

　本判決は、次のように述べて、一審・原審と同様に、Xの請求を認めた。

1. Xの行為は、就業規則の普通解雇事由に該当する。しかし、就業規則所定の普通解雇事由がある場合でも、使用者は常に解雇し得るものではない。当該具体的な事情のもとで、解雇に処することが著しく不合理であり、社会通念上相当なものとして是認することができないときには、当該解雇の意思表示は、解雇権の濫用として無効となる。
2. 本件では、2 度にわたる放送事故によりY放送の信用が失墜したことについて、Xに非があることは否定できない。

　　しかし、次のような事情があるので、Xに対して解雇をもって臨むことはいささか過酷に過ぎ、合理性を欠くうらみなしとせず、社会的

に相当なものとして是認することができないと考えられる余地がある。

(1) Xの事故は故意でなく過失行為であり、真摯に謝罪している。

(2) Xには過去に事故歴がなく、勤務成績も悪くない。

(3) 先に起きてXを起こし、ニュース原稿を手渡すべき者も寝過ごしていた。

(4) その者の処分は「けん責」に過ぎない。

(5) Y放送において過去に放送事故を理由に解雇された者はない。

(6) Y放送において事故防止のための万全の措置がとられていなかった。

3. したがって、本件解雇の意思表示を解雇権の濫用として無効とした原審の判断は、結局、正当と認められる。

⚖ 考え方のみちすじ

1. 本判決は、「解雇権濫用法理」を具体的ケースに適用して、結論としても解雇を無効とした、初めての最高裁判決であり、非常に重要な判例である。

2. 「期間の定めのない雇用契約」においては、当事者は、民法上は2週間前の予告によって自由に解約することができる（民法627条）。

　しかし、解雇（＝使用者からの一方的な解約）が自由とされると、働く者の生活にとって重大な脅威となる。にもかかわらず、労働法の明文による解雇制限は少なく、判例による「解雇権濫用法理」によって、労働者の雇用継続に対する権利が保護されてきた。

3. 本判決は、就業規則の解雇事由に該当する場合であっても、さらに「客観的合理性」と「社会的相当性」を要求し、それは具体的事情の総合判断によるとした。そして、諸事情を一つひとつ検討した結果、「権利濫用」（民法1条3項）であり無効としたものである。

4. 判例による「解雇権濫用法理」は、本来は例外である「権利濫用」となるケースが極めて広く認められる点に特徴がある。加えて、解雇が「権利濫用」であることの立証責任の負担が、事実上、使用者に転

換されている。このことによって、民事訴訟における立証責任の負担についても、労働者の保護が図られている点が重要である。

5．この「解雇権濫用法理」は、そのままのかたちで、労基法18条の2として明文化された。また、立証責任の負担の点についても、衆・参両院厚生労働委員会の附帯決議において、従来の判例法理を変更しない取扱いとすることが確認されている（平成15年6月4日、26日、労働基準法の一部を改正する法律案に対する附帯決議）。そして、労基法18条の2は、のちにそのままのかたちで労働契約法16条に移された。

⚖ 関連判例（◎最重要　○重要　△参考）

◎日本食塩製造事件（最二小判昭和50.4.25　民集29巻4号456頁）
　ユニオンショップ協定による解雇の有効性に関連して、「使用者の解雇権の行使も、それが客観的に合理的な理由を欠き、社会通念上相当として是認することができない場合には、権利の濫用として無効となる」と判示した。そして、労働組合から除名された労働者に対して、企業が労働組合からの解雇要求に応じて解雇することは、客観的に合理的理由があり、社会通念上相当なものとして是認することができるとした。

○セガ・エンタープライゼス事件（東京地決平成11.10.15　労判770号34頁）
　「労働能率が劣り、向上の見込みがないとき」に解雇することができるとの就業規則の条項について、従業員として平均的な水準に達していなかったとしても、それだけでは不十分であり、「著しく労働能率が劣り、しかも向上の見込みがないとき」に限定して解雇を許容する趣旨であるとした。そして、会社の教育・指導が不十分であったことから、解雇は権利の濫用に当たり、無効と判断した。

必須 判例 百選72事件(能力不足を理由とする解雇)

ブルームバーグ・エル・ピー事件（東京高裁平成25.4.24判決）
[事 件 番 号] 平成24年（ネ）第6853号
[事 件 名] 地位確認等請求控訴事件
[掲 載 文 献] 労働判例1074号75頁
[事件の概要]

　Xは、平成17年、アメリカに本社を置く世界規模の通信社Y社に記者として採用された。平成18年の勤務評価で「期待に満たない」との評価を受け、その後何度か実施されたXの改善プログラムでは、初回を除き目標を達成できず、平成22年7月、解雇通告がなされた。解雇理由は「社員の自己の職責を果たす能力もしくは能率が著しく低下しており改善の見込みがないと判断される場合」に当たるとされた。Xが解雇は無効であるとして地位確認を請求したケース。なお、Y社は控訴審で、必要な能力を有する者をポジションごとに臨時採用するY社のような国際企業と、日本のキャリアシステムの相違を強調し、同じ基準で扱うのは正義に反するとの補充主張を行った。

⚖ 判例の結論

　本判決は、次のように述べて、一審同様に、Xの請求を認容した。

1. 本件解雇は、Xの職務能力の低下を解雇事由とするものである。職務能力低下を理由とする解雇に「客観的に合理的な理由」（労働契約法16条）があるか否かは、まず当該労働契約上、労働者に求められている職務能力の内容を検討した上で、その低下が、労働契約の継続を期待できない程に重大なものであるか否か、使用者が労働者に改善矯正を促し、努力反省の機会を与えたのに改善がなされなかったのか、今後の指導による改善の可能性の見込みの有無等の事情を総合考慮して決すべきである。

2. Xに求められる職務遂行の内容及び態度は、Xのそれまでの通信社での勤務経験におけるものと異なる面があることは否定できないが、

Ｙ社が採用選考や試用期間中に、Ｙ社の特色あるビジネスモデルに応じた格別の基準を設定したり、指導した等の措置は講じられていない。改善プログラム等においても、中途採用者の記者職種限定の従業員に求められる水準以上の能力が要求されているとは認められない。

3．Ｘの上司、同僚との関係、執筆スピードの遅さ、記事本数の少なさ、記事内容の質の低さについても、労働契約の継続を期待できないほど重大なものとは認められない。また、ＸはＹ社の指示に従って改善を志向する態度を示しており、本件解雇は、客観的に合理的な理由を欠くものとして無効である。

4．Ｙ社は、Ｙ社のような国際企業と一般的な日本企業との雇用形態には差異があるから、解雇事由の検討にあたっては、雇用文化の多様性の観点が不可欠であるなどと主張するが、Ｙ社はそもそも日本企業との違いを具体的に主張しておらず、単なる一般論に過ぎず、解雇事由の判断に影響を与えるものではない。

⚖ 考え方のみちすじ

1．本判決は、「能力不足による解雇」について解雇権濫用法理（労働契約法16条の合理性・相当性判断）を具体的ケースに適用して、結論としても解雇を無効とした重要判例である。

2．長期雇用型のキャリアシステム（メンバーシップ型雇用）を採用してきた日本においても、最近は、本件のような職務能力に着目した中途採用（ジョブ型雇用）については、解雇の有効性判断が緩やかになされるのではないか、という課題がある。

3．本判決は、ジョブ型雇用であるというだけでは解雇を緩やかに認めることなく、当該労働契約で求められる職務能力や、使用者の改善指導、就業規則の解雇規定の文言を丁寧に精査し、結論としては解雇を無効とした。本件では、Ｙ社の具体的主張立証が足りず、就業規則に「改善の見込みがないと判断される場合」と解雇事由を限定しているので、一般的な能力不足の主張は認められにくいケースといえよう。

4．一方で、職務能力のレベルや、内容を厳格に特定して採用された

ケースでは、当該能力の不足によって解雇が緩やかに認められる裁判例も出てきており、今後の事案の蓄積が注目される。

⚖ 関連する判例紹介（◎最重要　○重要　△参考）

○トライコー事件（東京地判平成 26.1.30　労判 1097 号 75 頁）
　「特定の地位、職種又は一定の能力を条件として雇入れられた者で、その能力、適格性が欠けるとき」と明定し、要求される職務の懈怠を理由とする解雇を有効とした。

（2） 懲戒解雇

<訴訟物>

　申立人の被申立人に対する労働契約上の権利を有する地位（賃金
請求も行う場合には、労働契約に基づく賃金請求権も訴訟物となる）

<求めるあっせんの内容>

　申立人が、被申立人に対し、労働契約上の権利を有する地位にあ
ることの確認を求めます。

（賃金請求も行う場合）

　　申立人は、被申立人に対し、金○○円（既発生分）および令和
○年○○月○○日から毎月○○日限り、金○○円の割合による金
員（ならびにこれらに対する各支払日の翌日から支払済みまで年
３パーセントの割合による金員）を支払うよう求めます。

<当事者の主張すべき事実>

労働契約上の権利を有する地位の確認請求

申立人	被申立人
1　労働契約の締結 2　使用者側による労働契約終了 　　の主張があったこと 3　懲戒権の濫用であること（懲 　　戒処分の合理性、相当性の欠 　　如を根拠づける具体的事実）	1　就業規則の懲戒事由の定め 2　懲戒事由該当行為の存在 3　懲戒解雇したこと 4　解雇予告または解雇後30日 　　の経過（または解雇予告除外 　　事由） 5　懲戒権の濫用ではないことを 　　裏づける具体的事実

賃金請求

申立人	被申立人
1　労働契約の締結 2　労働契約上の賃金の定め 3　懲戒解雇により労務提供が不 　　能であること 4　3が使用者の責めに帰すべき 　　事由によること	1　懲戒解雇は正当であって労務 　　の受領拒否が被申立人の責め 　　に帰すべきものではないこと

☑ 当事者が主張すべき事実

　地位の確認のブロックを見てください。この内容も、普通解雇とほぼパラレルですが、懲戒処分ですから、左側のブロックの３では懲戒権の濫用に当たる具体的事実を申立人が主張していくことになります。

　懲戒解雇の場合に記載する具体的事実は、次のとおりです。

●懲戒解雇（労働契約法第15条）
（1）就業規則の（合理的な）懲戒事由の定め＋事業場での周知
①経歴詐称　②職務怠慢　③業務命令違反　④業務妨害　⑤職場規律違反
⑥その他従業員としての義務違反
（a私生活上の非行　b二重就職、兼職　c誠実義務違反）

（2）懲戒事由該当行為の存在

（3）懲戒解雇の相当性
［手続きの適正］
①遡及処罰の禁止　②二重処罰の禁止　③懲戒理由追加の禁止
④適正手続（就業規則に定めた懲戒手続の遵守、弁明の機会の確保）
［内容の適正］
①懲戒対象となった行為の種類、程度に照らして懲戒処分の内容が相当なもの
　でなければならない（比例原則、罪刑の均衡）
②他のケースと比較して平等な取扱いであることが必要

　懲戒解雇については、労働契約法15条が次のように定めています。

（懲戒）

第15条　使用者が労働者を懲戒することができる場合において、当該懲戒が、当該懲戒に係る労働者の行為の性質及び態様その他の事情に照らして、客観的に合理的な理由を欠き、社会通念上相当であると認められない場合は、その権利を濫用したものとして、当該懲戒は、無効とする。

　「懲戒することができる場合」とはどのような場合かを、労働契約法15条は明示していませんが、就業規則の懲戒事由の定めが存在しないとか、就業規則が周知されていないならば、そもそも懲戒処分ができま

せん。

　判例によれば、懲戒として解雇する場合には、就業規則に合理的な懲戒事由の定めがあること、就業規則は周知されていることおよび懲戒事由該当行為の存在が、必要です。

　必須判例として、「フジ興産事件」「国鉄札幌運転区事件」を後に紹介しています。最高裁判所は、国鉄札幌運転区事件の判決で、懲戒処分をするには、就業規則に懲戒事由の定めが必要である、と述べています。そして「フジ興産事件」では、その就業規則が周知されていないといけない、と言っています。こうした判例の考え方、懲戒についての判例法理が、労働契約法 15 条の解釈の基本になります。

☑　「懲戒解雇の相当性」の検討も重要

　「懲戒解雇ができる場合」とは、左の囲みの（1）のような場合を指し、合理的な懲戒事由としては、囲みの①～⑥のように分類できます。

　次に、懲戒事由の定めがあって、懲戒事由該当事実があるとしても、懲戒解雇の相当性がなければ、懲戒権の濫用であって無効になります。具体的には、手続きの適正と内容の適正を検討します。手続きでは、例えば、囲みの①～④について、具体的に次のように検討します。

---

①　遡及処罰　→　後から規定を設けて遡って処罰しているのではないか？

②　二重処罰　→　同じ行為を二重に処罰していないか？

③　別の懲戒理由を後から追加していないか？

④　就業規則に定めた懲戒手続を踏んでいるか？　弁明の機会を与えているか？

　内容の適正としては、①非違行為と処分のバランスが大切です。罪刑の均衡です。過酷すぎると、懲戒権の濫用になります。加えて②同種事例との比較で、明らかに不平等な取扱いではないか？　そのような事実を、申立人は主張していくことになります。

賃金のブロックの内容は、普通解雇とほぼパラレルです。懲戒解雇は無効だから正当な理由のない就労拒否だ。賃金を払え、という主張です。

あっせん手続申立書

[紛争の概要]

　申立人は、被申立人から令和○年○○月○○日、懲戒解雇とする処分の通知を受けました。申立人には懲戒解雇される理由はないので、その撤回を再三申し入れましたが、勤務していた当時の上司や人事担当者は会うことも拒否しています。

[解決を求める事項]

求めるあっせんの内容

1．申立人は、被申立人に対し、労働契約上の権利を有する地位にあることの確認を求めます。

2．申立人は、被申立人に対し、金○○円および令和○年○○月○○日から毎月 25 日限り、金○○円の割合による金員ならびにこれらに対する各支払日の翌日から支払済みまで年 3 パーセントの割合による金員の支払いを求めます。　　**❶**

あっせんを求める理由

1．当事者および労働契約

　(1) 被申立人は、前記本店所在地に本社がある株式会社です。主として○○の製造販売を営業の目的としています。本社のほか、各地に営業所や工場を持つ資本金○○○万円の株式会社です。

　(2) 申立人は、昭和○○年○○月○○日、被申立人との間で労働契約を締結し、その後次のような部署に配属され、担当業務を遂行しました。

　　　　昭和○○年○○月○○日　本社○○課　○○業務
　　　　平成○○年○○月○○日　○○営業所○○課　○○業務
　　　　平成○○年○○月○○日　本社○○課　○○業務
　　　　平成○○年○○月○○日　○○営業所　××業務（懲戒解雇処分に至るまで）

2．懲戒解雇の通告

　被申立人は、申立人に対し、令和○年○○月○○日、就業規則に定める懲戒解雇事由「無許可で他人に雇用されたとき、または事業を営んだとき」および「会社の名誉または信用を棄損したとき」に該当するとして、「令和○年○○月○○日付をもって懲戒解雇する」という内容の解雇通告書を交付して、通告してき　　**❷**

ました。

3. 懲戒解雇の無効

　被申立人の主張する「無許可で他人に雇用されたとき、または事業を営んだとき」および「会社の名誉または信用を棄損したとき」に該当する事実とは、今年になってから申立人が午後7時以降運転代行の仕事をしていることだと説明がありました。　❸

　確かに、無届けで運転代行の仕事をしたことは、申立人にも非があると思います。しかし、不況で給与が削減され続けている状況では、ある程度の副収入を得ないことには家族5人がどうにも生活していけません。

　また、申立人が運転代行の仕事をすることが、被申立人の名誉や信用を傷つけるとは思えません。副業をしている従業員は他にもおり、申立人だけが懲戒解雇処分という極刑ともいえる処分を受けることは、やむを得ない処分とはいえないと考えます。　❺

　さらに、今回の懲戒解雇処分は、申立人に1回も弁明の機会が与えられておらず、就業規則に定める懲戒を科すための手続きも踏まれていません。

　この度の懲戒解雇処分は、以上のように懲戒解雇をもって臨むような事実はなく、弁明の機会を与えずなされたもので懲戒手続にも違反しています。したがって、懲戒権の濫用であって、労働契約法15条により無効です。　❹

4. 申立人の賃金

　申立人は、被申立人から、次のとおり賃金を受領していました。

　　賃金締切日　毎月15日
　　賃金支払日　当月25日
　　賃金月額　　金〇〇円

5. 労働契約上の地位および賃金請求権

　この度の懲戒解雇は無効であり、申立人と被申立人との間には労働契約関係が存在しています。にもかかわらず、被申立人は、懲戒解雇を理由に令和〇年〇〇月〇〇日以降の申立人の就労を拒んでいます。また、賃金も支払っていません。　❻

　よって、上記のあっせんを求めます。

　最後に、これまでの経緯および申立人の現在の心情については、別添の「陳述書」に詳細に記載しております。これもあわせご検討いただいて、公正なあっせんをお願いします。

☑ 申立書の書き方のポイント

訴訟物、求めるあっせんの内容は、❶のとおり、地位確認と賃金請求で、普通解雇と同じです。

懲戒解雇の場合に記載する具体的事実は、上述のとおりですが、199ページの図の「(1) 就業規則の（合理的な）懲戒事由の定め＋事業場での周知」については、❷で述べています。

「(2) 懲戒事由該当行為の存在」については、❸で「申立人にも非がある」として、懲戒事由該当事実があったことを述べています。

「(3) 懲戒解雇の相当性」のうち、「手続きの適正」については、❹で弁明の機会が与えられていなかったことを述べています。また「内容の適正」について、❺で非違行為と処分のバランスおよび同種事例との比較について述べています。

そして、「5. 労働契約上の地位および賃金請求権」では、「3. 懲戒解雇の無効」で述べたように、懲戒事由の定めがあって、懲戒事由該当事実があるとしても、懲戒解雇の相当性がなければ、懲戒権の濫用であって無効として、❻のようにあっせんを求めています。

☑ 当事者からのヒアリングのポイントと確認すべき書証

懲戒解雇の事案でも申立人、被申立人の各ブロックに記載したポイントになる事実（要件事実）を中心にヒアリングします。

また、普通解雇と同様、191ページのような書面は確認する必要があります。

この懲戒解雇については、必須判例として「フジ興産事件」を必ず勉強してください。

百選 19 事件（就業規則の効力と周知）

フジ興産事件（最高裁平成 15.10.10 第二小法廷判決）

[事 件 番 号] 平成 13 年（受）1709 号
[事　件　名] 解雇予告手当等請求本訴・損害賠償請求反訴、損害賠償
　　　　　　　請求上告受理申立事件
[掲 載 文 献] 労働判例 861 号 5 頁、判例時報 1840 号 144 頁、判例
　　　　　　　タイムズ 1138 号 71 頁

[事件の概要]
　Ｘは、Ｙ社のエンジニアリングセンターで設計業務に従事していた。
　Ｘは顧客の要望に十分応じず、多くのトラブルを発生させ、センター長に暴言を吐くなど反抗的態度があるとして、職場規律違反を理由に懲戒解雇された。
　Ｙ社が懲戒解雇の根拠とした就業規則は、労働者代表の同意を得て労基署に届出がなされ、本社に置かれていた。しかし、Ｘが勤務する事業場であるセンターには、まったく備え置かれていなかった。
　Ｘが、懲戒解雇の無効を主張して雇用契約上の従業員たる地位確認等を求めたケース。

⚖ 判例の結論

1．使用者が労働者を懲戒するには、あらかじめ就業規則に懲戒の種別および事由を定めておくことを要する（国鉄札幌運転区事件・最高裁判決参照）。
2．そして、就業規則が法的規範としての拘束力を生ずる（秋北バス事件・最高裁判決）ためには、その適用を受ける事業場の労働者に就業規則の内容を周知させる手続きがとられていることを要する。
3．原審は、本件就業規則が労働者代表の同意を得て作成、届け出られている事実を確定したのみで、その内容をセンター勤務の労働者に周知させる手続きがとられているか認定しないまま、就業規則の拘束力を肯定し、Ｙ社のＸに対する懲戒解雇を有効としている。

しかし、上記 2. に照らして審理不尽の違法は明らかである。これについてさらに審理を尽くさせるため、原判決を破棄し、本件を原審に差し戻す。

⚖ 考え方のみちすじ

1. 労基法 106 条 1 項は「就業規則の周知義務」を定めるが、周知していない場合の就業規則の効力については何も定めていない。

　　本判決は、「周知されていない就業規則の法的効力」についてのリーディングケースである。

2. 本判決のポイント

(1)「周知」を欠く場合には、就業規則の規定を適用して、労働者を懲戒することはできない。

(2)「周知」とは、その事業場で働く労働者が、現に就業規則の内容を知っているか、いつでも知り得る状態にしておくことである。

(3)「周知」を就業規則における懲戒規定の有効要件とする本判決は、現在に至る多くの判例の「懲戒法理」および「就業規則の法的性質論」の 2 つの流れが合流した結論と位置づけることができる。

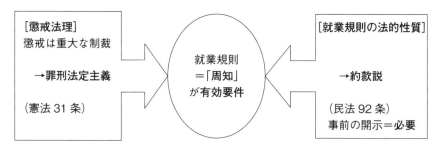

3.「懲戒法理」からのベクトル

(1) 懲戒処分は、職場における重大な不利益処分であるのに、労基法は「制裁」（89 条 9 号）を就業規則の相対的記載事項とするほか、「減給の制裁」（91 条）など、わずかな条文を置くだけである。そこで、懲戒処分については労働判例の果たす役割が非常に大きい。

　　学説では、次の 2 つの考え方が従来から主張されてきた。

・経営権説：使用者は企業の運営者だから当然に固有権として懲戒権
　　　　　　を持つ。

・契約説：労働者が懲戒事由を定める労働契約または就業規則に同意
　　　　　したことを根拠とし、使用者はその限度で懲戒権を持つ。

(2) 最高裁は、昭和 40 年代末以降、懲戒処分の適法性・有効性の判断
　枠組みについて、「企業秩序論」および「懲戒権濫用法理」を展開し
　てきた。

　① 　第 1 段階として、使用者の企業秩序維持権限を幅広く認め、企業
　　秩序維持権を根拠として使用者に懲戒権があるとする（企業秩序論）。
　　　一方、秩序維持はあらかじめ明定された適正なルールに基づかな
　　ければならないので、懲戒事由は就業規則に明確に定めることが必
　　要であり、その内容は合理的なものでなければならないとする（国
　　鉄札幌運転区事件）。

　② 　第 2 段階として、就業規則の懲戒事由に形式的に該当する場合で
　　あっても、懲戒権の行使が合理的な理由を欠き、または社会通念上
　　相当として是認できない場合には懲戒権の濫用として無効になる
　　（懲戒権濫用法理）。

(3) このように、懲戒は重大な不利益処分であるがゆえに、最高裁は
　「就業規則に明記」しなければならないとしてきた。

　　以上の考え方は、「罪刑法定主義」（憲法 31 条）的観点の光を当て
　たものなので、当然、「懲戒規定の事前の開示」（＝「周知」）が求め
　られることになる。

4．「就業規則の法的性質論」からのベクトル

(1) 労使の法律関係は、当事者の合意（＝労働契約）に基づく（大原
　則）。

　　ただ、最高裁は、使用者の集合的・画一的雇用管理の必要性などを
　考慮して、個別の労働者の同意がなくても、就業規則の内容が合理的
　である限り、就業規則の定めが労働契約の内容となるとする（秋北バ
　ス事件）。

判例の考え方は、「約款説」（契約内容の空白部分は定型的な規定（＝約款）で補充されるとの事実たる慣習（民法92条）を根拠として、約款が当事者間の契約内容になるとする考え方）を、就業規則にあてはめたものと考えられている。

(2) 約款説は約款内容の「事前の開示」と「内容の合理性」を根拠とする。

　そこで、「就業規則の法的性質論」からも、その帰結として「就業規則の事前の開示」（＝「周知」）が求められることになる。

5．以上のように、2つの側面から就業規則の「周知」が求められる。

　2つの側面の趣旨からして、「周知」の程度は、形だけのものでなく、「その就業規則の適用を受ける労働者なら、誰でも知っているか、いつでも知り得る状態（＝実質的かつ継続的な「周知」）」が求められると考えることができる。本判決の内容は、そのまま労働契約法7条に明文化された。

　原審（大阪高裁）は、この「周知」の手続きが、Xの勤務する事業場（センター）でとられていたかどうかを認定しないまま、Y社がその就業規則を適用してXを懲戒解雇したことを有効としていた。

　そこで、その点の事実認定を再度行わせた上で、判断をやり直させるため、原判決である大阪高裁の判決を破棄し、事件を差し戻したものである。

⚖ 関連する判例紹介（◎最重要　○重要　△参考）

［就業規則の法的性質論に関する判例］

◎電電公社帯広局事件（最一小判昭和 61.3.13　労判 470 号 6 頁）

　（秋北バス事件を引用した上）就業規則が合理的なものであるかぎり、具体的な労働契約の内容をなしているとして、就業規則が「業務命令権」の根拠となると判示。

◎日立製作所武蔵工場事件（最一小判平成 3.11.28　労判 594 号 7 頁）

　就業規則の定めが合理的なものであるかぎり、それが具体的な労働契約の内容をなすから、就業規則の時間外労働に関する規定が「時間外労働義務」の根拠となると判示。

［懲戒処分に関する判例］

◎国鉄札幌運転区事件（最三小判昭和 54.10.30　民集 33 巻 6 号 647 頁）

　就業規則または業務上の指示、命令に違反する場合には、企業秩序を乱すものとして行為者に対し、就業規則の定めるところに従い、制裁として懲戒処分を行うことができる。

(3) 整理解雇

<訴訟物>
　申立人の被申立人に対する労働契約上の権利を有する地位
（賃金請求も行う場合には、労働契約に基づく賃金請求権も訴訟物となる）

<求めるあっせんの内容>
　申立人が、被申立人に対し、労働契約上の権利を有する地位にあることの確認を求めます。
（賃金請求も行う場合）

> 　申立人は、被申立人に対し、金○○円（既発生分）および令和○年○○月○○日から毎月○○日限り、金○○円の割合による金員（ならびにこれらに対する各支払日の翌日から支払済みまで年3パーセントの割合による金員）を支払うよう求めます。

<当事者の主張すべき事実>
労働契約上の権利を有する地位の確認請求

申立人	被申立人
1　労働契約の締結 2　使用者側による労働契約終了の主張があったこと 3　解雇権の濫用であること 　（整理解雇の定めに該当する事実がないことを根拠づける具体的事実） 　・人員削減の必要性がない 　・解雇回避努力欠如・不十分 　・人選の不合理性 　・手続きの相当性がない	1　解雇または解雇予告 2　解雇後30日の経過 3　就業規則等による整理解雇の定め（会社の経営上やむを得ない事情がある場合） 4　整理解雇の定めに該当する具体的事実 　・人員削減の必要性 　・解雇回避努力 　・人選の合理性 　・手続きの相当性

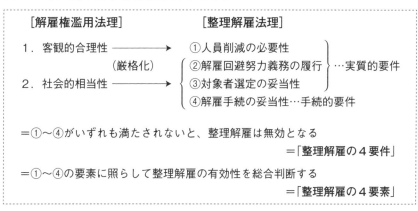

賃金請求

申立人
1　労働契約の締結
2　労働契約上の賃金の定め
3　整理解雇により労務提供が不能であること
4　3が使用者の責めに帰すべき事由によること

被申立人
1　整理解雇は正当であって労務の受領拒否が被申立人の責めに帰すべきものではないこと

☑ 当事者の主張すべき事実

　地位の確認の申立人側、左のブロックを見てください。この内容も、3つの事実（①労働契約の締結、②使用者側による労働契約終了の主張があったこと、③解雇権の濫用であること）は、普通解雇とほぼパラレルです。しかし、整理解雇事案では、3の解雇権の濫用かどうかの判断について、次のような特徴があります。

［解雇権濫用法理］　　　　　　　　［整理解雇法理］

1．客観的合理性　――――→　①人員削減の必要性
　　　　　（厳格化）　　　②解雇回避努力義務の履行　｜…実質的要件
2．社会的相当性　――――→　③対象者選定の妥当性
　　　　　　　　　　　　　④解雇手続の妥当性…手続的要件

＝①～④がいずれも満たされないと、整理解雇は無効となる
　　　　　　　　　　　　　　　　　　＝「整理解雇の4要件」

＝①～④の要素に照らして整理解雇の有効性を総合判断する
　　　　　　　　　　　　　　　　　　＝「整理解雇の4要素」

☑ 整理解雇の4要件（要素）に関する事実の記載がポイント

　整理解雇は企業の経営上の理由による解雇ですから、労働者の側には落ち度はありません。それを解雇するわけですから、申立人のブロック3の解雇権の濫用ではないか？　というポイントでは、使用者の側に厳格な要件（要素）が課されています。

整理解雇だけに適用される明文があるわけではないのですが、労働契約法16条の「客観的合理性」または「社会通念上の相当性」は、判例法理によって、より厳格化、精緻化されて4つの要件（要素）によって検討されることになります（これが、「整理解雇法理」とか、「整理解雇の4要件（要素）」といわれるものです）。

　そこで、整理解雇の場合には、左側のブロックの3で、解雇が有効とされるための4つの具体的事実がないことを申立人が主張していくことになります。

　この4つの事実がいずれも満たされないと整理解雇が無効となるのか（4つの「要件」と考えるのか）、解雇が有効かどうかの総合判断の考慮要素（4つの「要素」と考えるのか）と位置づけるのかについては、争いがあるところです。しかし、最近の多くの整理解雇事案の裁判例では、4つの「要素」として柔軟に総合判断していると見られます。整理解雇については最高裁判例が明確な考え方を示していないのが現状ですし、後出の必須判例「東洋酸素事件」のように、そもそも3要件（3要素）という裁判例もあります。

　しかし、細かい論点はさておき、上記4つの要件（要素）が整理解雇の有効性を判断する場合の重要な事実であることは確かです。そこで、実務では整理解雇の4要件（要素）の考え方を原則的な指標として、これらに関わる具体的事実を掘り下げて書くのがよいと思います。

あっせん手続申立書

[紛争の概要]

　申立人は、被申立人から令和○年○○月○○日、経営上やむを得ない事情があるので解雇するとの通知を受けました。申立人には解雇される理由はないので、その撤回を再三申し入れましたが、勤務していた当時の上司や人事担当者は会うことも拒否しています。

[解決を求める事項]

求めるあっせんの内容

1. 申立人は、被申立人に対し、労働契約上の権利を有する地位にあることの確認を求めます。
2. 申立人は、被申立人に対し、金○○円および令和○年○○月○○日から毎月 25 日限り、金○○円の割合による金員ならびにこれらに対する各支払日の翌日から支払済みまで年 3 パーセントの割合による金員の支払いを求めます。

あっせんを求める理由

1. 当事者および労働契約
(1) 被申立人は、前記本店所在地に本社がある株式会社です。主として○○の製造販売を営業の目的としています。本社のほか、各地に営業所や工場を持つ資本金○○○万円の株式会社です。
(2) 申立人は、昭和○○年○○月○○日、被申立人との間で労働契約を締結し、その後次のような部署に配属され、担当業務を遂行しました。
　　　昭和○○年○○月○○日　　本社○○課　　○○業務
　　　平成○○年○○月○○日　　○○営業所○○課　　○○業務
　　　平成○○年○○月○○日　　本社○○課　　○○業務
　　　平成○○年○○月○○日　　○○営業所　××業務（解雇に至るまで）

２．解雇の通告

　　被申立人は、申立人に対し、令和○年○○月○○日、就業規則に定める解雇事由「会社の経営上やむを得ない事情がある場合」に該当するとして、「令和○年○○月○○日付をもって解雇する」という内容の解雇通告書を交付して、通告してきました。申立人以外にも、年配の従業員ばかり、10名に対して同様の解雇通告がなされました。

３．解雇の無効

　　被申立人の主張する「会社の経営上やむを得ない事情がある場合」とは、いわゆる整理解雇です。しかし、この度の解雇は解雇権の濫用であって、無効なものです。

　　整理解雇が有効であるためには、①人員削減の必要性、②解雇回避努力、③人選の合理性および④手続きの相当性が必要だとされています。

　　しかし、被申立人のこの度の整理解雇は、①業績悪化は事実だとしても、著しく経営不振だというわけではありません。②被申立人は、解雇に先立って、他部門への配置転換で解雇回避するような努力もせず、希望退職の募集なども行っていません。③また、解雇の対象となった10名についても、なぜ解雇されるのか、人選の基準も明らかにされていません。④この度の解雇は、申立人ら従業員との真剣な話し合いが事前に行われることもありませんでした。❶

　　したがって、解雇は、合理的な理由がなく、相当性もありません。解雇権の濫用であって、労働契約法16条により無効です。

４．申立人の賃金

　　申立人は、被申立人から、次のとおり賃金を受領していました。

　　　　賃金締切日　毎月15日
　　　　賃金支払日　当月25日
　　　　賃金月額　　金○○円

５．労働契約上の地位および賃金請求権

　　この度の解雇は無効であり、申立人と被申立人との間には労働契約関係が存在しています。にもかかわらず、被申立人は、解雇を理由に令和○年○○月○○日以降の申立人の就労を拒❷

んでいます。また、賃金も支払っていません。

　よって、上記のあっせんを求めます。

　最後に、これまでの経緯および申立人の現在の心情については、別添の「陳述書」に詳細に記載しております。これもあわせご検討いただいて、公正なあっせんをお願いします。

☑ 申立書の書き方のポイント

　訴訟物、求めるあっせんの内容は地位確認と賃金請求で、普通解雇と同じです。

　ですから、主張すべき事実の内容も、3つの事実（①労働契約の締結、②使用者側による労働契約終了の主張があったこと、③解雇権の濫用であること）と、普通解雇とほぼパラレルです。しかし、上述のとおり、整理解雇事案では、解雇権の濫用かどうかの判断について、使用者の側に厳格な要件（要素）が課されています。

　そこで、整理解雇の場合には、解雇が有効とされるための4つの具体的事実がないことを申立人が主張していくことになります。

　具体的には、「3.　解雇の無効」で❶のように述べています。

　そして、「5.　労働契約上の地位および賃金請求権」で❷のように、あっせんを求めています。

☑ 当事者からのヒアリングのポイントと確認すべき書証

　整理解雇の事案でも申立人、被申立人の各ブロックに記載したポイントになる事実（要件事実）を中心にヒアリングします。

　また、普通解雇と同様に、191ページの書面は確認する必要があります。

　さらに、これらに加えて決算書などの書面で会社の経営状態等、人員削減の必要性を示す事実を確認する必要があります。

百選 73 事件（整理解雇）

東洋酸素事件（東京高裁昭和 54.10.29 判決）
[事 件 番 号] 昭和 51 年（ネ）第 1028 号
[事　件　名] 地位保全等仮処分申請控訴事件
[掲 載 文 献] 労働関係民事裁判例集 30 巻 5 号 1002 頁、労働判例
　　　　　　　330 号 71 頁、判例時報 948 号 111 頁

[事件の概要]

　Y社では、アセチレン部門の経営が悪化して多額の累積赤字を計上したため、同部門の閉鎖を決定した。そして、就業規則の「やむをえない事業の都合によるとき」との規定により、Xら 13 名を含む同部門従業員 47 名全員の解雇を行った。その際、Y社はXらの配転や希望退職者募集といった措置はとらなかった。

　これに対し、Xらが整理解雇の無効を主張して、地位保全の仮処分を申請したケース。

✒ 判例の結論

1. 事業部門の閉鎖は、企業の専権に属する自由であるが、解雇は労働者の生活に深刻な影響を及ぼすから、使用者の解雇の自由も一定の制約を受ける。
2. 解雇が「やむを得ない事業の都合による」ものと言えるためには、次の 3 つの要件が必要であり、それをもって足りる。

（1）企業の合理的運営上やむを得ない必要性があること
（2）対象労働者を同一・類似職種に配転する余地がないか、配転を行っても全企業的に余剰人員の発生が避けられないこと
（3）解雇対象者の選定が客観的・合理的基準に基づくものであること（解雇協議・説明などの解雇手続が信義則に反するかは解雇権濫用の 1 判断要素にとどまる）

3．「人員整理をしないと企業そのものの存続が不可能となることが明らかな場合に初めて整理解雇が許される」との考え方は、資本主義経済社会における現在の法制の下では認められない。

4．本件では上記3要件を満たすので、整理解雇は「やむを得ない事業の都合による」ものと言える。

⚖ 考え方のみちすじ

1．整理解雇は、専ら使用者側の事情による解雇なので、解雇権濫用法理をより発展させた厳しい次の要件が判例上確立されてきた（いわゆる「整理解雇の4要件（要素）」）。

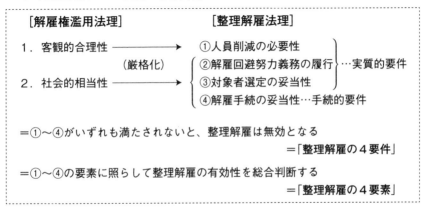

2．本判決は次の特徴を持つ、整理解雇に関する代表的な判例である。

(1) 上記①の「人員削減の必要性」について、企業が客観的に高度の経営不振に陥っていて、人員削減がその解消に役立つと認められる場合であればよいとした（企業の判断を尊重して、倒産を避けるための人員削減でなくても必要性が認められる）。

(2) 上記②の「**解雇回避努力義務**」について、企業の配転義務を狭く考えて、使用者の解雇回避努力義務の内容を限定した。

(3) ④の「解雇手続の妥当性」を、要件から外した。

このように、全体として整理解雇の要件を緩和したものとなっている。

3．整理解雇法理は、さらなる規制緩和（例えば「4要素説」）が指向

される傾向にある。これに対しては、解雇に関する判例法理は十分に弾力的であり、これ以上規制を緩和する必要はない、との批判がある。

🔨 関連する判例紹介（◎最重要　○重要　△参考）

○大村野上事件（長崎地大村支判昭和 50.12.24　労判 242 号 14 頁）
　最初に整理解雇の 4 要件を示したとされる判例。

◎あさひ保育園事件（最一小判昭和 58.10.27　労判 427 号 63 頁）
　解雇回避努力や、労働者への十分な説明が行われなかったケースについて、最高裁として初めて整理解雇の 4 要件を踏まえた判断を下し、整理解雇を無効とした。

◎ナショナル・ウエストミンスター銀行事件（東京地決平成 12.1.21）☞百選7 版 83-Ⅱ事件
　「整理解雇の 4 要件は、整理解雇が解雇権の濫用に当たるかどうかを判断する際の『考慮要素』を類型化したものであって、各々の要件が存在しなければ法律効果が発生しないという意味での法律要件ではない。解雇権濫用の判断は、事案ごとに個別具体的な事情を総合判断しておこなうほかない」とした（いわゆる「4 要素説」に立つ代表判例）。

○高田製鋼所事件（大阪高判昭和 57.9.30　労民集 33 巻 5 号 851 頁）
　「整理解雇における人員削減の必要性は、企業の合理的運営上やむをえない必要にもとづくものであれば足りる」として、企業の戦略的合理化による場合でも、人員削減の必要性を肯定した。

△チェース・マンハッタン銀行事件（東京地判平成 6.9.14　判時 1508 号 157 頁）
　「整理解雇回避措置として賃金を減額した」との使用者の主張に対して、整理解雇回避ということが賃金減額の正当理由にはならないとした。

○山田紡績事件（名古屋高判平成 18.1.17　労判 909 号 5 頁）
　①人員削減の必要性、②解雇回避努力義務の履行、③対象者選定の妥当性（人選基準の合理性）については、使用者が立証責任を負い、④解雇手続の妥当性（労働組合・対象労働者との十分な協議）については労働者が立証責任を負うと判示した。そして、①の必要性や②の解雇回避努力が認められないとして、整理解雇を無効とした。

3 雇止め

<**訴訟物**>

　申立人の被申立人に対する、期間の定めのある労働契約上の権利を有する地位

（賃金請求も行う場合には、期間の定めのある労働契約に基づく賃金請求権も訴訟物となる）

<**求めるあっせんの内容**>

　申立人が、被申立人に対し、労働契約上の権利を有する地位にあることの確認を求めます。

（賃金請求も行う場合）

> 　申立人は、被申立人に対し、金○○円（既発生分）および令和○年○○月○○日から毎月○○日限り、金○○円の割合による金員（ならびにこれらに対する各支払日の翌日から支払済みまで年3パーセントの割合による金員）を支払うよう求めます。

<**当事者の主張すべき事実**>

労働契約上の権利を有する地位の確認請求

申立人	被申立人
1　労働契約の締結 2　使用者側による期間満了による労働契約終了の主張があったこと 3　期間の定めがない契約と実質的に異ならないこと、または、雇用継続の合理的期待があること 4　解雇であれば解雇権濫用に当たる場合であること	1　労働契約期間の定め 2　期間の満了 3　期間の定めのない契約に実質的に転化していないこと、または雇用継続の合理的期待があるとは言えないこと 4　解雇であれば解雇権濫用に当たる場合ではないこと

```
┌────────────────────────────────────────────────────────────────────┐
│  賃金請求                                                             │
│ ┌──────────────────────────┐        ┌──────────────────────────┐   │
│ │ 申立人                    │        │ 被申立人                  │   │
│ │ 1  労働契約の締結         │        │ 1  雇止めは正当であって労務の │  │
│ │ 2  労働契約上の賃金の定め │  ⟷    │    受領拒否が被申立人の責めに │  │
│ │ 3  雇止めにより労務提供が不能│      │    帰すべきものではないこと │   │
│ │    であること             │        │                          │   │
│ │ 4  3が使用者の責めに帰すべき│        │                          │   │
│ │    事由によること         │        │                          │   │
│ └──────────────────────────┘        └──────────────────────────┘   │
└────────────────────────────────────────────────────────────────────┘
```

☑ 訴訟物および求めるあっせんの内容

　雇止めの場合、訴訟物は「期間の定めのある労働契約上の権利を有する地位の確認」です。賃金請求もする場合は、「期間の定めのある労働契約に基づく賃金請求権」も訴訟物となります。

　求めるあっせんの内容は、「期間の定めのある労働契約上の権利を有する地位の確認」となります。賃金も併せて請求する場合には、賃金請求のパターンを記載してください。

☑ 当事者が主張すべき事実

　有期労働契約は、契約期間が満了すれば、更新がなされない限り、自動的に終了するのが原則です。終了する労働契約を更新しないことと継続している労働契約を一方的に解約すること（解雇）とは、法律上別異のものですから、雇止めについて解雇権濫用法理は直接には適用されないと考えられてきました。そのため、解雇規制回避のために有期雇用の形式が濫用される危険性は否定できませんでした。

　そこで、判例が、有期雇用についても解雇権濫用法理の類推適用を行い、労働者の保護を図ってきました。更新拒否についても解雇の場合と同様に、労働者の雇用継続に対する権利を一定程度保護しています。

　例えば、有期雇用の更新手続が特別になされず、当然に更新される状態であれば「期間の定めなき契約に転化」したとしました（「東芝柳町工場事件」）。

また、たとえ更新の都度、使用者と労働者間の合意と更新手続が行われていた事実関係の下でも、雇用継続への「ある程度の期待」が認められれば、解雇権濫用法理が類推適用されるとしました（「日立メディコ事件」）。

　「東芝柳町工場事件タイプ」と「日立メディコ事件タイプ」は、更新手続の状況が異なります。この2つのタイプが、労働契約法19条1号、2号として明文化されました。

　そこで、実際の更新手続の状況に照らして、同条と判例の示しているポイントとなる事実を書いていくことになります。

　これに対して、被申立人はこれらの事実を否定する具体的事実を述べていくことになります。

あっせん手続申立書

[紛争の概要]

　申立人は、被申立人から令和○年○○月○○日限りで、契約を更新せずに雇止めするとの通知を受けました。申立人は1年契約を既に5回更新していて、雇止めされる理由はないので、その撤回を再三申し入れましたが、勤務していた当時の上司や人事担当者は会うことも拒否しています。

[解決を求める事項]

求めるあっせんの内容

1. 申立人は、被申立人に対し、労働契約上の権利を有する地位にあることの確認を求めます。
2. 申立人は、被申立人に対し、金○○円および令和○年○○月○○日から毎月25日限り、金○○円の割合による金員ならびにこれらに対する各支払日の翌日から支払済みまで年3パーセントの割合による金員の支払いを求めます。　❶

あっせんを求める理由

1. 当事者および労働契約

(1) 被申立人は、前記本店所在地に本社がある株式会社です。主として○○の製造販売を営業の目的としています。本社のほか、各地に営業所や工場を持つ資本金○○○万円の株式会社です。

(2) 申立人は、平成○○年○○月○○日、被申立人との間で労働契約を締結し、次の条件で被申立人に雇用され、以後雇止めまで○○工場に勤務していました。
 ・期間　平成○○年3月31日までの1年間
 ・賃金　月額○○万円（毎月15日締切り、当月25日支払い）
 ・特約　期間満了に際しては、被申立人と申立人の合意によって契約を更新することがある　❷

２．契約の更新

　申立人は、被申立人の工場で勤務を続け、令和○年○○月○○日まで、前記の労働契約を5回にわたって更新しました。

３．更新拒否の通告

　被申立人は、申立人に対し、令和○年○○月○○日、同年○○月○○日以降の契約を更新しないという内容の雇止めの通告書を交付して、通告してきました。

４．雇止めの無効

　しかし、次のとおり、申立人と被申立人の間の労働契約は、期間の定めのないものと実質的には同じです。仮に期間の定めのないものと実質的に同じではないとしても、申立人には、雇用を継続される合理的な期待があると言えます。そこで、私に対する雇止めは、労働契約法19条により、無効です。

(1) 既に申立人は5回も契約を更新しています。更新といっても、担当の上司から「更新しておくよ」との口頭での話があるだけで、更新手続は書面できちんとなされておらず、形だけのものでした。会社の話では、契約更新の都度、契約書を書き替えていると言っていますが、ろくに説明もなされずに預けてあるハンコを使って書面が作成されていたようです。そのような手続きは、正当な更新手続とは言えないと思います。

(2) 申立人のこれまでの仕事ぶりは真面目で誠実でした。欠勤もなく、周囲からの信頼もいただいていました。担当上司も「形は契約社員だけど、ずっと働いてほしい」と常々口にしていました。

(3) 雇止めされるのは、今回の私のケースが初めてです。これまでずっと更新されるのが当たり前になっていたのが実態です。

(4) 被申立人は、今回の雇止めの理由として、業績の悪化を言われています。しかし、長年被申立人で真面目に働いてきた申立人の雇用を維持するための努力は、何もされていないのです。

❸

５．労働契約上の地位および賃金請求権
　　この度の雇止めは無効であり、申立人と被申立人との間には労働契約関係が存在しています。にもかかわらず、被申立人は、雇止めを理由に令和○年○○月○○日以降の申立人の就労を拒んでいます。また、賃金も支払っていません。
　　よって、上記のあっせんを求めます。
　　最後に、これまでの経緯および申立人の現在の心情については、別添の「陳述書」に詳細に記載しております。これもあわせご検討いただいて、公正なあっせんをお願いします。

❹

☑ 申立書の書き方のポイント

　［解決を求める事項］では、❶のように求めるあっせんの内容として、地位確認と賃金請求をしています。

　「あっせんを求める理由」では、「1. 当事者および労働契約」で❷のように期間の定めや更新の可能性を含めて、労働契約の主な内容を記載しています。

　また、「2. 契約の更新」では既に５回にわたって更新がなされた事実を、「3. 更新拒否の通告」ではそれにもかかわらず、更新拒絶の通告がなされたという事実を記載しています。

　「4. 雇止めの無効」では、様々な事実から、申立人と被申立人の間の労働契約は、期間の定めのないものと実質的には同じであること、仮に期間の定めのないものと同じと評価されない場合でも、申立人には、雇用を継続される合理的な期待があるということを述べています。東芝柳町工場事件タイプであるが、仮にそうでなくても日立メディコ事件タイプとして雇用継続に対する合理的期待が保護されるべきだ、という書き方です。

　具体的には❸のように、（1）更新手続が非常にルーズであったこと、（2）申立人のこれまでの仕事ぶりに問題がないこと、上司からの雇用継続を期待させる言動があったこと、（3）雇止めされるケースが初めてであって、これまでは雇用継続できるのが常態であったこと、（4）会社の

業績悪化が事実だとしても雇止めを回避する努力がなされていないこと、といった事実を述べています。

　以上のように、更新手続のルーズさや、多数回の更新の事実、比較的長期の雇用継続、雇用継続を期待させる会社側の言動などが、申立人の主張を根拠づける事実となります。

　最後に、❹のように、雇止めが無効となれば、更新拒否がなされなかったことになり、労働契約関係が存在しているにもかかわらず就労できないのは会社の責任として、賃金の請求をすると述べています。

答 弁 書

［被申立人の主張］
求めるあっせんの内容についての答弁
　申立人の求めるあっせんの内容は、いずれも認めません。

あっせんを求める理由に対する答弁
１．申立書１項（当事者等）、２項（契約の更新）および３項（更新拒否の通告）については認めます。
２．同４項および５項について
　本件の労働契約は、あくまで期間の定めのある契約です。更新がされたからといって、期間の定めのないものと同様であるとか、雇用の継続について申立人に合理的な期待権があるとは言えません。このことは、次に述べるとおりです。
３．被申立人の主張
(1) 被申立人では、期間の定めのある従業員については、期間満了の都度、書面を作成してきちんと更新手続を行っています。また、その際には、担当の直属上司から、申立人に対して、翌年以降の契約更新は白紙で臨むことを明確に告げています。したがって、契約更新について申立人が合理的な期待を持っているとは認められません。❺
(2) 被申立人の業績は、悪化の一途をたどっています。連続３決算期について大きな赤字を計上しており、その損失を処理する必要があります。そのために、申立人を含め、○人の有期契約の従業員について契約更新をしないこととしたものです。申立人との契約を更新せず、雇止めとしたことについては、十分な合理的理由があります。❻

☑ 答弁書の書き方のポイント

　申立人の主張に対して、本件の労働契約は、あくまで期間の定めのある契約であること、および申立人には雇用継続に対する合理的な期待権があるとも言えないと主張して、争っています。

　具体的には、3.（1）で❺のように更新手続に関する申立人の主張を否認して、本件の労働契約はあくまで有期雇用であり、申立人が契約更新について合理的な期待を持っているとも認められない、と争っています。

　また、3.（2）では、❻のように、有期雇用労働者の契約更新を拒否することに十分な合理的理由があると述べています。

　このように、被申立人の会社としては、「東芝柳町工場事件タイプ」または「日立メディコ事件タイプ」のように解雇権濫用法理が類推される場合ではないこと、類推される場合であっても解雇権濫用とされるには当たらない正当な更新拒否理由があること、これらのことを書いていくことになります。

☑ 当事者からのヒアリングのポイントと確認すべき書証

　雇止めの事案でも申立人、被申立人の各ブロックに記載したポイントになる事実（要件事実）を中心にヒアリングします。

　また、確認すべき書面は解雇の場合と同様ですが、次ページのようなポイントを確認する必要があります。

①労働契約書

　複数回の更新がなされている場合には、すべての期間について労働契約書を確認する

　契約締結の日、契約期間、更新の定めの有無や内容など、契約内容を確認する

②雇止め通知書（雇止め交渉の経過がわかる書面を含む）

　雇止めに至る経緯や理由、企業からの説明、交渉の経緯などを確認する

③就業規則（本則、有期契約社員就業規則、賃金規程）、労働協約

　正社員との採用手続、労働条件の違いを確認する

　これらに加えて、人員整理が目的の場合には、決算書などの書面も確認が必要となります。

　雇止めについては、必須判例として「日立メディコ事件」（関連判例の部分で「東芝柳町工場事件」）を掲げます。

百選 79 事件（有期契約の更新拒否）

[事件の概要]

日立メディコ事件（最高裁昭和 61.12.4 第一小法廷判決）
[事 件 番 号] 昭和 56 年（オ）第 225 号
[事　件　名] 労働契約存在確認等請求事件
[掲 載 文 献] 労働判例 486 号 6 頁、判例時報 1221 号 134 頁、判例
　　　　　　　タイムズ 629 号 117 頁

[事件の概要]

　X は、Y 社の柏工場で臨時工として雇用され、2 カ月の労働契約が 5回更新された。しかし、6 回目の更新を拒否（雇止め）された。この雇止めは、Y 社柏工場の余剰人員削減のために行われたものであったが、全労働者に対する希望退職募集は行われず、臨時工に対して優先的に雇止めがなされたものであった。

　X が Y 社に対し、雇止めの無効を主張して、労働契約の存在確認と、賃金の支払いを請求したケース。

✍ 判例の結論

　本判決は次のように述べて、X の雇止めを有効とした原判決を支持し、X の請求を斥けた。

1．本件事実関係の下では、本件労働契約の期間の定めを民法 90 条違反ということはできない。また、5 回にわたる契約の更新によって、労働契約が期間の定めのない労働契約に転化したとか、期間の定めのない労働契約と実質的に異ならない関係が生じたということもできない。

2．しかし、雇用関係継続がある程度期待される場合、雇止めにするにあたっては、解雇に関する法理が類推適用される。そして、解雇であれば解雇無効とされる事実関係の下に、使用者が新契約を締結しないときは、期間満了後における使用者と労働者の法律関係は、労働契約が更新されたのと同様の法律関係となるものと解せられる。

3．ただし、雇止めの効力の判断基準は、いわゆる終身雇用の期待の下

に期間の定めなき契約を締結している本工（正規工）を解雇する場合
とは、おのずから合理的な差異があるべきである。
4. 本件では、Y社柏工場での人員削減について、本工に希望退職を募
らず、臨時工の雇止めが先に行われても、やむを得ないというべきで
ある。

⚖ 考え方のみちすじ

1. 本判決は「雇止め法理」について述べた重要判例である。
2. 有期雇用は、契約期間が満了すれば、更新がなされない限り、自動
的に終了する。そこで、解雇規制回避のために有期雇用の形式が濫用
される危険性がある。

   ところが、日本では有期雇用についての規制は従来から非常に緩や
かであり、現在まで、さらに有期雇用の拡大に向けて規制緩和が推進
されてきた。

   これに対して、ILO158号「使用者の発意による雇用の終了に関す
る」条約（1982年）や166号勧告は、有期雇用を、解雇制限を回避
する目的で利用することを禁止している。また、EUの「有期雇用に
関する枠組み協約」（1999年）でも、常用雇用の原則が明文で確認さ
れ、有期雇用の規制が強化されている。さらに、ドイツでは、判例法
理により雇用契約期間の設定そのものが規制されている。
3. 我が国でも、判例が、有期雇用について「雇止め法理」や「試用法
理」によって、解雇権濫用法理の類推適用を行い、労働者の保護を
図ってきた。

   例えば、有期雇用の更新手続が特別になされず、当然に更新される
状態であれば「期間の定めなき契約に転化」したとした（下記「東芝
柳町工場事件」）。

   本判決は、たとえ更新の都度、使用者と労働者間の合意と更新手続
が行われていた事実関係の下でも、雇用継続への「ある程度の期待」
が認められれば、解雇権濫用法理が類推適用されるとし、上記東芝柳
町工場事件よりも適用範囲を拡大した点が重要である。

4．ただ、本判決は、臨時工と本工の「合理的な差異」を強調するあまり、人員削減（整理解雇）にあたって臨時工を優先的に雇止めしてもやむを得ない、との結論を下した。それが平等原則や整理解雇法理との関係で、果たして妥当か？　との批判がある。

⚖ 関連する判例紹介（◎最重要　○重要　△参考）

◎**東芝柳町工場事件**（最一小判昭和 49.7.22　民集 28 巻 5 号 927 頁）
　2 カ月の期間を定めた臨時工について、有期契約が期間終了ごとに当然に更新され、実質上「期間の定めなき雇用契約」と異ならない状態であったとして解雇権濫用法理の類推適用を認めた。

○**龍神タクシー事件**（大阪高判平成 3.1.16　労判 581 号 36 頁）
　たとえ臨時雇いであっても、契約の実態から評価すると期間の定めのない雇用契約に類似するとした。

○**三洋電機事件**（大阪地判平成 3.10.22　労判 595 号 9 頁）
　有期雇用の労働者について、人員整理のための特段の事情がなければ「雇止め」はできないとした。

◎**神戸弘陵学園事件**（最三小判平成 2.6.5）☞百選 80 事件
　雇用契約に期間を設けた場合、その趣旨・目的が労働者の適性を評価・判断するためのものであるときは、特段の事情が認められる場合を除き、その期間は契約の存続期間ではなく、「試用期間」であると解するのが相当である。
　また、試用期間の法的性質は、原則として「解約権留保付雇用契約」と解すべきであり、その解約権の行使は、その趣旨・目的に照らして客観的に合理的な理由があり、社会通念上相当として是認される場合に許される。

4 傷病休職後の復職拒否

<訴訟物>
　申立人の被申立人に対する、労働契約上の権利を有する地位
（賃金請求も行う場合には、労働契約に基づく賃金請求権も訴訟物
となる）

<求めるあっせんの内容>
　申立人が、被申立人に対し、労働契約上の権利を有する地位にあ
ることの確認を求めます。
（賃金請求も行う場合）

> 　申立人は、被申立人に対し、金○○円（既発生分）および令和
> ○年○○月○○日から毎月○○日限り、金○○円の割合による金
> 員（ならびにこれらに対する各支払日の翌日から支払済みまで年
> ３パーセントの割合による金員）を支払うよう求めます。

<当事者の主張すべき事実>
労働契約上の権利を有する地位の確認請求

申立人	被申立人
1　労働契約の締結 2　使用者側による労働契約終了の主張があったこと 3　休職期間経過前に治癒したこと 3´　職種・業務内容の限定がなく、他職種・業務に就労できる現実的可能性と意思があること 4　休職の原因となった疾病が業務に起因し、療養中であること（業務上傷病の場合） 5　自然退職を定めた就業規則の規定が相当性を欠くこと（自然退職の場合） 6　解雇権濫用に当たることを根拠づける具体的事実（解雇の場合）	1　休職に関する就業規則等の定め（自然退職または解雇） 2　休職事由に該当する疾病・事故であること 3　休職の発令がなされたこと 4　自然退職を定めた就業規則の規定が相当性を欠いていないこと（自然退職の場合） 5　解雇または解雇予告（または解雇後30日の経過） 6　解雇権の濫用ではないことを裏づける具体的事実（5，6は解雇の場合）

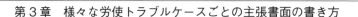

賃金請求

申立人	被申立人
1　労働契約の締結 2　労働契約上の賃金の定め 3　休職期間満了による自然退職または解雇により労務提供が不能であること 4　3が使用者の責めに帰すべき事由によること	1　休職期間満了による自然退職または解雇は正当であって労務の受領拒否が被申立人の責めに帰すべきものではないこと

☑ 申立人が主張すべき事実

　申立人の左側ブロックを見てください。1、2 は、解雇の場合と同じです。

　そして「3　休職期間経過前に治癒したこと」また、完全に治癒はしていないとしても、「3′　職種・業務内容の限定がなく、他職種・業務に就労できる現実的可能性と意思があること」も、主張できる事実になります。

　3′ については、片山組事件という有名な判例があります。元の職種や業務とは異なる仕事でも、就労する意思があり、就労がなお可能であれば（復職可能であれば）、元の職種や業務に戻れなくても、労働の提供はあるといえる、ということを述べた判例です。ですから、完全に治癒して元の業務には戻れなくても、他に就労が可能な代わり得る業務があれば復職可能性がある、その理由づけになるわけです。この「片山組事件」は、後に必須判例として掲げています。ぜひ理解したい判例です。

　次に、「4　休職の原因となった疾病が業務に起因し療養中であること」です。これは、業務上の傷病による休職の場合であれば、療養中およびその後 30 日間は解雇制限（労働基準法 19 条）が適用されるので、解雇できないこととなるからです。

　これらのほか、「5　自然退職を定めた就業規則の規定が相当性を欠く

こと（自然退職の場合）」「6　解雇権濫用に当たることを根拠づける具体的事実（解雇の場合）」を主張します。

　賃金の支払いも、解雇のケースとパラレルです。要するに、復職できるはずなのに退職扱いにされて就労できない。だから賃金を支払え、ということです。

☑ 被申立人が主張すべき事実

　被申立人は、右側ブロックの1～6を裏づける具体的事実（5，6は解雇の場合）を主張していきます。

　休職満了の場合には、就業規則上は自然退職とするケースと、満了時に治癒していないことが解雇理由になるとして解雇するというケースの2つが見られます。

　休職制度が、私傷病等の理由で労務提供不能の場合に、一定期間の解雇猶予を認める制度だということに着目すると、休職期間が経過してもなお治癒していない場合に自然退職とし、または解雇することには、一定の合理性が認められると思います。しかし、そこでもやはり労働契約を終了させるに足りる理由が求められます。自然退職としてもやむを得ない事情や、解雇権濫用には当たらないことが必要だと考えられるからです。

あっせん手続申立書

[紛争の概要]

　申立人は、令和○年○○月○○日、「うつ状態」との診断を受け、令和○年○○月○○日まで休職を命じられていました。その間、治療に専念し、本年○○月には回復しました。にもかかわらず、被申立人は復職を認めず、令和○年○○月○○日限りで、解雇するとの通知を受けました。申立人は就労可能な状態ですので、解雇される理由はなく、その撤回を再三申し入れましたが、勤務していた当時の上司や人事担当者は会うことも拒否しています。

[解決を求める事項]

求めるあっせんの内容

1．申立人は、被申立人に対し、労働契約上の権利を有する地位にあることの確認を求めます。

2．申立人は、被申立人に対し、金○○円および令和○年○○月○○日から毎月 25 日限り、金○○円の割合による金員ならびにこれらに対する各支払日の翌日から支払済みまで年 3 パーセントの割合による金員の支払いを求めます。

あっせんを求める理由

1．当事者および労働契約

(1) 被申立人は、前記本店所在地に本社がある株式会社です。主として○○の製造販売を営業の目的としています。本社のほか、各地に営業所や工場を持つ資本金○○○万円の株式会社です。

❶

(2) 申立人は、平成○○年○○月○○日、被申立人との間で労働契約を締結し、次の条件で被申立人に雇用されました。

　　・期間の定めなし

　　・賃金　月額○○万円（毎月 15 日締切り、当月 25 日支払い）

2．休職に関する就業規則の定め

　被申立人の就業規則には、次のような休職に関する定めがあります。

　　第○○条　会社は、従業員が次の各号に該当するときは、休職を命じることができる。

　　　　○号　心身の故障のため長期間にわたる療養を必要とする
　　　　　　とき
　　第○○条　休職期間は2年を限度とする。
　　　　　　　休職期間中に休職事由が消滅したとき、または休
　　　　　　職期間満了時に休職事由が消滅しているときは、会
　　　　　　社は復職を命じる。
　　第○○条　会社は、従業員が次の各号に該当するときは、30日
　　　　　　前に予告した上で、従業員を解雇することができる。
　　　　○号　休職期間が満了したのち、復職することが不可能な
　　　　　　場合

3．休職および治癒
　申立人は、令和○年○○月○○日、「うつ状態」との診断を受
けました。そして、同年○○月○○日、被申立人より休職の発令
を受けました。
　申立人は、休職期間中、治療に専念しました。そして、令和○
年○○月○○日、主治医より「現在ではうつ病の症状は軽快し、
通院しながらでも就労は可能である」との診断を受けました。

4．復職の拒否および解雇の通告
　申立人は、被申立人に対し、上記の診断書を提出し、復職を求
めました。しかし、被申立人は復職を認めず、同年○○月○○日
に休職期間の2年が満了したにもかかわらず、復職に耐えないと
して、同年○○月○○日をもって解雇すると通告してきました。

5．解雇の無効
　しかし、主治医の診断書のとおり、申立人は就労可能な状態ま
で回復していたので、復職は十分可能なのです。したがって、復
職できないことを理由とする解雇は、解雇の理由を欠くもので、
解雇権の濫用であり、労働契約法16条により無効です。

6．労働契約上の地位および賃金請求権
　この度の復職拒否による解雇は無効であり、申立人と被申立人
との間には労働契約関係が存在しています。にもかかわらず、被
申立人は、解雇を理由に、申立人の就労を拒んでいます。また、
賃金も支払っていません。
　よって、上記のあっせんを求めます。最後に、これまでの経緯
および申立人の現在の心情については、別添の「陳述書」に詳細
に記載しております。これもあわせご検討いただいて、公正なあっ
せんをお願いします。

☑ あっせん手続申立書の書き方のポイント

　［解決を求める事項］では、＜求めるあっせんの内容＞として、復職が可能であるとして地位確認と賃金請求をしています。

　「あっせんを求める理由」では、❶のように、労働契約が締結されたこと、および賃金の定めの内容を記載します。

　「2. 休職に関する就業規則の定め」では、❷のように、就業規則の休職条項の内容を記載しています。このことは、本来は被申立人の主張すべき事実なのですが、ADR手続では申立て段階から書いていないとあっせん機関には就業規則の内容はわからないわけですから、申立書に先取りして書いています。この会社の就業規則は、休職期間満了に際し自然退職となるパターンではなく、解雇手続が必要なパターンとなっています。

　「3. 休職及び治癒」では、❸のように、復職は可能との事実を述べています。

　「4. 復職の拒否及び解雇の通告」では、❹のように、診断書を提出し、復職を求めたが被申立人は復職を認めず、休職期間の2年が満了したにもかかわらず、復職に耐えないとして、満了の何月何日をもって解雇すると通告されたと述べています。

　「5. 解雇の無効」では、❺のように、就労可能な状態まで回復していたので復職は十分可能であるので、復職できないことを理由とする解雇は解雇の理由を欠くもので、解雇権の濫用であり、労働契約法16条により無効であるとの主張を述べています。

　最後に、「6. 労働契約上の地位および賃金請求権」として、上記のあっせんを求めます。

答 弁 書

[被申立人の主張]
求めるあっせんの内容についての答弁
　申立人の求めるあっせんの内容は、いずれも認めません。

あっせんを求める理由に対する答弁
１．申立書１項から４項については認めます。
２．同５項および６項について
　申立人は、休職期間が満了する令和○年○○月○○日には、被
申立人において万全な状態で就労可能な状態ではなく、復職を認
めるわけにはいきませんでした。したがって、復職できないこと
を理由とする解雇には十分な理由があります。❻
３．被申立人の主張
(1)　申立人の主治医の診断書は、「うつ状態が軽快」としか記載
　がありません。軽快は、「治癒」ではありませんし、なお今後
　も通院が必要とされており、万全な状態で勤務に復職すること
　ができるとの根拠にはなりません。
(2)　また、主治医の診断書は、申立人の要請によって作成された
　ものです。被申立人は、復職については当社指定の精神科医の
　診断を求めましたが、申立人はこれを拒否しました。被申立人
　の就業規則第○○条には、「復職の可否については、産業医ま
　たは会社の指定する医師の診断結果を勘案して、会社が決定す
　る。従業員は、正当な理由なく受診の指示および診断結果の開
　示を拒否することができない」との定めがあります。申立人
　は、これを拒否して自分に有利な診断書のみを根拠していますが、それでは復職を認めるわけにはいきません。❼

☑ 答弁書の書き方のポイント

　被申立人は、申立人の主張をいずれも認めない理由として、❻で、休職期間満了時には万全な状態で就労可能な状態ではなく、復職を認めるわけにはいかなかったこと、したがって、復職できないことを理由とする解雇には十分な理由があることを述べています。

　また、被申立人の主張として、❼のように理由を述べた上で、治癒についての最終的な判断権者は被申立人であって、その事実が証明されない限りは不完全な労働を受領する義務はない。そこで解雇するには正当な理由がある。このような主張をしているわけです。

☑ 当事者からのヒアリングのポイントと確認すべき書証

　休職後の復職拒否の事案でも申立人、被申立人の各ブロックに記載したポイントになる事実（要件事実）を中心にヒアリングします。

　また、次のような書面を確認する必要があります。

①**労働契約書**
　契約の締結日、賃金（額、支払方法）、当事者の特約などを確認する
②**解雇通知書（解雇理由証明書、退職理由証明書なども含む）**
　休職期間満了を理由とする解雇の場合、解雇または解雇予告の年月日、解雇の効力発生日などを確認する
③**就業規則・労働協約**
　就業規則や労働協約上の休職規定の内容、自然退職なのか解雇となるのかなどを確認する
④**給与明細書**
　その労働者についての支給明細を確認する
⑤**休職発令書**
　休職発令の年月日、発令の内容（発令の理由、休職期間）などを確認する

⑥**診断書**

　休職の原因である疾病の内容、職場復帰の可否などを確認する

⑦**会社の法人登記簿のほか、会社の組織図、会社案内など企業の規模、労働者の員数、配置、業務内容などがわかる書面**

　休職からの復帰について、企業の規模や人員数等受け入れ態勢が問題になることから確認する

　傷病休職後の復職拒否については、必須判例として「片山組事件」を掲げました。労働契約における労務履行の提供、事業主の受領遅滞や危険負担（就労できないときはノーワークノーペイか、労働者が賃金をもらえるのか）といった重要なことを述べている判例ですので、ぜひ理解したいです。

百選 24 事件（私傷病と労務受領拒否）

片山組事件（最高裁平成 10.4.9 第一小法廷判決）

[事 件 番 号] 平成 7 年（オ）第 1230 号

[事　件　名] 賃金等請求事件

[掲 載 文 献] 労働判例 736 号 15 頁、判例時報 1639 号 130 頁、判例
　　　　　　タイムズ 972 号 122 頁

[事件の概要]

　私傷病により自宅療養を命じられていた X が、土木建築を業とする Y 社に対して、本来の業務（現場監督）は十分にできないが、他の作業なら可能と就労を申し出た。Y 社がこの申出を拒否したが、この場合に X が労働義務の履行の提供をしており、賃金請求権があるのか否かが争われたケース。

⚖ 判例の結論

　本判決は、次のように述べて原判決を破棄し、差し戻した。

1. 職種や業務内容を特定せずに労働契約を締結した場合、現に就業を命じられた特定の業務について労務の提供が十分にできないとしても、他に配置される現実的可能性のある業務について労務の提供をすることができ、かつ、その提供を申し出ているならば、なお債務の本旨に従った履行の提供があると解するのが相当である。

2. 本件では、X は長年現場監督業務に従事してきたとはいえ、労働契約上その職務は現場監督業務に限定されていたとは言えない。事務作業への従事が可能であり、かつその提供を申し出ていたのである。すると、X が債務の本旨に従った労務の提供をしていなかったということはできない。X の能力、経験、地位、Y 社の規模、業種、Y 社における労働者の配置・異動の実情および難易等に照らして X が配置される現実的可能性のある業務が他にあったかどうかを検討すべきである。

⚖ 考え方のみちすじ

1. 労働者が、就業を命じられた業務について労務の提供をしている場合（債務の本旨に従った履行の提供：民法 493 条）、使用者がその労務の提供を受けることを拒んだときは、使用者の受領遅滞（民法 413 条の 2）となる。受領遅滞は債権者の帰責事由と見得るので、危険負担の債権者主義（民法 536 条 2 項）により、労働者は賃金請求権を行使できる。

　では、本来の就業を命じられた業務以外の業務への就労申出があった場合をどのように考えるのか。本判決はこの問題に答えた重要判例である。

2. 労働契約における危険負担（前提となる民法の考え方の整理）

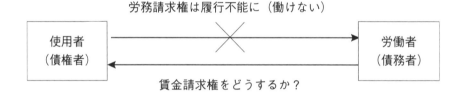

労務請求権は履行不能に（働けない）

使用者（債権者） ✕ 労働者（債務者）

賃金請求権をどうするか？

　労働者が、故意または過失なく労務提供不能となった場合、使用者の労務請求権は消滅してしまう。では、労働者の賃金債権をどう処理するのか。これが労働契約における危険負担の問題である。

> ①原則：**債務者主義**（民法 536 条 1 項）
> 　　労働義務を負う労働者（債務者）が賃金を失うリスクを負担する
> 　　私傷病のケースなど、労務提供不能が労働者、使用者いずれの責任でもない場合（ノーワークノーペイの原則）
> ②例外：**債権者主義**（民法 536 条 2 項前段）
> 　　労務請求権を有する使用者に帰責事由があれば、使用者（債権者）が賃金を支払うリスクを負担する
> 　　使用者側に、「受領遅滞」（民法 413 条の 2）などの帰責事由があれば、債権者主義が適用され、労働者は賃金を支払えと請求できる

3．本来担当していた業務に就労できず、それ以外の業務への就労申出
　では債務の本旨に従った履行の提供と言えないのであれば、使用者は
　その労務提供を拒否しても受領遅滞とならないはずである。
　　しかし、本判決は「現に命じられている業務に就けるかどうかに
　よって、労働者の能力、経験等にかかわりなく、債務の本旨に従った
　履行となるかが左右されるのは不合理」であるとした。使用者には労
　働者の配置について、広い裁量権が認められるので、その労働者や企
　業の具体的状況に照らして現実的に就労可能な他の業務があり、その
　業務に就くことを労働者が申し出ているならば、労務履行の提供があ
　るとしたのである。

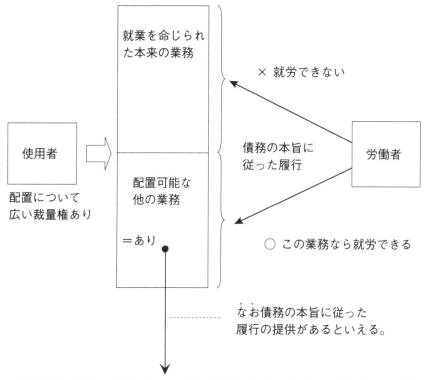

労働者が、債務の本旨に従った履行の提供をしているのに、企業がこれを拒
んだときは使用者の受領遅滞。これは使用者（債権者）の帰責事由と見得る
ので、危険負担の債権者主義により、労働者は賃金請求権を行使できる。

そして、現実的に就労可能な他の業務があるのに、使用者が労働者の就労申出を拒む場合には、受領拒絶は使用者の帰責事由になると示唆して、賃金請求権を認め、労働者を保護したものである。

⚖ 関連する判例紹介（◎最重要　○重要　△参考）

◎**読売新聞社事件（東京高決昭和 33.8.2）** ☞百選 23 事件
　労働契約などに特別な定めがある場合や、業務の性質上、労働者が特別な利益を有する場合を除き、労働者には、いわゆる就労請求権は認められない。

○**カントラ事件（大阪高判平成 14.6.19　労判 839 号 47 頁）**
　運転手業務に職種を特定されて運送会社に雇用された運転手について、一般貨物運送の運転業務には就労できないが、時間を限定した近距離運転手の業務であれば復帰して就労が可能であったとして、近距離運転が可能となった時期以降の賃金支払いを命じた。

○**神奈川都市交通事件（最一小判平成 20.1.24　労判 953 号 5 頁）**
　タクシー乗務員として職種が限定されていた場合には、使用者には事務職としての就労申出を受け入れる義務はない。

5 配　転

<訴訟物>
労働契約に基づく就労義務の存否

<求めるあっせんの内容>
申立人が、被申立人○○支店（新たな部署）に勤務する労働契約上の義務のないことの確認を求めます。（※）

（※）配転を争う場合、新しい部署での就労義務がないことの確認を求めるのが一般的です。

　　勤務場所を元の部署とする労働契約上の権利義務の確認や、配転命令自体の無効の確認を求める書き方は、妥当ではないとされています。

　　なお、配転のケースでは、配転命令に従わないことによって解雇される事例もあり、賃金不払いが問題となることも多くあります。その場合には、解雇と賃金支払いの記載例を、ドッキングさせて起案するとよいでしょう。

<当事者の主張すべき事実>
新部署に勤務する労働契約上の義務のないことの確認請求

申立人	被申立人
1　労働契約の締結 2　使用者側による配転先での就労義務の主張があったこと 3　勤務場所、職種限定の合意があること 4　配転命令権の濫用を基礎づける具体的事実 　・業務上の必要性がないこと 　・不当な動機、目的の存在 　・著しい生活上の不利益	1　配転に関する就業規則の定め 2　配転命令権の行使 3　配転命令権の濫用でないことを裏づける具体的事実 　・業務上の必要性 　・不当な動機、目的がないこと 　・生活上の不利益への配慮

☑ 訴訟物および求めるあっせんの内容

訴訟物は、「労働契約に基づく就労義務の存否」です。

求めるあっせんの内容は、申立人が、被申立人○○支店（新たな部署）に勤務する労働契約上の義務のないことの確認です。従来は、勤務場所を元の部署とする権利義務の確認とか、配転命令自体の無効を確認するなどの書き方がなされたこともあったようです。しかし、端的に現在の法律関係の確認を求めれば紛争は解決できることから、従来のような書き方はせず、新たな部署に勤務する労働契約上の義務のないことの確認を求めるべきとされます。

また、配転命令を拒否した結果、業務命令違反を理由として解雇された場合、これも併せて争うケースも多くあり、その場合には賃金の支払いも同時に請求することが多いです。これらの場合には、本ケースに解雇と賃金請求の記載例をドッキングさせて書いてください。つまり、訴訟物は3本建てになり、求めるあっせんの内容も3項目になります。

☑ 当事者が主張すべき事実

申立人は、左側ブロックのように、まず1および2を述べることになります。

これに対して、被申立人は右側ブロックの1および2を理由として、新たな部署で就労する義務があると述べるでしょう。

そこで、申立人は左側ブロックの3のように労働契約上の勤務場所等の限定合意があったこと（この合意は配転命令権に対する制限になります）や、4の配転命令権の濫用であるので被申立人のした配転命令が無効であるとし、これを根拠づける具体的事実を述べることになります。

被申立人は、これらを否定する事実を述べていくことになるでしょう。

あっせん手続申立書

[紛争の概要]

　申立人は、被申立人から令和○年○○月○○日、同年○○月○○日付で、○○支店へ転勤するよう配転の通知を受けました。申立人には、そのような配転によって著しい生活上の不利益があるため、その撤回を再三申し入れましたが、被申立人は話し合いに応じてくれません。現在、申立人はやむなく新たな部署に勤務していますが、家庭生活は大きな影響を受けています。

[解決を求める事項]

　求めるあっせんの内容

　申立人が、被申立人○○支店に勤務する労働契約上の義務のないことの確認を求めます。　❶

あっせんを求める理由

1．当事者および労働契約

(1) 被申立人は、前記本店所在地に本社がある株式会社です。主として○○の製造販売を営業の目的としています。本社のほか、日本全国各地に営業所や工場を持つ資本金○○○万円の株式会社です。　❷

(2) 申立人は、平成○○年○○月○○日、被申立人との間で労働契約を締結し、その後次のような部署に配属され、担当業務を遂行しました。

　　　平成○○年○○月○○日　　本社○○課　　○○業務
　　　平成○○年○○月○○日　　○○営業所○○課　　○○業務
　　　平成○○年○○月○○日　　本社○○課　　○○業務
　　　平成○○年○○月○○日　　○○営業所　　××業務（配転に至るまで）

2．配転命令

　被申立人は、申立人に対し、令和○年○○月○○日、同年○○月○○日付で被申立人の○○支店○○課勤務を命じる旨の配転命令をしました。

３．配転に関する就業規則の定め

　被申立人の就業規則第○○条には「業務上の必要があるときは、従業員に対して配転を命じることがある」との規定があります。

４．配転命令の無効

　しかし、前記配転命令は、次の理由により無効です。

(1) 勤務地を限定する合意

　確かに、被申立人の就業規則には、配転を命じることができる旨の規定があります。しかし、申立人は、被申立人に雇用される際、「身体の弱い両親の世話をしなければならないため、たとえ勤務場所の変更がある場合でも、通勤可能な範囲にしてほしい」旨の申入れを行い、被申立人はこれを了承していました。この度の配転命令は、他県の支店への転勤であり、申立人は住居を変更しなければなりません。被申立人の配転命令は、雇入れ当初の上記合意に反しています。❸

(2) 配転命令権の濫用

　仮に、前項の合意が認められない場合でも、この度の配転命令は権利の濫用として、無効です。

　①　○○支店には、申立人と同期入社の○○氏や○○氏がいます。同等の立場にある申立人がわざわざ転勤して業務を行う必要は乏しいのです。これに対して従来の部署では、申立人が抜けた結果、多忙を極めているのが実情です。配転を命じる業務上の必要性はありません。❹

　②　また、前述のとおり、申立人には、介護を必要とする老齢の両親がいます。日常的に家族の介護をしている申立人に対しては、そのことに配慮した取扱いをしていただきたいと思います。

　現在、申立人はやむを得ず配転命令に従って、アパートを借りて両親と別居し、○○支店に勤務していますが、その生活上の不利益は大きなものがあります。アパートの賃料の一部については住宅補助が支給されていますが、その他の経済的負担は大きいです。週末には必ず帰省して両親の面倒を見ていますが、その帰省費用もばかになりません。また、平日は介護ヘルパーをお願いしていますが、その費用も毎月○○円以上かかります。さらに、経済的な負担だけでなく、肉体❺

的にも遠隔地での勤務と介護の両立は困難です。申立人の生
活上の不利益は、著しいものがあります。
5．よって、この度の配転命令は、権利の濫用に当たり、無効で
すので上記のあっせんを求めます。
　最後に、これまでの経緯および申立人の現在の心情について
は、別添の「陳述書」に詳細に記載しております。これもあわせ
ご検討いただいて、公正なあっせんをお願いします。

☑ あっせん手続申立書の書き方のポイント

　［解決を求める事項］では、❶のように、新たな勤務場所である被申立
人○○支店に勤務する労働契約上の義務のないことの確認を求めています。
　「あっせんを求める理由」では、❷のように、本来は被申立人が書く
べき「転勤先になる営業所や工場が多いこと」をあえて先取りして書い
ています。
　次に「2．配転命令」で具体的な配転命令の内容を書き、「3．配転に
関する就業規則の定め」では、本来は被申立人が主張すべき事実なので
すが、これも紛争の実態を事前に明らかにするために必要な情報なの
で、申立書で先取りして書いています。
　「4．配転命令の無効」は、申立人にとっては重要な主張です。配転命
令が無効であることを根拠づける具体的事実を書くところです。
　例えば、(1) 勤務地を限定する合意があった事実について、❸のよう
に、背景的な具体的事情も含めて書いています。次に勤務地限定の合意
が認められない場合でも、(2) 配転命令権の濫用として、❹のように、
業務上の必要性がないこととか、配転命令権の濫用である具体的事実の
1つ、著しい生活上の不利益にあたる事実（❺）を書きます。
　配転命令については、最高裁判例として「東亜ペイント事件」があり
ますが、この判例の示した考え方に則って記述を進めています。
　このように、配転について業務上の必要性がないことや、労働者が通
常甘受すべき程度を著しく超える不利益を負わせる場合であることを、
具体的事実を拾って書いていきます。

答 弁 書

［被申立人の主張］
求めるあっせんの内容についての答弁
　申立人の求めるあっせんの内容は、認めません。

あっせんを求める理由に対する答弁
１．申立書１項から３項については認めます。
２．同４項および５項について
　この度の配転命令は、被申立人の就業規則の配転規定に根拠が
あり、配転を命じるについては正当な理由があります。このこと
は、次に述べるとおりです。
３．被申立人の主張
　申立人は、勤務地限定の合意があったと言われます。確かに、
申立人の採用時に「身体の弱い両親の世話をしなければならない」
等の家庭の事情を申立人が述べていたことは事実です。しかし、
これに対して採用担当者が一定の配慮をすると述べた事実があっ
たとしても、明確な勤務地限定の合意はありませんでした。
　むしろ、申立人が就職した当時から、被申立人では全国規模で
転勤が頻繁に行われていました。申立人は、総合職として就職さ
れたもので、その就職の際には将来、職位の上昇に伴って、責任
ある地位になれば全国規模の転勤があり得ることは十分に予測で
きたはずです。実際に、そのことは採用にあたって懇切に説明
し、申立人もこれを了解して就職されたものです。　　　　　**❻**
　次に、○○支店では、現在、新たな事業を立ち上げており、申
立人はその責任者として抜擢され、業務立上げのために転勤を命
じたものです。業務上の必要性は、非常に高いのです。　　　**❼**
　申立人のご両親の介護については、他の従業員との公平の観点
からは、申立人にだけ特別な配慮をすることは困難な面がありま
す。しかし、今後の賃金や賞与といった処遇面で、一定の配慮は
検討したいと思います。

☑ 答弁書の書き方のポイント

　被申立人の会社としては、配転命令は、被申立人の就業規則の配転規定に根拠があり、配転を命じるについては正当な理由があるので配転命令権の濫用ではない。したがって、申立人には新たな部署での就労義務がある、と主張しています。

　❻では、勤務地限定の合意を否定しています。会社での頻繁な転勤の実例があることや、申立人が総合職として採用されたことなどが、被申立人の主張を根拠づける具体的事実になります。

　次に、配転の必要性を根拠づける事実として、❼のように述べています。また、申立人の事情に一定程度配慮することは、配転命令の有効性を補強する材料になると考えられます。

☑ 当事者からのヒアリングのポイントと確認すべき書証

　配転の事案でも申立人、被申立人の各ブロックに記載したポイントになる事実（要件事実）を中心にヒアリングします。

　また、次のような書面を確認する必要があります。

> ①**労働契約書**
> 　契約の締結日、賃金（額、支払方法）、当事者の配置に関する特約（勤務地限定の合意がないか）などを確認する
>
> ②**解雇通知書（解雇理由証明書、退職理由証明書なども含む）**
> 　配転拒否を理由とする解雇の場合、解雇または解雇予告の年月日、解雇の効力発生日などを確認する
>
> ③**就業規則・労働協約**
> 　就業規則や労働協約上の配転命令の根拠規定の内容を確認する
>
> ④**給与明細書**
> 　その労働者についての支給明細を確認する

⑤**配転命令書**

　配転命令の年月日、命令の内容などを確認する

⑥**誓約書**

　配転に包括的に同意する旨の誓約書などが存在する場合には、これを確認する

配転については、必須判例として「東亜ペイント事件」を掲げました。

百選 61 事件（配転）

東亜ペイント事件（最高裁昭和 61.7.14 第二小法廷判決）

[事 件 番 号] 昭和 59 年（オ）第 1318 号

[事 件 名] 従業員地位確認等請求事件

[掲 載 文 献] 労 働 判 例 477 号 6 頁、 判 例 時 報 1198 号 149 頁、判例タイムズ 606 号 30 頁

[事件の概要]

　全国 15 カ所に営業拠点を持つ Y 社は、大阪営業所に勤務する X に名古屋営業所への転勤を命じた。堺市内に居住していた X は、同居し扶養している高齢の母、保母として地元保育所の運営委員を務める妻、そして幼い娘がいることを理由に転勤を拒否した。Y 社は、業務命令（配転命令）違反を理由として X を懲戒解雇処分とした。

　これに対して、X が、Y 社の配転命令および懲戒解雇処分の無効を主張し、従業員たる地位の確認と賃金の支払いを請求したケース。

⚖ 判例の結論

　本判決は、次のように述べて、X の請求を認容した一審の判断および原判決を破棄し、事件を差し戻した。

1. 次の事情がある場合、使用者は、労働者の個別的同意がなくても、業務上の必要に応じてその勤務場所を決定し、転勤を命じることができる。
   (1) 労働協約または就業規則に業務上の都合により転勤を命ずることができる定めがあること。
   (2) 現に転勤が頻繁に行われていること。
   (3) 勤務地を限定する合意がないこと。
2. しかし、転居を伴う転勤は、労働者の生活関係に少なからぬ影響がある。そこで、配転命令権は無制約に行使できるものではなく、次の場合には、配転命令権の行使は権利濫用として無効となる。
   (1) 業務上の必要性がない場合

(2) 業務上の必要性があっても、①他の不当な動機・目的による場合、②労働者が通常甘受すべき程度を著しく超える不利益を負わせる場合など特段の事情がある場合

3. 前記「業務上の必要性」は、異動が「余人をもっては替え難い」という「高度の必要性」がある場合には限定されない。

4. 本件では、Y社は労働協約、就業規則を根拠として、Xの個別的同意なしに転勤を命じることができる。Xの転勤には「業務上の必要性」が優に認められ、Xの「家庭生活上の不利益」は通常甘受すべき程度のものである。よって、本件転勤命令は、権利の濫用に当たらない。

⚖ 考え方のみちすじ

1. 本判決は、①配転命令権の根拠、②配転命令権の濫用の判断枠組みを初めて示した重要判例である。

2. すなわち、労働協約や就業規則の定めを根拠として、包括的な合意があるとして配転命令権を使用者に認める。一方、労働者が生活関係上受ける不利益にも一定の配慮を示し、配転命令権の行使が権利濫用として無効となる場合があるとする。

3. 本判決は、企業側の労働者の適正配置の必要性と、労働者の家庭生活への配慮とのバランスを図ろうとしている点は評価できる一方、具体的な判断は企業の利益に軸足を置いているとして、学説からは次のような批判もある。

   (1) 労働協約や就業規則の一般的義務づけ条項が、それだけで配転命令権の根拠といえるのか。

   (2) 業務上の必要性が認められる範囲が広すぎる。

   (3) 労働者の「著しい不利益」が認められる場合が滅多になく、権利濫用とされる範囲が狭すぎる。

⚖ 関連する判例紹介（◎最重要　○重要　△参考）

◎**日産自動車村山工場事件（最一小判平成元 .12.7　労判 554 号 6 頁）**
　「熟練工」に対して、ライン単純作業への職種変更を命じたケースについて、「職種が限定されていたとはいえず、個別的合意なしに職種の変更等を命ずる権限が使用者に留保されている」として、配転命令を有効とした。

◎**ケンウッド事件（最三小判平成 12.1.28　労判 774 号 7 頁）**
　３歳の子を養育する女性労働者に対して、東京都内から八王子営業所への異動が命じられたが、通勤時間が長時間になるため保育ができないとして異動を拒否したところ懲戒解雇されたケース。最高裁は、「育児上の不利益が、なお通常甘受すべき程度のものであるときは、転勤命令は有効である」と判示した。

○**フットワークエクスプレス事件（大津地決平成 9.7.10　労判 737 号 81 頁）**
　妻がくも膜下出血で倒れ、同居する実弟が知的障害者で無収入であり、単身赴任できない事情があったケースについて命じられた転勤を、配転命令権の濫用とした。

○**北海道コカ・コーラボトリング事件（札幌地決平成 9.7.23　労判 723 号 62 頁）**
　子ども２人が障害者や病弱であり、体調のすぐれない両親の介護もしなければならない事情があったケースについて、命じられた配転を権利濫用とした。

6 就業規則の不利益変更による賃金減額

<訴訟物>
　申立人の被申立人に対する、労働契約にもとづく賃金請求権

<求めるあっせんの内容>
　申立人は、被申立人に対し、金○○円および令和○年○○月○○日から毎月○○日限り、金○○円の割合による金員（ならびにこれらに対する各支払日の翌日から支払済みまで年３パーセントの割合による金員）を支払うよう求めます。（※）

（※）就業規則の不利益変更による労働条件の低下は、賃金だけに限られません。この賃金減額は一例です。ケースバイケースで、従前の就業規則に基づく労働契約上の権利の実現を求める給付や、法律関係の確認を請求することになります。

<当事者の主張すべき事実>
賃金の支払い（就業規則変更前の賃金との差額請求）

申立人	被申立人
1　労働契約の締結 2　労働契約上の賃金の定め 3　請求に対応する期間における労働義務の履行 4　変更後の就業規則(賃金規程)に合理性がないことの具体的事実 　・変更の必要性（賃金など重要な労働条件については高度の必要性）がないこと 　・変更により労働者の受ける不利益が重大であること 　・変更後の就業規則に相当性がないこと 　・労働組合、労働者集団との協議の状況 　・その他の事情 　　（代償措置がないなど）	1　就業規則（賃金規程）の変更 2　就業規則の変更が賃金減額に先立って行われたこと 3　変更後の就業規則（賃金規程）に合理性があることを根拠づける具体的事実 　・変更の必要性（賃金など重要な労働条件については高度の必要性） 　・変更により労働者の受ける不利益が重大ではないこと 　・変更後の就業規則の相当性があること 　・労働組合、労働者集団との協議を尽くしたこと 　・その他の事情 　　（代償措置の実施など）

☑ 訴訟物および求めるあっせんの内容

　このケースでは、申立人の被申立人に対する、労働契約に基づく賃金請求権になります。「求めるあっせんの内容」は、「申立人は、被申立人に対し、金○○円及び令和○年○○月○○日から毎月○○日限り、金○○円の割合による金員（ならびにこれらに対する各支払日の翌日から支払済みまで年3パーセントの割合による金員）を支払うよう求めます」というように、賃金請求の書き方になります。金額的には、求める本来の賃金と実際に支給されている賃金の差額や損害金を求めることになります。

☑ 当事者の主張すべき事実

　就業規則の不利益変更による労働条件の低下は、賃金だけに限られません。ケースバイケースで、従前の就業規則に基づく労働契約上の権利の実現を求める給付や、法律関係の確認を請求することになりますから、様々なパターンが考えられます。

　このケースでは、申立人は、使用者側の一方的な就業規則変更で賃金減額（従来支給されていた○○手当のカット）という不利益を受けた。その変更には合理性がないから無効だ。だから従前の賃金との差額を支払え、というわけです。

　ですから、申立人は、左側ブロックにあるように、まず1〜3の事実を主張します。

　そして、従来はこれだけの賃金をもらっていた。にもかかわらず、就業規則の変更が行われた結果、賃金が減額された。しかし、変更後の就業規則（賃金規程）に合理性がない。そのことを根拠づける事実として、4の下の箇条書きのような具体的事実を主張していくわけです。

　労働契約法9条、10条を根拠条文として、不利益変更は無効であるとしています。

　これに対して、被申立人は、右側ブロックの中身を主張することになります。すなわち、変更後の就業規則に合理性があることを根拠づける具体的事実を中心に述べていくことになるわけです。

あっせん手続申立書

[紛争の概要]

　被申立人は、令和○年○○月○○日、その賃金規程を変更し、従来からあった○○手当を全廃しました。この変更については、申立人を含め、従業員らの納得が得られないまま強行されました。この変更によって、申立人の賃金は月額○○円減額となりました。このような一方的な不利益変更はおかしいと、被申立人にその撤回を再三申し入れていますが、被申立人はまったく話し合いに応じません。

[解決を求める事項]

　求めるあっせんの内容

　申立人は、被申立人に対し、金○○円および令和○年○○月○○日から毎月25日限り、金○○円の割合による金員ならびにこれらに対する各支払日の翌日から支払済みまで年3パーセント分の割合による金員の支払いを求めます。

あっせんを求める理由

1．当事者及び労働契約

　(1) 被申立人は、前記本店所在地に本社がある株式会社です。主として○○の製造販売を営業の目的としています。本社のほか、各地に営業所や工場を持つ資本金○○○万円の株式会社です。

　(2) 申立人は、平成○○年○○月○○日、被申立人との間で労働契約を締結し、次の条件で被申立人に雇用されました。

　　・期間の定めなし

　　・賃金　月額○○万円（毎月15日締切り、当月25日支払い）

　　　また、平成○○年○○月からは、○○資格を取得したことにより、○○手当として金○○円の支給を受けてきました。

❶

2．就業規則（賃金規程）の変更

　被申立人は、賃金規程の次の条項を削除し、令和○年○○月○○日、新賃金規程を施行しました。

　　・削除された旧規定

❷

第○○条　○○手当　会社は、○○の資格を取得した者に対して、月額金○○円を支給する。

3．労働条件の不利益変更による新賃金規程の無効

　この度の賃金規程の変更は、申立人の既得の権利を奪い、不利益な労働条件を一方的に課すものですから合理性がなく、労働契約法9条および10条により、無効です。　❸

　(1) ○○手当を削除して支給しないこととする必要性については、十分な説明がありませんが、被申立人は、現在人件費を抑制しなければならないほど業績が悪いわけではありません。　❹

　(2) また、○○手当の給与総額に占める割合は、かなり大きなものでした。申立人をはじめ、○○手当を受けていた従業員は、その全廃によって毎月の給与支給額は金○○円も低下してしまいます。これでは生活していくことができず、申立人の受ける不利益の程度は著しく大きいのです。　❺

　(3) さらに、被申立人は、この度の賃金規程の変更（○○手当の削除）について、一回の説明会も開かず、従業員との協議の場を設けたこともありません。　❻

　(4) ○○手当の全廃が仮に理由のあることだとしても、給与の減額による影響が大きいのですから、何らかの代償的な調整がなされるべきだと思いますが、それも一切ありません。　❼

4．従前の賃金規程による○○手当相当額の請求

　以上のように、この度の賃金規程の変更は無効です。そこで、従前の賃金規程○○条による○○手当（現在の給与との差額）相当額の支払いを求めるものです。

　最後に、これまでの経緯および申立人の現在の心情については、別添の「陳述書」に詳細に記載しております。これもあわせご検討いただいて、公正なあっせんをお願いします。

☑ あっせん手続申立書の書き方のポイント

「求めるあっせんの内容」は、従前の賃金と不利益変更後の賃金との差額、○○円の請求です。書き方としては、賃金請求をする場合と同様です。

「あっせんを求める理由」では、「1. 当事者間の労働契約」の内容として❶のように事実を述べます。「2. 就業規則（賃金規程）の変更」については、❷のように記載します。就業規則の変更を行った事実は、本来は被申立人が主張すべき事実ですが、これを書かないと変更内容がわかりませんから、先取りして書いているわけです。

「3. の労働条件の不利益変更による新賃金規程の無効」では、❸のように、労働契約法9条および10条により、無効であることを書いています。ここでも、賃金規程の変更に合理性がないことを示す具体的事実を書く必要があります。判例によれば、合理性がないとされるためには、就業規則の「変更の必要性」または「相当性」がないこととされ、さらに次のような事実に落とし込まれます。例えば、（1）高度の必要性がないこと（❹）、また、（2）不利益の程度（❺）、（3）労働者側との協議の状況（❻）、（4）代償措置がないなど、その他の事情（❼）です。このような具体的事実を記載します。

以上から、この度の賃金規程の変更は無効なので、従前の賃金規程による○○手当の定めが今もって有効であり、現在の給与との差額相当額の支払いを求めるという申立書の内容となっています。

答　弁　書

［被申立人の主張］
求めるあっせんの内容についての答弁
　　申立人の求めるあっせんの内容は、認めません。

あっせんを求める理由に対する答弁
1．申立書1項、2項については認めます。
2．同3項、4項について
　(1)　○○手当については、従前は被申立人の業務について重
　　　要な資格であった○○免許を取得した者に対して支給して
　　　いたものです。しかし、被申立人の業態転換に伴い、○○
　　　免許が必要な業務は現在では皆無です。他方、現在の業務
　　　に有用な資格である××主任者資格について××手当を設　❽
　　　ける必要があり、そのように賃金規程を改訂したものです。
　　　不要な資格について、いつまでも手当を支給するわけには
　　　いきませんので、この度の賃金規程の変更には十分な必要
　　　性がありました。
　(2)　また、申立人の賃金は、たとえ○○手当が不支給となっ
　　　ても、現在も総額で月額○○万円が支給されています。こ
　　　れは、同様の職務を行っている他の従業員と比較してもか　❾
　　　なり高額であり、世間相場からいっても少ない金額ではあ
　　　りません。

☑ 答弁書の書き方のポイント

　申立人の求めるあっせんの内容は、認めないとしています。
　その理由としては、賃金規程の変更の必要性について、❽のように主
張しています。
　また、社会的な相当性については❾のように主張しています。

☑ 当事者からのヒアリングのポイントと確認すべき書証

　就業規則の不利益変更による賃金減額の事案でも申立人、被申立人の各ブロックに記載したポイントになる事実（要件事実）を中心にヒアリングします。また、次のような書面を確認する必要があります。

---

①**労働契約書**

　契約の締結日、賃金（額、支払方法）、当事者の特約などを確認する

②**就業規則・労働協約、労働基準監督署への届出受理印、意見聴取書**

　就業規則や労働協約上の労働条件変更の根拠となる規定の内容を確認する

　就業規則変更について法定の手続（意見聴取、届出、周知）が履行されていることを示す書面も必要

③**給与明細書**

　その労働者についての支給明細を確認する

④**出勤簿、タイムカードなど実労働を証する書面**

　就業規則の変更による労働条件の不利益変更については、必須判例として「第四銀行事件」を掲げました。この判例の考え方が、労働契約法7条以下に盛り込まれたことは、ご説明するまでもありません。

百選 20 事件
（就業規則の不利益変更と労働条件）

第四銀行事件（最高裁平成 9.2.28 第二小法廷判決）

[事 件 番 号] 平成 4 年（オ）第 2122 号

[事 件 名] 賃金債権請求事件

[掲 載 文 献] 最高裁判所民事判例集 51 巻 2 号 705 頁、労働判例 710
号 12 頁、判例時報 1597 号 7 頁

[事件の概要]

　　Y 銀行では 55 歳定年制を採用していたが、健康な男性職員は 58 歳
までは賃金水準を落とさない再雇用が確実とされていた。ところが、60
歳まで定年延長することと引換えに、55 歳以降の給与・賞与を引き下
げ、年間賃金を 54 歳時の 63〜67％とする就業規則の変更が行われた。

　　この就業規則変更の 1 年半後に 55 歳を迎える X が、就業規則の不利
益変更が無効であるとして、従前の賃金との差額の支払いを請求した
ケース。

🔨 判例の結論

1. 就業規則の作成または変更によって労働者の既得の権利を奪い、労
　働者に不利益な労働条件を一方的に課することは原則として許されな
　い。しかし、労働条件の集合的・統一的・画一的処理を建前とする就
　業規則の性質からいって、その規則条項が合理的なものであるかぎ
　り、個々の労働者が同意しないことを理由として、その適用を拒むこ
　とは許されない（以上、「秋北バス事件」と同旨）。

2. 就業規則による労働条件の不利益変更が有効であるためには、その
　必要性および内容の両面から見て、労働者の受ける不利益の程度を考
　慮しても、なお法的規範性を認め得るだけの合理性がなければならな
　い。特に、賃金、退職金など、労働者にとって重要な権利の不利益変
　更の場合には、「高度の必要性」が必要である。

3. この合理性の有無は、次の要素をもとに総合判断する。

（1）不利益変更の必要性（重要な事項については「高度の必要性」）

（2）不利益変更の相当性（許容性）

・労働者の受ける不利益の程度

・変更後の規則の内容自体の相当性

・労働者の不利益を償う制度（代償措置）の有無および内容

・労働組合などとの交渉の経緯、同意の有無

・我が国の社会の一般的状況

4．本件就業規則の変更による不利益はかなり大きなものであるが、
（次ページの判断枠組みに照らして）高度の必要性に基づく合理的な
内容のものであると認めることができないものではない。

⚖ 考え方のみちすじ

1．合理性判断の枠組み

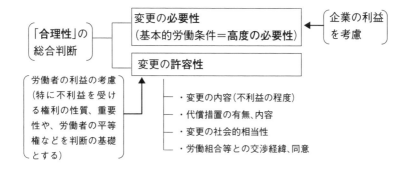

[本件へのあてはめ]

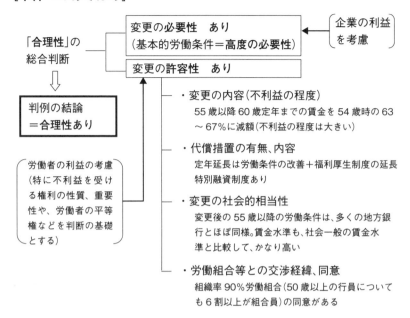

2．本判例は、就業規則による労働条件不利益変更について、合理性判断の枠組みを確立した重要判例である。みちのく銀行事件判決と並んで、「就業規則の不利益変更」に関する判例理論の集大成である。

3．以上のような就業規則による労働条件の変更については、判例法理（合理的変更法理）の内容が、ほぼそのまま明文化された（労働契約法9条、10条）。ただし、「合理性の総合判断」という手法は、一般的には法的安定性（予測可能性）が低く、当該枠組みへの公正・妥当な「あてはめ」が困難であるといわれている。

　また、判断枠組みが精緻であっても、形だけのあてはめに終われば、結論の納得性に疑問が投げかけられるであろう。

⚖ 関連する判例紹介（◎最重要　○重要　△参考）

○御国ハイヤー事件（最二小判昭和 58.7.15　判時 1101 号 119 頁）
　退職金支給基準の切下げについて、何の代償措置もなされていないとして、不利益変更の合理性なしとした。

○タケダ・システム事件（最二小判昭和 58.11.25　判時 1101 号 114 頁）

　生理休暇のうち一定日数を有給としていた扱いの不利益変更について、合理性判断はその不利益変更の内容と、必要性の両面からの判断が求められる、とした。

◎大曲市農業協同組合事件（最三小判昭和 63.2.16　民集 42 巻 2 号 60 頁）

　複数の農協合併に伴う一部農協の退職金規定の不利益変更について、賃金、退職金など重要な労働条件について不利益を及ぼす就業規則の変更は、「高度の必要性」に基づく合理的な内容であることを要するとした。

◎みちのく銀行事件（最一小判平成 12.9.7　判時 1733 号 17 頁）

　60 歳定年制の地方銀行で、専任職制度の導入に伴い、原告ら高齢労働者の 55 歳以降の賃金が最大 46％減額となったケース。裁判所は、第四銀行と同様の判断枠組みを採用した上、原告ら高齢少数者という特定の層に犠牲を強いるものであるとし、就業規則による不利益変更に合理性が認められないとした。

①賃金抑制・組織改革による経営改善には「高度の必要性」あり

②以下の要素から、「変更の許容性」なし

　・変更の内容（不利益の程度）

　　55 歳以降の高齢者の賃金を従来の 54〜67％に減額（不利益の程度大）

　・代償措置の有無、内容

　　特別融資制度が設けられたが不十分。労働時間も従来と変わらない

　・変更の社会的相当性

　　減額後の賃金水準は年収 420〜530 万円で社会一般から見ても高くない

　・労働組合等との交渉経緯、同意

　　組織率 73％労働組合の同意あり。しかし、原告ら高齢者である特定少数者の利益を害する程度が大きい

○朝日海上火災保険事件（最三小判平成 8.3.26　民集 50 巻 4 号 1008 頁）

　就業規則による 63 歳から 57 歳までの定年年齢の引下げと同時に退職金支給基準の引下げが行われたケース。退職金支給率の引下げには必要性があるが、定年年齢の引下げにより退職することになった労働者の退職金を引き下げるほどの合理性は認められないとした。

○羽後銀行（北都銀行）事件（最三小判平成 12・9.12　労判 788 号 23 頁）

　週休 2 日制導入に伴って 1 日の労働時間を延長する就業規則の変更について合理性ありとした。

○函館信用金庫事件（最三小判平成 12.9.22　労判 788 号 12 頁）

　週休 2 日制導入に伴う労働時間の延長を定める就業規則の変更について合理性ありとした。

7 解雇予告手当

＜訴訟物＞

　申立人の被申立人に対する、労働基準法20条1項本文に基づく解雇予告手当支払請求権

＜求めるあっせんの内容＞

　申立人は、被申立人に対し、金○○円（解雇予告手当の額）（およびこれに対する令和○年○○月○○日（解雇日の翌日）から支払済みまで年3パーセント（※）の割合による金員）を支払うよう求めます。

（※）解雇予告手当に対する遅延損害金利率

　　　解雇予告手当は、労働基準法20条1項による法定債権です。労働契約に基づいて発生する賃金債権とは性質が異なりますが、法定利率は民法改正により、3パーセントに統一されました。

＜当事者の主張すべき事実＞

解雇予告手当の支払請求

申立人	被申立人
1　労働契約の締結 2　解雇の意思表示がなされたこと 3　解雇予告手当の金額	1　解雇の事実がないこと（任意の退職であること） 2　労働基準法20条1項ただし書の除外事由「天災事変等による事業の継続不能」や「労働者の責めに帰すべき事由」による解雇であること 3　労働基準法21条の除外事由（日々雇用の場合など）があること 4　消滅時効 　など

☑ 訴訟物および求めるあっせんの内容

訴訟物は、「労働基準法20条1項本文に基づく解雇予告手当支払請求権」です。この権利は、当事者が労働契約で合意したから発生する賃金請求権とは異なり、即時解雇の場合には同条によって当然に発生する法定債権です。ただ、遅延損害金利率は、年3パーセントで賃金請求の場合と同じです。

求めるあっせんの内容は、「申立人は、被申立人に対し、金○○円および令和○年○○月○○日（解雇の翌日）から支払済みまで年3パーセントの割合による金員を支払うよう求めます」というように、金銭の支払請求の書き方になります。

☑ 当事者が主張すべき事実

申立人は、左側ブロックにあるように、解雇予告手当支払い請求権の要件事実1～3を主張することになります。

これに対して、被申立人は、右側のブロックにあるように、1～4などを主張することになります。なお、「2　労働基準法20条1項ただし書の除外事由」は、「天災事変その他やむを得ない事由のために事業の継続が不可能となつた場合」または「労働者の責に帰すべき事由に基いて解雇する場合」の2つです。これらの場合には、所轄労働基準監督署長の認定が必要とされています。しかし、労働基準監督署長の認定は事後確認的なものですので、たとえ認定を受けていなくても、労働者の責めに帰すべき事由がある場合には解雇予告手当の請求を拒めるとされています。

あっせん手続申立書

[紛争の概要]
　被申立人は、令和○年10月20日、申立人に対して解雇を申し渡しました。その理由は申立人が勤務する○○営業所が廃止されるからということでした。しかし、被申立人は、即日の解雇であったのに、解雇予告手当を支払ってくれません。その後、何度か支払いの請求をしたのですが、解雇ではなくて合意退職であるとの主張の繰返しで、話し合いは平行線をたどっています。

[解決を求める事項]
求めるあっせんの内容
　申立人は、被申立人に対し、金24万4,565円およびこれに対する令和○年10月21日から支払済みまで年3パーセントの割合による金員の支払いを求めます。

あっせんを求める理由
1．当事者および労働契約
　(1) 被申立人は、○○県○○市に本社がある株式会社です。主として○○の製造販売を営業の目的としています。本社のほか、各地に営業所や工場を持つ資本金○○○万円の株式会社です。
　(2) 申立人は、平成○○年○○月○○日、被申立人との間で労働契約を締結し、次の条件で被申立人に雇用されました。
　　・期間の定めなし
　　・賃金　月額○○万円（毎月15日締切り、当月25日支払い）
　　　なお、賃金額はその後毎年改定され、令和○年4月の賃金改定により同月以降は解雇の時まで月額25万円でした。　❶
2．解雇の意思表示
　被申立人は、令和○年10月20日、申立人の勤務する○○営業所が閉鎖され、他の部署への配転も不可能であるとして、申立人に予告なく即日の解雇を申し渡しました。　❷

３．解雇予告手当の金額

　解雇予告手当の金額は、次のとおりです。

(1) 平均賃金計算期間

　令和○年 7 月 16 日から同年 10 月 15 日までの 92 日間

(2) 計算期間内に支給された賃金の総額

　金 75 万円

(3) 解雇予告手当

　金 24 万 4,565 円

　「計算式」賃金総額 75 万円／92 日 × 30 日 = 244,565 円 21 銭

　（50 銭未満切捨て、50 銭以上を 1 円とする）

❸

４．解雇予告手当の請求

　被申立人は、何の予告もせずに解雇を申し渡したものです。したがって、申立人は上記金額の解雇予告手当の支払いを求めるものです。

　最後に、これまでの経緯および申立人の現在の心情については、別添の「陳述書」に詳細に記載しております。これもあわせご検討いただいて、公正なあっせんをお願いします。

☑ あっせん手続申立書の書き方のポイント

　求めるあっせんの内容は、解雇予告手当の金額の請求です。

　「あっせんを求める理由」の「1. 当事者及び労働契約」では、❶のように、賃金の額など解雇予告手当算定の基礎になる事項を記載しています。解雇予告手当は平均賃金の 30 日分ですから、平均賃金算定の基礎情報（賃金の締切日の有無や賃金額などの事項）を書きます。

　「2. 解雇の意思表示」では、❷のように解雇の意思表示がなされた事実を書きます。

　「3. 解雇予告手当の金額」では、❸のように具体的な解雇予告手当の計算プロセスを記載します。申立人は、このような事実を申立書に書くことになります。

答　弁　書

［被申立人の主張］
求めるあっせんの内容についての答弁
　申立人の求めるあっせんの内容は、認めません。

あっせんを求める理由に対する答弁
１．申立書１項については認めます。
２．同２項から４項について
　申立人は、この度の退職を解雇と主張していますが、それは事実では
ありません。申立人は、任意に退職したものです。令和○年10月末を
もって、○○営業所を閉鎖することになりました。これは、被申立人の
親会社の方針に基づくもので、突然のことですが仕方ありませんでし
た。被申立人は、そのような事情を十分説明した上で退職届を提出して
もらっております。申立人も、退職届に自ら署名捺印されていますの
で、今さら解雇であると言われても困っております。

☑ 答弁書の書き方のポイント

　この答弁書は、そもそも本件の退職が解雇によるものであることを否
認する書き方です。いわく、申立人は、この度の退職を解雇と主張して
いますが、それは事実ではない。任意に退職したものです。営業所閉鎖
というやむを得ない親会社の方針を十分説明し、被申立人から退職届も
提出してもらっているので、一方的な解雇ではない。申立人も、退職届
に自ら署名捺印されているではないか、という主張です。

☑ 当事者からのヒアリングのポイントと確認すべき書証

　解雇予告手当請求の事案でも申立人、被申立人の各ブロックに記載し
たポイントになる事実（要件事実）を中心にヒアリングします。
　また、次ページのような書面を確認する必要があります。

①**労働契約書**

　契約の締結日、賃金（額、支払方法）、当事者の特約などを確認する

②**解雇通知書（解雇理由書、退職証明書を含む）**

　解雇の事実を確認する

③**給与明細書**

　その労働者についての解雇前3カ月の支給明細で、解雇予告手当算定のための平均賃金額を確認する

④**解雇予告除外事由がある場合には、これを証する書面**

　解雇予告手当の問題（予告を欠く解雇）については、必須判例として「細谷服装事件」を掲げました。

百選 69 事件（予告を欠く解雇）

細谷服装事件（最高裁昭和 35.3.11 第二小法廷判決）
［事 件 番 号］昭和 30 年（オ）第 93 号
［事 件 名］俸給等請求事件
［掲 載 文 献］最高裁判所民事判例集 14 巻 3 号 403 頁、判例時報 218 号 6 頁

［事件の概要］

昭和 24 年 8 月 4 日、X は Y 社から、解雇予告手当の支払いなく即時解雇された。X が、解雇予告手当支払いを求める訴訟を提起したところ、第一審の口頭弁論終結日（昭和 26 年 3 月 19 日）に、Y 社は X に 8 月の未払賃金および予告手当を支払ったので、第一審は X の請求を棄却した。

ところが X は、控訴して、次のように主張した。

予告手当なしの即時解雇は労基法 20 条に違反し、無効である。そこで、実際に予告手当の支払いがなされた第一審口頭弁論終結日が解雇日である。したがって、Y 社は①口頭弁論終結日までの未払賃金および②労基法 114 条所定の付加金の支払義務がある。

⚖ 判例の結論

本判決は、次のように述べて、原判決と同様に X の請求を斥けた。

1. 使用者が予告期間を置かず、または予告手当を支払わないで解雇した場合には、即時解雇としては効力を生じない。しかし、使用者が即時解雇に固執する趣旨でない限り、労基法 20 条所定の 30 日を経過するか、またはその後に予告手当の支払いをした、いずれかのときから解雇の効力が生じると解すべきである。

2. 労基法 114 条の付加金支払義務は、裁判所が支払いを命ずることによって初めて発生するものである。予告手当支払義務違反の状況が消滅した後は、支払請求の申立てはできない。

3. 本件では、解雇通知から 30 日の期間経過とともに解雇の効力が生

じたとする原判決の判断は正当である。

⚖️ 考え方のみちすじ

1. 本判決は、予告を欠く解雇の民事的な効力について答えたリーディングケースである。

2. 解雇は、使用者による一方的な労働契約の解約である。これによって労働者は生活の糧を失い、その意思に反して労働関係を終了させられるなど、経済的・精神的に大きな不利益を被る。そこで、民法627条所定の予告期間2週間では不十分であるとして、労基法20条に解雇予告制度が設けられた。その違反に対しては、行政監督がなされ、刑事罰が科される。しかし、労働契約上（民事上）、労基法20条違反の即時解雇がなされた場合、解雇が絶対的に無効となるのか、有効なのかについては争いがあった。

3. 本判決は、即時解雇としては無効であっても、同条所定の期間経過またはその後の予告手当の支払いがあれば、その時点で解雇の効力が生ずるとの判断を最高裁として初めて示した（相対的有効説）。

   そして、本件については、解雇通知から30日の経過によって解雇の効力が発生しているとした。また、その間の賃金相当額は、本件では実質的に支払済みであるとしてXの請求を斥けたものである。

4. 本判決の立場に対しては、次のような批判がある。

   (1) 使用者が即時解雇に固執している場合には労働者が解雇予告手当を請求できるが、即時解雇に固執しているかどうかは、労働者には判断が困難ではないか。

   (2) 即時解雇でないとすると、労働者は解雇の効力発生日までは「賃金」を請求できるが、解雇予告手当についての付加金（労基法114条）の請求ができないので、労働者にとって不利益な考え方である（付加金の対象が、解雇予告手当や休業手当等の不払いに限定されているため）。

☞参考

・**相対的有効説**［判例の立場］
  → 予告を欠く解雇は、即時解雇としては無効。予告期間経過
    または予告手当支払いで有効になる。

・**労働者選択権説** ［通説］
  → 予告を欠く解雇の場合には、労働者は解雇無効の主張する
    こともできるし、解雇有効を認めた上で解雇予告手当の請求
    をすることもできる。ただし、相当な期間内に選択権を行使
    しないと解雇無効を主張できなくなる。

⚖ 関連する判例紹介（◎最重要　○重要　△参考）

○**東洋特殊土木事件**（水戸地竜ヶ崎支判昭和 55.1.18　労民集 31 巻 1 号 14 頁）
　労基法 19 条により、業務上傷病や出産による休業期間およびその後 30 日
間は解雇が制限されるが、その期間中に解雇予告することまで禁止されるわけ
ではない。

○**プラス資材事件**（東京地判昭和 51.12.24　判時 841 号 101 頁）
　解雇予告手当を支払わずに解雇の意思表示をした使用者は、その不適切な対
応によって労務提供を労働者に断念させた責任があるから、解雇通知後 30 日
を経過したこと等により雇用契約が終了した時点において、労働者に対し、解
雇予告手当を支払うべき義務を負うとした。

○**セキレイ事件**（東京地判平成 4.1.21　労判 605 号 91 頁）
　使用者が、解雇予告手当を支払うことなく即時解雇の意思表示をし、これに
対して労働者が雇用関係の即時終了を容認して解雇予告手当の支払いを求めて
いる場合には、労働者の意思表示によって雇用関係は即時に終了し、使用者は
労働者に対して解雇予告手当を支払うべき義務が生じるとした。労働者選択権
説に立脚した判決と理解されている。

8 時間外労働手当

＜訴訟物＞

　申立人の被申立人に対する、労働契約に基づく賃金請求権

＜求めるあっせんの内容＞

　申立人は、被申立人に対し、金○○円（時間外労働手当の額）（およびこれに対する令和○年○○月○○日（賃金支払日の翌日）から支払済みまで年３パーセントの割合による金員）を支払うよう求めます。

＜当事者の主張すべき事実＞

時間外労働手当の支払請求

申立人	被申立人
1　労働契約の締結 2　労働契約中の時間外労働に関する合意の内容 3　請求に対応する期間について、時間外労働の履行がなされたことおよびその時間数	1　時間外労働がなかったこと 2　時間外労働があったとしても、 ①管理監督者であること ②割増賃金に対応する手当（定額残業手当等）の支払いがなされたこと ③みなし労働時間制の適用があること ④消滅時効によって請求権が消滅していること など

☑ 訴訟物および求めるあっせんの内容

　訴訟物は、時間外労働手当も賃金ですから、申立人の被申立人に対する、労働契約に基づく賃金請求権です。

　求めるあっせんの内容は、時間外労働手当とこれに対する年３パーセ

ントの遅延損害金の請求です。

☑ 申立人の主張すべき事実

　申立人は、左側ブロックの1〜3の3つを主張します。

　2については、仮に就業規則に時間外労働義務の定めがないとか、三六協定が締結されていないといった違法な残業であっても、労基法上当然に法定の割増率による時間外労働割増賃金は発生するとされています。そこで、使用者の指揮命令の下になされた実労働時間が、時間外労働となったということを主張すればよいということになります。

☑ 被申立人の主張すべき事実

　被申立人は、右側ブロックの1・2を主張します。

　1では、指揮命令下になされた実労働時間であることを争うとか、時間外労働自体を否定するということです。

　あるいは時間外労働があったとしても、2①〜④のように、「時間外労働があった」ことを認めた上で、それとは違う事実を持ち出して相手方の主張には理由がないと主張することを、「抗弁」といいますが、①以下の抗弁に当たる事実を主張していくことになります。

あっせん手続申立書

［紛争の概要］

　申立人は、令和○年 10 月 1 日、被申立人に採用されました。10 月分の給与をもらったところ、残業が多かったのに、管理職だということで、まったく時間外手当が支給されませんでした。それを抗議したことで社長と対立し、申立人は 1 カ月で退職しました。その後、何度か未払いの時間外手当を支払うよう請求したのですが、まったく応じてくれません。

［解決を求める事項］

求めるあっせんの内容

　申立人は、被申立人に対し、金 11 万 5,650 円およびこれに対する令和○年 11 月 6 日から支払済みまで年 3 パーセントの割合による金員の支払いを求めます。

あっせんを求める理由

1．当事者および労働契約

　(1)　被申立人は、前記本店所在地に本社がある株式会社です。主として○○の製造販売を営業の目的としています。本社のほか、各地に営業所や工場を持つ資本金○○○万円の株式会社です。

　(2)　申立人は、令和○年 10 月 1 日、被申立人との間で労働契約を締結し、次の条件で営業課長として雇用されました。

　　　・期間の定めなし

　　　・勤務時間　午前 9 時から午後 6 時まで（うち休憩 1 時間）

　　　・休日　土曜日、日曜日、祝祭日、年末年始休暇 3 日、夏季休暇 3 日

　　　・賃金　月額 40 万円（毎月末日締切り、翌月 5 日支払い）基本給 25 万円、職務手当 12 万円、住宅手当 3 万円

❶

2．時間外労働手当の計算について

　　申立人の時間外労働手当の基礎となる賃金は、基本給 25 万

円、職務手当 12 万円の合計 37 万円です。次の計算式のとおり、1 カ月平均所定労働時間は 160 時間ですので、1 時間当たり単価は、金 2,313 円（50 銭以上切上げ）となります。

<計算式>

年間所定労働日数

365 日 − 125 日（土日 104 日、祝祭日 15 日、年末夏季 6 日）= 240 日

年間所定労働時間

240 日 × 8 時間 = 1,920 時間

1 カ月平均所定労働時間

1,920 日 ÷ 12 月 = 160 時間

時間外労働手当の基礎となる 1 時間当たり賃金額

370,000 円 ÷ 160 時間 = 2,312 円 50 銭 ≒ 2,313 円（50 銭以上切上げ）

3．時間外労働の時間数および割増賃金額

　申立人は、採用された 10 月 1 日から 1 か月間、営業課長として命じられた業務に従事し、別紙一覧表（省略）のとおり、合計 40 時間の時間外労働を行いました。

　申立人が支払われるべき時間外労働手当は、次のとおり、11 万 5,650 円です。

　2,313 円 × 1.25 × 40 時間 = 11 万 5,650 円

4．結論

　被申立人は、申立人を管理職である営業課長として採用したので、時間外手当は支払わないといいます。しかし、申立人は、上司の業務命令に従って、業務に従事していたので、ほとんど管理職としての裁量権はありませんでした。管理職だというだけで、時間外手当を支払ってくれないのには納得できませんので、上記金額の時間外手当の支払いを求めるものです。

　最後に、これまでの経緯および申立人の現在の心情については、別添の「陳述書」に詳細に記載しております。これもあわせご検討いただいて、公正なあっせんをお願いします。

☑ あっせん手続申立書の書き方のポイント

「求めるあっせんの内容」は、具体的計算をした結果の時間外労働手当の金額と支払期日から支払済みまで年3パーセントの割合による金員の支払いです。時間外労働手当の請求ですから、かなり細かい計算をした結果の金額を記載しています。

「あっせんを求める理由」では、「1. 当事者および労働契約」の（2）で、❶のように、営業課長として雇用されたこと、労働時間や賃金の定めを述べます。ここで、労働時間や算定基礎となる賃金の情報を書くわけです。

「2. 時間外労働手当の計算について」では、❷のように、計算式もきちんと書いて計算プロセスとともに示します。算定基礎となる賃金額等の端数処理については、1時間当たりの賃金額および割増賃金額に円未満の端数が生じた場合、50銭未満の端数を切り捨て、それ以上を1円に切り上げるという取扱いでOKなのは、社会保険労務士の先生方はよくご存知だと思います。

「3. 時間外労働の時間数および割増賃金額」では、❸のように、時間外労働時間とその分の手当の額を主張します。

「4. 結論」では、❹のように、申立人は被申立人の主張するであろう管理監督者の抗弁をあえて先取りした上で、それを否定する事実を述べています。

答 弁 書

[被申立人の主張]
　求めるあっせんの内容についての答弁
　　　申立人の求めるあっせんの内容は、認めません。

あっせんを求める理由に対する答弁
1．申立書1項については認めます。
2．同2項から4項について
　(1)　管理職としての実質があったこと
　　　　申立人は、営業課長として中途採用されました。これは、
　　　申立人の営業職としてのキャリアを見込んで採用したもので
　　　す。最初の1カ月は、得意先への挨拶回り等、必要な指示を
　　　しましたが、本来は管理職として自らの裁量で働ける地位な
　　　のです。
　　　　また、タイムカードによる時間管理もされない立場です
　　　し、給与も完全月給制で欠勤控除もありません。職務手当が
　　　12万円というのも、管理職に対する手当としては十分だと
　　　考えています。
　　　　そこで、申立人は、労働基準法41条2号の「監督若しく
　　　は管理の地位にある者」に該当し、労働時間規制の適用除外
　　　者となります。
　(2)　職務手当が定額時間外手当の趣旨を含むこと（予備的主張）
　　　　被申立人の賃金規程○○条には、「管理職者に対しては、
　　　担当する職務の重要性に応じて、職務手当を支給する。これ
　　　は、定額残業手当を含む」と規定されています。その趣旨
　　　は、申立人にも採用時に十分説明しています。
　　　　もしも(1)項の主張が認められないとしても、申立人の
　　　時間外労働は、次の計算式のように、十分職務手当でカバー
　　　されます。

　＜計算式＞
　　時間外労働手当の基礎となる1時間当たり賃金額
　　250,000円÷160時間＝1,562円50銭≒1,563円（50銭以上

❺

❻

切上げ）

（職務手当は、定額残業手当の趣旨を含むので、算定基礎賃金から除外すべきです）

申立人が支払われるべき時間外労働手当は、次のとおり、7万8,150円です。

1,563円 × 1.25 × 40時間 ＝ 7万8,150円

この金額は、職務手当12万円で十分カバーされるもので、被申立人からは既に支払い済みです。

3．被申立人のその他の主張

(1)　そもそも、申立人の主張する時間外労働については、もともとタイムカードによる記録もありませんし、事実と異なる点もあります。

(2)　短期間で勝手に退職されて、後任もまだ決まらずに営業の現場は混乱しています。むしろ困っているのは被申立人のほうです。申立人には、営業の第一線で働いてもらいたかったのですが、非常に残念に思っています。

☑ 答弁書の書き方のポイント

被申立人は、答弁では、認めませんとしています。

理由についても、2.（1）で、❺のように管理監督者の抗弁を述べています。

加えて、管理監督者の抗弁は認められることが困難な場合もありますので、2.（2）で職務手当が定額時間外手当の趣旨を含むこと（予備的主張）を述べています。その具体的根拠として、❻のように、管理監督者に該当するので労働時間規制が申立人には適用されない、との主張が認められないとしても、申立人の時間外労働は、十分職務手当でカバーされると、抗弁に当たる主張を縷々述べることが考えられます。

時間外労働については、多くの論点があって、そもそも労働時間に当たるか争われるケースも多いです。それに応じた様々な抗弁が考えられます。

☑ 当事者からのヒアリングのポイントと確認すべき書証

　時間外労働手当請求の事案でも申立人、被申立人の各ブロックに記載したポイントになる事実（要件事実）を中心にヒアリングします。

　また、次のような書面を確認する必要があります。

---

①**労働契約書**

　労働時間に関する労働契約上の合意（所定労働時間、始業・終業時刻、休憩時間、所定休日）、賃金の内容（額、支払方法）、当事者の特約などを確認します。

②**給与明細書、賃金台帳**

　時間外労働の対象となる期間の支給内容を確認します。

③**就業規則、賃金規程**

　その労働者に支払われる時間外労働手当の内容（諸手当の意味合いなど）を確認します。

④**時間外労働がなされたことを証するタイムカード、出勤記録など**

　必須判例として、労働時間について述べた「三菱重工長崎造船所事件」があります。定額残業手当については「高知県観光事件」、管理監督者については「神代学園ミューズ音楽院事件」があります。これらの判例をぜひご一読ください。

必須
判例

百選 33 事件（労働時間の概念）

三菱重工長崎造船所事件（最高裁平成 12.3.9 第一小法廷判決）

[事 件 番 号] 平成 7 年（オ）第 2029 号

[事 件 名] 賃金請求事件

[掲 載 文 献] 最高裁判所民事判例集 54 巻 3 号 801 頁、労働判例 778
号 11 頁、判例時報 1709 号 122 頁

[事件の概要]

　Ｙ社では、就業規則で始業時刻 8 時・終業時刻 17 時に造船作業場で
「実作業」を開始・終了することを義務づけ、その前後の時間は労働時
間としてカウントしていなかった。

　これに対して、Ｘらが「実作業」の前・後に義務づけられている①作
業服の更衣および保護具の着脱 ②副資材・消耗品の受出し ③粉じん防
止のための散水などの作業に要する時間が「労働時間」に当たるとし
て、割増賃金の支払いを請求したケース。

⚖ 判例の結論

　本判決は、次のように述べて、上記①②③は労働時間に当たるとし、
この時間についてＸらの割増賃金の請求を認容した。

1．労働基準法 32 条の「労働時間」とは、労働者が使用者の指揮命令
　下に置かれている時間をいう。

2．「労働時間」該当性の評価は、労働者の行為が使用者の指揮命令下
　に置かれたものか否かにより客観的に定まるものであり、労働契約・
　就業規則・労働協約等の定め方で決定されるものではない。

3．使用者から義務づけられまたは余儀なくされた行為であれば、所定
　労働時間外で行うものとされる就業準備行為等であっても、特段の事
　情のない限り使用者の指揮命令下に置かれたものと評価でき、その要
　した時間は社会通念上必要と認められるものである限り、労働基準法
　上の「労働時間」に該当する。

4．本件では、Ｘらが義務づけられた作業服・保護具の着脱等の行為

は、Y社の指揮命令下に置かれているものと評価することができる。

⚖ 考え方のみちすじ

1. 労働時間の規制は、労働者の疲労の軽減にとどまらず、家族的・社会的・文化的生活の保障の観点からもとても重要である。「労働時間」とは、使用者が労働者を労働させる時間である（労基法32条）。しかし、「労働時間」の具体的意味合いを定義した明文はない。本判決は、実作業の準備行為等が労基法上の労働時間たり得るか否かについて、最高裁の判断を初めて示したものである。

2. 本判決は、労基法が規制対象としている「実労働時間」とは労働者が使用者の指揮命令下に置かれて労働義務を負わされている時間とし、就業規則などの当事者の定めによらないで客観的に評価されるとした。

3. 加えて、たとえ所定労働時間外に行うとされている行為であっても「義務づけられまたは余儀なくされた」ものである場合には、明示または黙示の指揮命令であり、「業務性・拘束性」が認められるとして「指揮命令下」にあると判断する基準を示した。

4. 本判決からは「労働時間」とは次の性質が認められる時間ということになる。

    (1) 指揮命令下性（使用者の作業上の指揮監督下にあること）

    (2) 業務性ないし拘束性（使用者の明示または黙示の指示によりその業務に従事し拘束されること）

⚖ 関連する判例紹介（◎最重要　○重要　△参考）

○京都銀行事件（大阪高判平成13.6.28　労判811号5頁）
　始業前、終業後の業務従事について黙示の指示による勤務であるとして労働時間と認めた。
◎大星ビル管理事件（最一小判平成14.2.28）☞百選34事件

本判決を引用した上、ビル管理会社で守衛・警備にあたる従業員の仮眠時間について、仮眠時間中も労働者は警報等に直ちに対応することを義務づけられているので使用者の拘束下にあるとし、仮眠時間も労働時間であるとした。

○すし処「杉」事件（大阪地判昭和 56.3.24　労経速 1091 号 3 頁）

　たとえ休憩時間とされていても、店内で休憩していることを要し、客が来店した場合には即座に対応しなければならない時間は手待ち時間であり、労働時間である。

◎大林ファシリティーズ（オークビルサービス）事件（最二小判平成 19.10.19　労判 946 号 31 頁）

　マンションの住込み夫婦管理人の労働時間について、平日の勤務時間の前後であっても使用者の黙示の指示があれば労働時間となるとした。一方、勤務時間中の病院通院時間や犬の散歩時間を労働時間から除外した。

△八尾自動車興産事件（大阪地判昭和 58.2.24　労判 405 号 64 頁）

　就業時間後の経営協議会専門委員会への参加および教習用語統一に関する研修会への参加時間は、労働時間である。

百選 38 事件（時間外労働手当）

高知県観光事件（最高裁平成 6.6.13 第二小法廷判決）
[事 件 番 号] 平成 3 年（オ）第 63 号
[事　件　名] 割増賃金等請求上告事件
[掲 載 文 献] 労働判例 653 号 12 頁、判例時報 1502 号 149 頁、判例
　　　　　　 タイムズ 856 号 191 頁

[事件の概要]

　Ｘらは、タクシー会社Ｙ社で運転手として勤務していた。Ｙ社の所定
労働時間は午前 8 時から翌日午前 2 時までの隔日勤務であるが、給与
は完全歩合制がとられ、Ｘらに午前 2 時以降の時間外労働手当および深
夜労働手当が支給されることはなかった。また、歩合給の内容も、通常
の賃金部分と時間外・深夜労働の割増賃金に当たる部分があるかを判別
することができないものであった。

　これに対して、Ｘらが Y 社に対し、午前 2 時以降の時間外労働手当お
よび午後 10 時以降翌日 5 時までの深夜労働手当ならびに付加金の支払
いを請求したケース。

✍ 判例の結論

　原判決は、午前 2 時以降は、そもそもＸらに就労する法的根拠がない
ので賃金請求権は発生しないとした。これに対し、本判決は、次のよう
に述べて、原判決を破棄・自判してＸらの請求を認めた。

1．午前 2 時以降の就労についても、当事者間で労働契約に基づく労務
　の提供であること自体は「争いのない事実」である。これに反する原
　判決の認定判断は弁論主義に反する違法なものであり、破棄を免れな
　い。
2．歩合給の額が、時間外・深夜労働を行っても増額されるものでな
　く、通常の賃金と、時間外・深夜労働の割増賃金に当たる部分を判別
　することができない場合、歩合給の支給によって上記割増賃金が支払
　われたとすることは困難なものというべきである。

3．よって、Y社はXらに対し、労働基準法 37 条所定の計算方法による割増賃金を支払う義務がある。

⚖ 考え方のみちすじ

1．労働者の「人たるに値する生活」（労基法 1 条）を全うする趣旨から、労働時間について種々の規制がなされる。時間外・深夜労働に対する割増賃金の制度もその 1 つである。

　　ところが、定額の手当の支給で済ませてしまう例が多く見られ、このような支給方法は適法かが問題とされてきた。特に、基本給の中に、何らの区分なく割増賃金を含むとしてしまう支給方法は、労基法 37 条の潜脱として、違法とされてきた。

2．本判決は、この考え方を発展させ、「歩合給」に割増賃金が含まれるとしてしまう支給方法の適法性について、最高裁判所が初めて判断を示した判例である。

　　本判決からは、歩合給が割増賃金を含むものとして適法とされるためには、次の 2 つの要件が必要であるといえる。

(1)　時間外・深夜労働手当に当たる部分が存在し、通常の賃金部分と明確に分離されていること

(2)　当該部分が、歩合給における割増賃金として法所定の計算方法で算出される額を上回っていること

3．この考え方は、次の小里機材事件最高裁判決の基準を発展させ、実務にも大きな影響力を与えているものである。

⚖ 関連する判例紹介（◎最重要　○重要　△参考）

◎小島撚糸事件（最一小判昭和 35.7.14　刑集 14 巻 9 号 1139 頁）
　違法な時間外労働・休日労働についても、割増賃金の支払義務が発生する。

◎小里機材事件（最判昭和 63.7.14　労判 523 号 6 頁）
　基本給に割増賃金が含まれるとされる支給方法については、基本給の割増賃金部分が明確に区分され、法所定の方法による割増賃金が手当の額を上回る場合はその差額を支払うとされている場合にのみ、適法である。

○関西ソニー販売事件（大阪地判昭和 63.10.26　労判 530 号 40 頁）
　営業社員の時間外労働手当を「営業手当」として固定額で支払うことも、法所定の割増賃金額を上回っている限り、適法である。

△モルガン・スタンレー・ジャパン事件（東京地判平成 17.10.19　労判 905 号 5 頁）
　基本給内の割増賃金部分の特定が不明確であったが、①労働時間の管理が困難であったこと、②基本給が労働時間見合いではなく貢献度によって決定され、年額 2,200 万円と極めて高額であったことから、労働者の保護に欠けることはないとして、割増賃金が基本給に含まれているとの合意を有効と認めた。

○創栄コンサルタント事件（大阪高判平成 14.11.26　労判 849 号 157 頁）
　年俸は所定労働時間に対する報酬であるから、時間外労働については割増賃金を支払う義務があり、これに反する就業規則の条項や合意は無効である。

○神代学園ミューズ音楽院事件（東京高判平成 17.3.30）☞百選 40 事件
　使用者が残業を明確に禁止した時間については、たとえ従業員が業務に従事したとしても労働時間には当たらない。したがって、事業主に割増賃金支払い義務は発生しない。

百選 40 事件（労働時間規制の適用除外）

神代学園ミューズ音楽院事件（東京高裁平成 17.3.30 判決）

[事 件 番 号] 平成 16 年（ネ）第 95 号・第 4597 号

[事　件　名] 賃金本訴、不当利得返還反訴、残業代請求控訴、同附帯
　　　　　　　控訴事件

[掲 載 文 献] 労働判例 905 号 72 頁

[事件の概要]

　Ｙ学園は、ロック、ポップス等の現代音楽の専門学校である。Ｙ学園は賃金、手当の見直しを行い、役職者には時間外手当が支払われなくなった。また、三六協定が締結されていないことを理由として残業は禁止となり、すべて役職者に残業を負担させることとなった。

　Ｙ学園において、Ｘ１教務部長、Ｘ２事業部長は理事長に次ぐ地位にあり、Ｘ３も役職者であった。Ｘ１の賃金は基本給 30 万 2,000 円（＋役職手当 10 万円）、同様にＸ２は 29 万 9,000 円（＋ 10 万円）、Ｘ３は 31 万 4,000 円（＋ 6 万円）という処遇であった。

　Ｙ学園のこれらの措置に納得できないＸらは組合を組織し、時間外手当の支払いを求めて団体交渉を申し入れたが拒否された。そこで、Ｙ学園に対して未払時間外手当の支払いを求めて訴えを提起したところ、Ｙ学園は、Ｘらは労基法 41 条 2 号の「管理監督者」であるとしてこれを争ったケース。

⚖ 判例の結論

　本判決は、次のように述べて、Ｘらの時間外手当の請求を認めた。

1. 労基法 41 条 2 号の管理監督者が時間外手当支給の対象外とされるのは、次の（1）～（3）の実質がある限り、厳格な労働時間等の規制をしなくてもその保護に欠けることはないという趣旨に出たものと解される。

   （1）　その者が経営者と一体的な立場にある

   （2）　労働時間・休憩・休日の規制の枠を超えて活動することを要請されてもやむを得ない重要な職務と権限を付与されている

（3）　それゆえに賃金等の待遇および勤務態様において他の一般労働者に比べて優遇措置が講じられている

そこで、管理監督者に該当するためには、役職の名称だけでなく、実質的に以上の法の趣旨が充足される立場にあると認められなくてはならない。

2．本件では、次のような事実があるので、Xらを時間外手当支給の対象外とされる管理監督者とするY学園の主張は採用することができない。

（1）　Xらはタイムカードにより時間管理されており、他の従業員と異ならない

（2）　その業務、権限についても経営者Y理事長と一体的な立場にあったとはいえない。X1、X2は部長としての責任を問われることはあっても、その職責に見合う裁量はなかった

（3）　Xらの勤務態様からすると、役職手当の支給をもって優遇措置が講じられていると認めることは困難である

⚖ 考え方のみちすじ

1．労基法41条2号の管理監督者に労働時間等の規制は適用されない。それは、経営管理者またはこれと一体となる立場の者は、自らの裁量で時間管理をなし得るし、規制の枠を超えて活動することを求められるからである（昭和63.3.14 基発150号）。しかし、一般に管理職と呼ばれる者であっても、厳しい労働実態の下、自分も管理される立場で労務に従事している者も多い。そこで、労基法41条2号該当性の判断にあたっては、管理監督者として労働時間規制の枠外に置いてよい実態であるのかを実質的に判断する必要がある。

2．本判決は、裁判所として、管理監督者該当要件を示した点が重要である。具体的には、次のような内容となる。

（1）　経営者と一体となって重要な職責を負う役職者であること

（2）　始業・終業時刻や休日を自律的に決定できること

（3）　役職に相応しい賃金等の処遇を受けていること

3．裁判所のこのような厳格な態度は、労働時間規制の本来の趣旨に沿ったものと言える。しかし、我が国の労働実態としては、実質を無視して管理監督者の名の下にサービス残業を強制する、いわゆる「名ばかり管理職」問題が深刻である。

⚖ 関連する判例紹介（◎最重要　○重要　△参考）

［管理監督者該当性を否定した判例］

○**静岡銀行事件**（静岡地判昭和 53.3.28　労民集 29 巻 3 号 273 頁）
　銀行の支店長代理について、管理監督者該当性を否定

○**日本マクドナルド事件**（東京地判平成 20.1.28　労判 953 号 10 頁）
　ハンバーガーショップ店長について、該当性を否定

○**レストランビュッフェ事件**（大阪地判昭和 61.7.30　労判 481 号 51 頁）
　レストラン店長について、該当性を否定

○**サンド事件**（大阪地判昭和 58.7.12　労判 414 号 63 頁）
　役職手当を受けていた課長職について、該当性を否定

○**光安建設事件**（大阪地判平成 13.7.19　労判 812 号 13 頁）
　建設会社の現場監督について、該当性を否定

［管理監督者該当性を肯定した判例］

○**徳州会事件**（大阪地判昭和 62.3.31　労判 497 号 65 頁）
　医療法人の人事第二課長の職にあって、看護師の募集業務に従事していた者について、管理監督者該当性を肯定した。

○**日本プレジデントクラブ事件**（東京地判昭和 63.4.27　労判 517 号 18 頁）
　総務局次長の職にあって、総務・経理・財務・人事の全般にわたって管理業務を行っていた者について、管理監督者該当性を肯定した。

＜訴訟物＞

申立人の被申立人に対する、不法行為に基づく損害賠償請求権

＜求めるあっせんの内容＞

「申立人は、被申立人に対し、金○○円（および令和○年○○月○○日から支払済みまで年3パーセントの割合による金員）を支払うよう求めます。

＜当事者の主張すべき事実＞

不法行為に基づく損害賠償請求

申立人	被申立人
1　故意または過失により、個別の労働条件について通常の労働者と相違する待遇差が行われていること 2　違法性（不合理性）あり 当該個別の待遇を比較して、その相違が （1）当該待遇の性質・目的に照らして （2）通常の労働者との ⓐ　職務の内容（業務の内容および責任の程度） ⓑ　職務の内容および配置の変更の範囲 ⓒ　その他の事情 を考慮した場合に、均等または均衡を欠くこと 3　損害の発生 　均等または均衡を欠いた結果としての逸失利益相当額や慰謝料 4　因果関係 　3の損害が1の待遇差に起因すること	1　比較対象となる通常の労働者の選択に誤りがある等、申立人主張の故意または過失による待遇差はないこと 2　違法性（不合理性）なし 当該個別の待遇を比較して、その相違が （1）当該待遇の性質・目的に照らして （2）通常の労働者との ⓐ　職務の内容（業務の内容および責任の程度） ⓑ　職務の内容および配置の変更の範囲 ⓒ　その他の事情 を考慮した場合に、均等または均衡を欠いてはいないこと 3　損害の不発生 　申立人主張の損害は発生していないこと 4　因果関係の否認

☑ 訴訟物

　訴訟物は、不法行為に基づく損害賠償請求権です。本件は、パートタイム・有期雇用労働法8条に規定される不合理な待遇差であって違法であるとして、不法行為（民法709条）に基づく損害賠償請求を行っています。

　近時の多くの裁判例でも、短時間労働者や有期雇用労働者から、（旧）労働契約法20条（これがパートタイム・有期雇用労働法8条に統合されました）を根拠として損害賠償請求訴訟が提起され、裁判所は不法行為を理由として請求を認容しています。ただ、後述するように、労働契約上の権利として、本来支払いが求められる賃金との差額を請求する訴訟（債務不履行構成）も考えられます。その場合には、訴訟物は①不法行為による損害賠償請求権と、②債務不履行による損害賠償請求権（または差額賃金請求権）の2本立てとなります。

☑ 当事者の主張すべき事実

　申立人は、不法行為（民法709条）の被害者が主張・立証すべき要件事実である、①故意または過失に基づく加害行為があること、②違法性、③損害が発生したこと、④損害と加害行為の因果関係を主張します。

　まず左側ブロックの1として、被申立人の故意または過失により、個別の労働条件について通常の労働者と相違する待遇差がある事実を主張します。

　次に、2として、その待遇差が違法なものであることを主張します。違法とされる根拠は、当該待遇差にパートタイム・有期雇用労働法8条に違反する「不合理性」があることです。ただ、「不合理性」は、いわゆる規範的要件事実ですから、申立人は、その評価を基礎づける具体的事実（評価根拠事実）を挙げ、掘り下げて主張・立証する必要があります。すなわち、申立人は、当該個別の待遇を比較して、その相違が（1）当該待遇の性質・目的に照らして（2）通常の労働者との@職務の内容

（業務の内容および責任の程度）、ⓑ職務の内容および配置の変更の範囲、ⓒその他の事情の諸要素を考慮した場合に、当該待遇差が均等または均衡を欠いており、不合理であることを主張・立証することになります。

　そして、3として、当該不合理な待遇差による損害の発生として、具体的には均等または均衡を欠いた結果としての逸失利益相当額の存在や差別的取扱いを受けたことによる精神的損害（慰謝料）、4として、因果関係の存在、すなわち3の損害発生が1の待遇差に起因すること、これらを主張・立証すべきこととなります。

　これに対して、被申立人は、右側ブロックで、当該待遇差が不合理ではない旨の各事実を主張・立証します。例えば、1として、申立人の主張する待遇差がある事実を否定することが考えられます。待遇差が事実として存在すること自体は否認しにくいかもしれませんが、申立人が比較対象とした通常の労働者の選択には誤りがあって、正しい比較対象との比較では待遇差はない、または差は僅少である等の主張をすることが考えられます。また、2として、その考慮すべき諸要素を検討しても、通常の労働者との待遇差は均等、均衡を欠いておらず、合理的なものであることを主張・立証していきます。すると、3の損害発生や、4の因果関係は、否定されることになります。

あっせん手続申立書

[紛争の概要]

　申立人は、平成○○年○○月○○日、被申立人に1年有期契約の契約社員として雇用されました。被申立人の就業規則では、正社員とパートタイム社員、有期契約社員の区別がなされていませんが、正社員に支払われている扶養手当はパートタイム社員、有期契約社員には全く支給されていません。そのような取扱いは、理由のない差別であると被申立人にその是正を再三申し入れていますが、被申立人はまったく話し合いに応じません。

[解決を求める事項]

　求めるあっせんの内容

　申立人は、被申立人に対し、金○○円及び令和○年○○月○○日から支払済みまで年3パーセントの割合による金員の支払いを求めます。

　あっせんを求める理由

1．当事者及び労働契約

　(1)　被申立人は、前記本店所在地に本社がある株式会社です。主として○○の製造販売を営業の目的としています。本社のほか、各地に営業所や工場を持つ資本金○○○万円の株式会社です。

　(2)　申立人は、平成○○年○○月○○日、被申立人との間で労働契約を締結し、次の条件で被申立人に雇用されました。有期契約というものの、既に10回の契約更新をして継続して勤務しています。

　・期間　平成○○年3月31までの1年間

　・賃金　月額○○万円（毎月15日締切り、当月25日支払い）

　・特約　期間満了に際しては、被申立人と申立人の合意によって契約を更新することがある。

2．扶養手当に関する就業規則の定め

　　被申立人の就業規則には、次のような扶養手当に関する定めがあります。

　　第○○条（扶養手当）

会社は、次の家族を扶養する社員に対し、扶養手当を
　　支給する。
　①　配偶者（所得税法上の控除対象配偶者に限る）
　　　月額○万円
　②　18歳未満の子（18歳に達した日の属する年度の末日ま
　　　で）
　　　　一人につき、月額○万円

3．扶養手当の不支給
　　　被申立人は、前記就業規則が正社員とパートタイム社
　　員、有期契約社員を区別していないにもかかわらず、正
　　社員以外には扶養手当を一切支給していません。
4．扶養手当の待遇差は不合理であること
　　被申立人における扶養手当についての待遇差は、パートタイ
　ム・有期雇用労働法8条に違反する不合理なもので違法です。
　(1)　扶養手当の目的・性質は、就業規則の定めからは明確
　　　には読み取れませんが、①家族持ちの社員の生活扶助、
　　　②継続的な勤務が見込まれる社員へのインセンティブで
　　　あると説明されてきました。該当家族を有する正社員に
　　　はもれなく支給されています。
　(2)　その性質・目的に照らして、正社員と比較して私に扶
　　　養手当を不支給とする理由は見当たりません。
　　　　a　扶養手当は社員の生活保障が目的です。仮に労働実
　　　　　態が同じでなければ支給されないとしても、正社員と
　　　　　私との大きな相違点は契約期間の有無だけで、労働
　　　　　時間、職務の内容はほとんどが同一です。私は現場
　　　　　責任者なので、責任の重い仕事を与えられている点
　　　　　も同じです。
　　　　b　正社員に転勤制度がある点は異なりますが、実際に
　　　　　は正社員であっても転勤を命じられる実例はごくご
　　　　　く僅かです。
　　　　c　長期勤続してくれる社員の生活保障が扶養手当の目
　　　　　的であることは理解できますが、私も既に10回も
　　　　　契約を更新しており、正社員と同様に継続して勤務
　　　　　し、被申立人に貢献してきました。

(3)　申立人には、扶養手当の対象となる妻と子3人がいます。契約社員はもともと基本給額が正社員よりも低く抑えられている上に、4人の対象家族に対する扶養手当が一切支給されていないのです。これでは生活していくことができず、申立人の受ける不利益の程度は著しく大きいのです。

(4)　申立人の受ける不利益は、被申立人が就業規則上は正社員とパートタイム・有期雇用社員を区別していないにもかかわらず、正社員以外には支給しないとの長年続いた悪しき処遇慣行を改善せず、漫然と不合理な待遇差を放置してきた労務管理の怠慢によるものです。

5．不法行為に基づく損害賠償請求

　　以上のように、被申立人がパートタイム社員や私のような有期雇用社員に対して扶養手当を支払わないことは、不合理な待遇差であって、パートタイム・有期雇用労働法8条に違反しています。このような被申立人の処遇は、不法行為に該当し、正社員と均等な処遇を求めることができる法的利益を侵害するものです。そこで、扶養手当のこれまでの未支給額相当額の損害賠償金の支払いを求めるものです。

　　最後に、これまでの経緯及び申立人の現在の心情については、別添の「陳述書」に詳細に記載しております。これもあわせご検討いただいて、公正なあっせんをお願いします。

☑ あっせん手続申立書の書き方のポイント

　求めるあっせんの内容は、損害賠償金の支払い請求です。また、請求した日の翌日から支払済みまでの遅延損害金の支払いを求めています。

　あっせんを求める理由は、まず1で当事者および労働契約の内容を述べた上で、2で扶養手当に関する就業規則の内容を具体的に書き、3で扶養手当が不支給とされている事実を書きます。この部分で、❶のように被申立人が故意または過失によって、就業規則上の待遇差は存在しないのにもかかわらず、被申立人が扶養手当について差別的取扱いをして

いる事実を主張します。

　次に4で、扶養手当の性質・目的や申立人の労働実態からして扶養手当の不支給がパートタイム・有期雇用労働法8条に違反し、不合理であることを基礎づける具体的事実を書いていきます。❷のように扶養手当の性質・目的は家族持ち社員の生活保障と継続勤務する社員へのインセンティブであるなら、申立人は労働実態として正社員とほぼ同一の労働をしており、有期雇用とはいえ更新を繰り返して長期勤務している実態も正社員と同様であること、従って、均等な処遇（扶養手当の支給）がなされないのは不合理であること、損害の発生や因果関係を主張します。

　最後に、5で本件のような不合理な待遇差は、パートタイム・有期雇用労働法8条に違反する違法なものであり、民法709条の不法行為が成立すると述べます。

答 弁 書

[被申立人の主張]
　求めるあっせんの内容についての答弁
　申立人の求めるあっせんの内容は、認めません。

あっせんを求める理由に対する答弁
1．申立書1項、2項については認めます。
2．同3項から5項について
　(1) 確かに、被申立人の就業規則の規定上は扶養手当の支給対象を正社員とパートタイム社員、有期契約社員とで区別はしていません。しかし、長年の労使慣行により、被申立人においては、長期勤続と管理職への昇進が見込まれる幹部候補生である正社員に対して、その家族の生活保障を行う強い必要性があって扶養手当を支給してきたものです。すなわち、被申立人においては、正社員としての職務を遂行し得る人材の確保やその定着を図る等の目的から、様々な部署で継続的に就労することが期待される正社員に対して扶養手当を支給することとしているものです。❸

　(2) 申立人と正社員の職務の内容等について、同質性があることは事実ですが、正社員には転勤に応じる義務があること等、職務の内容および配置の変更の範囲には一定の相違があります。

　(3) 申立人は、契約の10回の反復更新によって、正社員と同様に被申立人に貢献していると主張しています。もちろん、申立人の貢献には感謝していますが、被申立人においては有期契約社員に対して正社員への登用制度があり、申立人はその登用制度に挑戦する資格があります。現に、被申立人は、申立人に対して、正社員登用試験の受験を強く勧めてきました。しかし、申立人はこれまであえて正社員登用制度を利用しませんでした。そのような事実関係を踏まえると、申立人から有期雇用社員のままで正社員と均等な処遇を求められても困ってしまいます。❹

3. 以上のように、申立人に対する扶養手当の不支給は、扶養手当の性質・目的、労働実態の相違等からして不合理な待遇差ではありません。

☑ 答弁書の書き方のポイント

申立人の求めるあっせんの内容は、認めませんとしています。

被申立人としては、申立人をはじめパートタイム社員、有期雇用社員に対して扶養手当を不支給としていることは事実と認めています。しかし、扶養手当の性質・目的について、❸のように、正社員としての職務を遂行し得る人材の確保やその定着を図る等の目的から、様々な部署で継続的に就労することが期待される正社員に対して扶養手当を支給するとして、この点を強調しています。

また、❹のように、労働実態としても申立人と正社員とでは一定の相違があること、正社員への登用制度があるのにあえてそれを利用しない申立人の請求は正当ではないことなど、扶養手当不支給の処遇は、不合理な待遇差ではないことを主張しています。

☑ 当事者からのヒアリングのポイントと確認すべき書証

不合理な待遇差の禁止に該当するかどうかは、かなりきめ細かい事実の確認が必要になります。問題となる労働条件、処遇の性質・目的など趣旨を確認し、当該労働条件ごとに比較対象となる通常の労働者と比較し、職務内容や様々な諸事情（その他の事情）まで考慮要素として、その待遇差が不合理かどうかを判断していくことになります。

パートタイム・有期雇用労働法の趣旨を基本に据えて、同一労働同一賃金ガイドライン、最高裁判例の考え方等を参照しながら、不合理性の判断をしていくことになりますが、その判断にあたっては、次のような書面を確認する必要があります。

①労働契約書

　パートタイム社員、有期契約社員としての雇用契約の締結や処遇の具体的内容、当事者の特約などを確認する。複数回の更新がなされている場合には、すべての期間について労働契約書を確認する。

②就業規則・労働協約

　当該労働条件、処遇（手当等）について就業規則や労働協約でどのような内容の定めがあるのか、正社員とパートタイム社員、有期契約社員とが就業規則上どのように位置づけられ、相違する処遇がなされているかを確認する。各種の手当については、賃金規程も含め、その趣旨・内容を確認する。

③給与明細書、出勤簿、タイムカード、賃金台帳

　その労働者の労働実態や支給明細を確認する。

④会社の法人登記簿のほか、会社の組織図、会社案内など企業の規模、労働者の員数、配置、業務内容などがわかる書類

　不合理な待遇差か否かの判断には、当該企業の通常の労働者とパートタイム社員、有期契約社員などの社員の種別、労働実態や処遇の相違点を見極める必要があることから、その判断に資する書面はできる限り多く収集し、確認する。

　皆さんご存知のとおり、労働契約法20条はパートタイム・有期雇用労働法8条に統合されました。この「不合理な待遇差の禁止」については、令和2年10月に相次いで出された最高裁判決をはじめ、個別の労働条件について判例の考え方を学ぶ必要性が高いです。

　加えて、パートタイム・有期雇用労働法9条は、「通常の労働者と同視すべき短時間・有期雇用労働者に対する差別的取扱いの禁止」を定めています。この2つの規定に違反する場合には、企業の不法行為となります。また、労働契約や就業規則の内容を解釈して、パートタイム社員や有期契約社員に正社員と均等な処遇を求め得る労働契約上の権利が認められる場合もありうることは共通しています。そこで、必須判例とし

て、同法 9 条に関する「ニヤクコーポレーション事件」を掲げます。関連判例として、日本郵便事件等の最高裁判決をご覧ください。

百選 78 事件
(パート労働者に対する差別的取扱いの禁止)

ニヤクコーポレーション事件（大分地裁平成 25.12.10 判決）
[事件番号] 平成 24 年（ワ）第 557 号
[事 件 名] 正規労働者と同一の雇用契約上の地位確認等請求事件
[掲 載 文 献] 労働判例 1090 号 44 頁、判例時報 2234 号 119 頁、
　　　　　　　労働経済判例速報 2202 号 3 頁

[事件の概要]

　Xは、貨物運送業を営むY社で運送業務に従事していた。当初は期間社員であったが、その後平成 18 年 4 月以降は準社員となり、労働契約は平成 25 年 3 月 31 日まで 1 年有期契約が 6 回更新された。その職務内容は正社員と同じ運送業務であり、労働時間は 1 日 7 時間、勤務日数は年 291 日であった。Y社就業規則では、正社員には転勤・出向があるが、準社員にはない。しかし、正社員の転勤実績は少なかった。また、準社員にもチーフ、グループ長などの職責が与えられることが多かった。

　平成 24 年 7 月、準社員就業規則の改正に同意しなかったXは、翌年 3 月で雇止めされた。その後、Xはパートタイム労働法 8 条 1 項（注：現行 9 条）に違反する差別的取扱いがなされたとして、正社員と同一の地位確認と、不法行為に基づく損害賠償を求めたケース。

✍ 判例の結論

　本判決は次のように述べて、Xの請求（損害賠償）を認めた。

1．Xは、職務の内容が通常の労働者と同一であり、有期契約を反復更新することによって期間の定めのない労働契約と同視することが社会通念上相当と認められる。さらに、職務の内容及び配置の変更の範囲は、通常の労働者の範囲と同一の範囲で変更されるものと認められ

る。Xら準社員と正社員の間で、配置の変更の範囲について違いがないとはいえないが、大きく異なっていたとまではいえない。

2．Xを含む準社員と正社員の間には、①賞与には年間40万円以上の差があること、②週休日数には年間30日超の差があること、③時間外勤務手当は正社員にのみ支払われること、④退職金は正社員にのみ支払われること。これらの処遇の差異には合理的な理由があるとは認められず、短時間労働者であることを理由とする差別的取扱いとして、パートタイム労働法8条1項（現行9条）に違反するものと認められる。

3．Xは、正社員と同一の待遇を受ける雇用契約上の権利を有する地位にあることの確認を求めるが、パートタイム労働法8条1項（現行9条）は差別禁止を定めるものであり、同法に基づいて、このような地位確認を求めることはできない。他方、同法違反は不法行為を構成するから、XはY社に対し、損害賠償を請求することができる。

⚖️ 考え方のみちすじ

1．本判決は、「短時間労働者の雇用管理の改善等に関する法律」（パートタイム労働法）旧8条1項（2015年改正前のもの。現行9条）違反を理由に、通常の労働者と同視すべきパート労働者に対する差別的取扱いについて、不法行為責任を認めた最初の判例である。

2．パートタイム労働法旧8条1項は、①職務の内容、②職務の内容及び配置の変更の範囲が通常の労働者と同一であること、③期間の定めのない労働契約を締結していること、この3つの要件を満たすパート労働者を「通常の労働者と同視すべき短時間労働者」としていた。そして、この者に対するパート労働者であることを理由とする賃金、教育訓練、福利厚生施設の利用その他の待遇につき、差別的取扱いをしてはならない、と定めていた（2015改正により③要件が削除された。）。

　本件は、このように適用される場面が非常に限定されていた同法旧8条違反が認められたレアケースといえる。

3．本件では、①職務内容は正社員と準社員は同一である。②の配置の変更の範囲が問題とされたが、正社員の転勤実績の少なさや、正社員

と準社員とで配置変更の範囲が大きく異なっていたとまではいえないとされた。②要件については、施行通達（平成 19 年 10 月 1 日雇児発第 1001002 号）は、「範囲」が完全に一致することまで求めるものではなく、実質的に同一であるか判断すべきとしており、本判決も、これに沿って実質的な判断をしたものと考えられる。また、③Ｘは有期契約を反復更新しており、労働契約法 19 条 1 号により「期間の定めのない労働契約と同視できる」として、①～③要件全ての充足が認められたものである（現行 9 条では要件は①、②のみとなる）。

　そして、同法違反による不法行為に基づく損害賠償を認めたものである。

4．非典型雇用（パート労働者、有期契約労働者、派遣労働者）に対する格差の是正、改善は、わが国の緊急の課題である。パートタイム・有期雇用労働法の改正により、同法 8 条（不合理な待遇差の禁止）、9 条（差別的取扱いの禁止）の両規定が非常に重要な意義を有することとなった。

✍ 関連する判例紹介（◎最重要　○重要　△参考）

◎「日本郵便事件」（最高裁令和 2.10.15 第一小法廷判決）
　Ｙ（日本郵便東京、大阪、佐賀）と有期雇用契約を締結して、時給制の契約社員として郵便物の集配業務に従事していたＸらが、無期契約の正社員との手当等の待遇格差は労働契約法 20 条（現行パートタイム・有期雇用労働法 8 条）の不合理な格差であり、不法行為に当たるとして損害賠償を請求したケース。最高裁は、個別の待遇の格差について、その目的や趣旨を確認し、職務内容や諸事情を考慮して、原審の判断を維持した内容も含めると、正社員との待遇差のあった各処遇（①住居手当、②扶養手当、③年末年始勤務手当、④年始祝日給、⑤夏期冬期有給休暇、⑥病気休暇）について、不合理と判示した。

◎「メトロコマース事件」（最高裁令和 2.10.13 第三小法廷判決）
　有期雇用を 10 年前後にわたり反復更新し、定年 65 歳で退職した東京メトロ売店販売員（契約社員）の待遇差が争われたケース。最高裁は、①住宅手当について、住宅費用の負担の有無にかかわらず、一律に支給される生活保障としての実態から、正社員と契約社員の待遇差は不合理とした原審の判断を維持した。しかし、原審が②退職金について、正社員の 4 分の 1 の限度で不支給

が不合理であるとした判断は破棄し、退職金の不支給は不合理ではないとした。その理由として、退職金の性質・目的が、正社員としての職務を遂行しうる人材の確保やその定着を図るなどの目的から、様々な部署等で継続的に就労することが期待される正社員に対して支給されていることを強調している。

◎「大阪医科薬科大学事件」（最高裁令和2.10.13第三小法廷判決）

　Y大学に勤務するアルバイト職員Xが、正社員と同様の業務を担当していたにもかかわらず、①賞与や②私傷病休職制度がアルバイト職員にないことは不合理な待遇差であり、不法行為に当たるとして損害賠償請求したケース。

最高裁は、①Y大学における賞与は、算定期間の賃金後払いや、一律の功労報償、将来の労働意欲の向上の趣旨を含むものの、その目的は、正職員としての職務を遂行しうる人材の確保やその定着を図るなどの目的から、正職員に対して支給されていること、正職員への登用制度も存在していることを理由として、アルバイト職員に対する賞与の不支給は不合理とはいえないとした。また、②私傷病休職制度は、長期就労が期待される正職員の生活保障と雇用の維持確保が目的であり、長期雇用が予定されていないアルバイト職員に同制度が適用されないことは不合理とはいえないとした。

◎丸子警報器事件」（長野地裁上田支部平成8.3.15判決）☞百選8版19事件

　Xら28名は、Y社において2か月間の雇用期間を形式的に反復更新し、4年～25年勤続してきた女性臨時社員であり、Y社の女性正社員とほとんど同様の業務に従事してきた。Y社では、正社員には年功序列賃金が月給で支給され、臨時社員には勤続年数ごとに3段階の日給が支給されていた結果、その賃金格差は勤続年数が長くなるほど著しくなった。Xらが、臨時社員と正社員との著しい賃金格差が、「同一価値労働・同一賃金の原則」等に反し違法であるとして、差額賃金や慰謝料等の支払を請求したケース。

裁判所は、次のように述べて、Xらの請求を一部認容した。

1．「同一価値労働・同一賃金の原則」を明言する実定法の規定はない。しかし、労働基準法3条、4条のような差別禁止規定の根底には、およそ人はその労働に対し等しく報われなければならないという均等待遇の理念が存在する。それは、人格の価値を平等と見る市民法の普遍的な原理であり、この理念に反する賃金格差は、使用者に許された裁量の範囲を逸脱したものとして、公序良俗違反として違法となる場合がある。

2．本件の女性正社員と比較すると、女性臨時社員は、労働内容の外形面でも、会社への帰属意識という内面においても、全く同一であるから、使用者には、①正社員となる途を用意するか、②正社員に準ずる賃金体系を設ける義務があった。にもかかわらず、顕著な賃金格差を維持拡大しつつ長期間の雇用を継続したことは、均等待遇の理念に違反し、公序良俗違反として違法である。

3．もっとも、均等待遇の前提となる諸要素の判断には幅があり、使用者の一定範囲内の裁量は認めざるをえない。そこで、Ｘらの賃金が、同じ勤続年数の女性正社員の８割以下となるときは、その限度においてＹ社の裁量が公序良俗違反として違法となると判断すべきである。

10 退職金

<訴訟物>
　申立人の被申立人に対する、労働契約上の退職金請求権

<求めるあっせんの内容>
　申立人は、被申立人に対し、金○○円（およびこれに対する令和○年○○月○○日から支払済みまで年３パーセントの割合による金員）を支払うよう求めます。

<当事者の主張すべき事実>
退職金の支払請求

申立人	被申立人
1　労働契約の締結 2　退職金規程等の存在 3　退職金額算定の基礎となる事実 4　退職の事実 5　不支給条項が公序良俗に反すること	1　退職金を不支給とする条項の存在 2　不支給条項に該当する事実があったこと 3　不支給条項が公序良俗に反するものではないこと

☑ 訴訟物および求めるあっせんの内容

　訴訟物は、労働契約上の退職金請求権です。退職金は、就業規則や労働契約で支給義務や基準が明定されている場合には、原則は賃金として取り扱われますから、賃金請求権と同様の書き方になります。

　求めるあっせんの内容は、「申立人は、被申立人に対し、金○○円

（退職金額）とこれに対する年3パーセントの遅延損害金の請求」となります。

☑ 当事者の主張すべき事実

申立人は、退職金支給の根拠となる事実を主張します。

すなわち、左側ブロックの1～4を主張します。

被申立人は、右側ブロックの1と2を主張することになります。

すると、申立人は、左側ブロックの5として、仮に不支給条項にあたる事実があったとしてもその不支給条項が公序良俗に反して無効であるから、やはり退職金請求をする、と言うでしょう。

これにはさらに被申立人が、右側ブロックの3で不支給条項は公序良俗に反しない、と反論することになります。

退職金は、確かに賃金の性質がありますが、その性質は複合的です。後で掲げる最高裁判例「小田急電鉄（退職金請求）事件」が指摘するように、①功労報償的性格、②賃金後払い的性格、③労働者の退職後の生活保障的性格があるとされています。

①の功労報償的性格を強調すると、横領や背任など労働者の永年の功を抹消してしまうほどの重大な背信行為がある場合には、退職金を不支給とすることも裁判所は許容する場合があります。また、横領や背任など会社に対する直接の背信行為でない場合でも、特に強度の背信性が認められる場合には、一定割合の減額が認められる場合があります。

退職金をめぐるトラブルについては、退職金の不支給条項の意味合いをどう考えるかや、労働者の非違行為がどの程度の背信性を持つものかなどが争点になって、申立人、被申立人はそれぞれの主張を記述していくことになるのです。

あっせん手続申立書

[紛争の概要]

　被申立人は、令和○年 10 月 31 日、退職しました。退職金規程によれば、退職金は、退職から 1 カ月以内に支払われるはずですが、3 カ月を過ぎても支払いがありません。何度か支払いの請求をしたのですが、被申立人は申立人の在職中のことを調査中であるというだけで、一向に支払う気配がありません。

[解決を求める事項]

求めるあっせんの内容

　　申立人は、被申立人に対し、金 600 万円およびこれに対する令和○年 12 月 1 日から支払済みまで年 3 パーセントの割合による金員の支払いを求めます。 ❶

あっせんを求める理由

1．当事者および労働契約

　(1)　被申立人は、○○県○○市に本社がある株式会社です。主として○○の製造販売を営業の目的としています。本社のほか、各地に営業所や工場を持つ資本金○○○万円の株式会社です。

　(2)　申立人は、平成○○年○○月○○日、被申立人との間で労働契約を締結し、次の条件で被申立人に雇用されました。
　　　・期間の定めなし
　　　・賃金　月額○○万円（毎月 15 日締切り、当月 25 日支払い）

　(3)　退職
　　　申立人は、令和○年 10 月 31 日をもって退職届を提出し、自己都合による退職をしました。勤続年数は満 30 年でした。また、申立人の退職時の基本給は月額 40 万円でした。 ❷

2．退職金規程の存在
　　被申立人には、次の内容を定めた退職金規程が存在します。
　　第○○条　退職時の基本給に勤続年数を乗じる。年に満た
　　　ない端数は月割計算とする。
　　第○○条　自己都合退職の場合には、前条の2分の1の金
　　　額とする。
　　第○○条　退職金は、退職の日から1カ月以内に支給する。

❸

　3．申立人の退職金額
　　申立人の退職金額は、金600万円となります。
　　「計算式」退職時の基本給40万円×30年0か月×1／2
　4．退職金の請求
　　よって、申立人は上記金額の退職金の支払いを求めるものです。
　　最後に、これまでの経緯および申立人の現在の心情について
は、別添の「陳述書」に詳細に記載しております。これもあわせ
ご検討いただいて、公正なあっせんをお願いします。

☑ あっせん手続申立書の書き方のポイント

　求めるあっせんの内容は、❶のとおりです。
　あっせんを求める理由は「1．当事者および労働契約」の（3）で、❷
のように申立人の退職の事実と退職金発生、金額算定の基礎となる事実
を書きます。
　「2．退職金規程の存在」では、❸のように、退職金規程の存在と、具
体的な支給基準を定めた条項を書きます。
　「3．申立人の退職金額」では計算プロセスを示します。

答 弁 書

［被申立人の主張］

　求めるあっせんの内容についての答弁

　　　申立人の求めるあっせんの内容は、認めません。

あっせんを求める理由に対する答弁

1．申立書1項および2項については認めます。

2．同3項および4項について

　　申立人には、退職金の不支給事由に該当する事実があります。そのため、退職金を支払うつもりはありません。

3．不支給事由の内容

　　被申立人の退職金規程○○条には「懲戒解雇の場合には、退職金を支給しない。退職後、懲戒解雇に相当する事実が明らかになったときも同様とする」との定めがあります。❹

　　申立人の退職直後、得意先から回収した多額の集金を申立人が着服していた事実が明らかになりました。被申立人は近日中に刑事告訴するとともに、損害賠償を求める予定です。詳細はまだ調査中ですので、被害金額の総額はこれから明らかになると思われますが、現在までの調査でも横領金額は少なくとも金700万円に上ることが明らかになっています。

　　申立人の横領行為は明白であり、これは懲戒解雇相当事案として上記不支給条項に該当しますので、被申立人には退職金を支払う義務はありません。❺

☑ 答弁書の書き方のポイント

　申立人の求めるあっせんの内容は、認めないとし、その理由として申立人には、退職金の不支給事由に該当する事実があるとしています。

　まず、「3. 不支給事由の内容」として、❹のように、退職後、懲戒解雇に相当する事実が明らかになったときを不支給事由を定めた条項を指摘します。

　次に、❺で、申立人にはこれに該当する事実があることを述べていま

す。横領行為が強度の背信性を持っていることは疑いがないため、不支
給条項に該当して支払義務がない、という主張です。

☑ 当事者からのヒアリングのポイントと確認すべき書証

　退職金請求の事案でも、申立人、被申立人の各ブロックに記載したポ
イントになる事実（要件事実）を中心に、ヒアリングします。
　また、次のような書面を確認する必要があります。

---

　①**労働契約書**
　　雇用契約の締結や当事者の特約などを確認します。
　②**給与明細書、賃金台帳**
　　退職金額算定の基準が給与額であることが多いため確認します。
　③**退職金規程**
　　退職金の支給・不支給事由や退職金額の算定方法その他退職金の
　内容などを確認します。
　④**退職事由に争いのある場合には、これを証する書面**

　退職金の不支給については、必須判例として「小田急電鉄（退職金請
求）事件」を掲げます。

百選 31 事件（退職金の減額）

小田急電鉄（退職金請求）事件（東京高裁平成 15.12.11 判決）

[事 件 番 号] 平成 14 年（ネ）第 6224 号
[事　件　名] 退職金請求控訴事件
[掲 載 文 献] 労働判例 867 号 5 頁、判例時報 1853 号 145 頁
[事件の概要]

　Ｘは、Ｙ社で特急の予約受付等の業務に従事し、約 20 年にわたって普段は真面目に勤務していた。ところが、Ｘはその間、再三にわたって他社の電車内で痴漢行為を行って検挙されていた。過去の事犯は罰金刑で処理されていたが、直近の痴漢行為でＸが逮捕され、過去の犯罪がすべて明らかになるとともに懲役 4 月執行猶予 3 年の有罪判決を受けるに至って、Ｙ社はＸを懲戒解雇した。そして、Ｙ社退職金規程の「懲戒解雇により退職する者には、原則として退職金は支給しない」との規定に基づき、退職金を全額不支給とした。

　これに対して、住宅ローンの支払い等に窮したＸが退職金全額の不支給は無効であるとして、退職金の支払いを請求したケース。

⚖ 判例の結論

　本判決は、退職金全額不支給を認めた一審判決を次のとおり変更して、退職金の 3 割についてＹ社に支払いを命じた。

1. 退職金には①功労報償的性格、②賃金の後払い的性格および③労働者の退職後の生活保障的性格がある。退職金支給規則により、給与および勤続年数を基準として支給条件が明確にされている本件のような場合には、賃金の後払い的性格が強い。その支給に対する期待権を剥奪するには、相当の合理的理由が必要である。

2. 退職金全額を不支給とするには、労働者の永年の功を抹消してしまうほどの重大な不信行為があることが必要である。横領や背任など会社に対する直接の背信行為ではない職務外の非違行為の場合には、特に強度の背信性が必要である。

3. 職務外の非違行為が強度の背信性を持たない場合であっても、当該行為の具体的内容と、労働者の勤続の功などの具体的事情に応じ、退職金の一定割合を減額できる場合がある。

4. 本件は、職務外の非違行為であり、一定割合の支給が認められるべきである。その割合については、本件行為の性格、内容や、懲戒に至った経緯、Ｘの過去の勤務態度およびＹ社の過去の支給事例などを考慮すれば、本来の退職金額の3割を支給するのが相当である。

⚖ 考え方のみちすじ

1. 労働者の退職に際して、相当な金額の退職金が支払われるのが我が国の特徴である。退職金は、就業規則等に制度化されている場合には賃金であり、具体的な退職金請求権を労働者は持つ。

2. 退職金の法的性格は本判決の言うように、3つ（①賃金後払い、②功労報償、③退職後の生活保障）の性格が認められるケースが多い。懲戒解雇処分と退職金不支給はストレートに結びつくものではないが、②の性格を重視すれば不支給や減額を肯定する方向性となる。

3. 本判決は、横領・背任などの直接的背信行為と、職務外の非違行為を区別し、後者の場合に退職金を全額不支給とするためには、「強度の背信性」が必要であるとした点に特徴がある。そして、Ｘが鉄道企業体の労働者であり、列車内での痴漢行為撲滅運動が行われていたので、職務上のモラル違反は重大であるとしつつも、Ｘの行為が私生活上の非違反行為であることその他諸般の事情を考慮して、退職金の支払いを3割の限度で認めたものである。

⚖ 関連する判例紹介（◎最重要　○重要　△参考）

○**伊予相互金融事件**（最三小判昭和 43.5.28　判時 519 号 89 頁）

　退職金は、支給条件が明確に定められている場合には、労働基準法上の「賃金」に当たる。

◎**中部日本広告社事件**（名古屋高判平成 2.8.31　労民集 41 巻 4 号 656 頁）

　広告代理業を営む会社において、退職後 6 カ月以内に同業他社へ就職した場合には退職金を不支給とする就業規則は、退職者に顕著な背信性がある場合についてのみ適用されるとして、その適用を否定した。

○　**アイビ・プロテック事件**（東京地判平成 12.12.18　労判 803 号 74 頁）

　退職に際して提出した誓約書の内容に違反して同業他社に常務取締役として就職したばかりか、元の勤務先の顧客データを消去し競業他社に移動するなどの行為を行い、後に刑事事件で有罪判決を受けた者が、退職金を請求したケース。判決は、このような場合は「退職金請求権行使の濫用に当たる」とした。

<訴訟物>

　申立人の被申立人に対する、不法行為（使用者責任）または債務不履行に基づく損害賠償請求権（※）

（※）不法行為（民法715条による使用者責任）または債務不履行（民法415条）による損害賠償請求権はそれぞれ別の訴訟物であるが、二者択一的なものではない。事実が同時に両者の要件を満たす限り、両請求権とも成立し、被害者は併存的に主張することができる。

<求めるあっせんの内容>

　申立人は、被申立人に対し、金○○円（およびこれに対する令和○年○○月○○日から支払済みまで年３パーセントの割合による金員）を支払うよう求めます。

<当事者の主張すべき事実>

不法行為（使用者責任）に基づく損害賠償請求

申立人	被申立人
1　被用者（直接の加害者）に不法行為が成立すること（不法行為の要件事実） 2　1が事業の執行についてなされたこと	1　被用者の不法行為が事業の執行についてなされたものではないこと 2　被用者の選任、監督について相当の注意をしたこと、または相当の注意をしても損害が発生したであろうこと

債務不履行に基づく損害賠償請求

申立人	被申立人
1　労働契約の締結 2　労働契約に付随して信義則上使用者に職場環境に配慮すべき義務があること 3　2の義務違反（債務不履行）の事実があったこと 4　損害の発生 5　債務不履行と損害との因果関係	1　債務不履行が、使用者の責めに帰すべき事由によるものではないこと（職場環境配慮義務を尽くしていたこと）

☑ 訴 訟 物

　訴訟物は、不法行為（使用者責任）または債務不履行に基づく損害賠償請求権です。

　損害賠償請求が認められるならいずれの理由でもよいわけですが、この場合の権利（訴訟物）としては、発生原因となる根拠条文が異なるので、不法行為に基づく損害賠償請求権と債務不履行に基づく損害賠償請求権の２つになります。このような場合、不法行為（民法715条による使用者責任）または債務不履行（民法415条）による損害賠償請求権はそれぞれ別の訴訟物ですが、二者択一的なものではありません。事実が同時に両者の要件を満たす限り、両請求権とも成立し、被害者は併存的に主張することができるとするのが判例の考え方です(請求権競合説)。もちろん、いずれの理由であっても損害額は原則として同じはずですから、賠償金を倍とれるということではありません。

☑ 当事者の主張すべき事実

　当事者の主張すべき事実は、まず不法行為による主張と債務不履行による主張を分けて考えてみましょう。

【不法行為（使用者責任）に基づく損害賠償請求権】

　申立人は、左側ブロックの１として、被用者（直接の加害者、つまり上司）に不法行為責任（民法709条）が成立することを主張します。

　つまり、上司の行為が①故意・過失に基づく②違法な加害行為であって、③加害行為に因って（因果関係）④申立人に損害が発生したことを具体的に主張します。使用者責任は、被用者に不法行為責任が発生することが前提だからです。

　そして、２として被用者（上司）の加害行為が使用者の事業の執行についてなされたことを主張していきます。

　被申立人は、右側ブロックの１として、被用者の不法行為が事業の執行とは無関係であることや、２として被用者に対して十分な監督をし

ていたこと等を主張していくことになります。

【債務不履行に基づく損害賠償請求権】

　申立人は、左側ブロックの1〜5を主張します。

　被申立人は、職場環境に配慮する義務に違反してはいないことを主張していくことになります。

　職場でのいじめ、パワーハラスメントやセクシュアルハラスメントが許されないことは当然です。

　ハラスメントに対しては立法的措置も進んでおり、パワーハラスメントについては、労働施策総合推進法30条の2、セクシュアルハラスメントについては、男女雇用機会均等法11条において、次のように定義と事業主の義務が明記されました。

📎 参照条文

☞ **労働施策総合推進法30条の2第1項**

　　事業主は、職場において行われる優越的な関係を背景とした言動であって、業務上必要かつ相当な範囲を超えたものによりその雇用する労働者の就業環境が害されることのないよう、当該労働者からの相談に応じ、適切に対応するために必要な体制の整備その他の雇用管理上必要な措置を講じなければならない。

☞ **男女雇用機会均等法11条**

　　事業主は、職場において行われる性的な言動に対するその雇用する労働者の対応により当該労働者がその労働条件につき不利益を受け、又は当該性的な言動により当該労働者の就業環境が害されることのないよう、当該労働者からの相談に応じ、適切に対応するために必要な体制の整備その他の雇用管理上必要な措置を講じなければならない。

　これら個別の立法によって、パワハラやセクハラを防止する措置を講ずることは非常に重要です。しかし、これらの規定は、直接パワハラやセクハラを禁止するものではなく、事業主の公法上の義務を定めたものに過ぎません。そこで、ハラスメントによる被害者は、これらの規定を

根拠として民事上の損害賠償を求めることは困難とされています。

　そこで、現状では不法行為や債務不履行などの理由で損害賠償を求めていくとか、人格権に対する侵害を理由にいじめ行為の禁止（差止め）を求めていくことになるでしょう。

　労働訴訟では、いじめの直接の加害行為者である上司と企業を、ともに被告に立てて損害賠償を請求することができます。しかし、あっせん手続は労働者個人と事業主（企業）との個別労働紛争の解決が目的ですから、いじめの直接の加害行為者である上司を当事者とすることができないうらみがあります。上司と申立人はともに従業員であり、両者の間には労働契約関係が存在しないからです。

　この点については、現在でもあっせん委員の許可があって相手方が同意すれば、あっせん手続に上司その人が参考人として出席して意見を述べることができます。今後は、利害関係人として手続きに参加させるなどの工夫ができるかが課題だと考えます。

あっせん手続申立書

[紛争の概要]

　申立人は、被申立人の営業所で上司○○から、ひどいいじめを受け、精神的に変調を来して退職せざるを得なくなりました。上司○○の責任もさることながら、そのいじめを見て見ぬふりをしていた被申立人の態度は許せません。そこで、申立人は、令和○年○○月○○日に退職後、何度か慰謝料などを支払ってほしいと手紙を書いて被申立人に申し入れました。

　しかし、被申立人からの返事はまったくなく、なしのつぶてです。既に退職後３カ月になりますので、いつまでも放っておかれては困ります。そこで、この申立てをします。

[解決を求める事項]

　求めるあっせんの内容

　申立人は、被申立人に対し、金○○円およびこれに対する令和○年○○月○○日から支払済みまで年３パーセントの割合による金員の支払いを求めます。

　あっせんを求める理由

１．当事者および労働契約

　(1)　被申立人は、○○県○○市に本社がある株式会社です。主として○○の製造販売を営業の目的としています。本社のほか、各地に営業所や工場を持つ資本金○○○万円の株式会社です。

　(2)　申立人は、平成○○年○○月○○日、被申立人との間で労働契約を締結し、次の条件で被申立人に雇用されました。

　　・期間の定めなし

　　・賃金　月額○○万円（毎月 15 日締切り、当月 25 日支払い）

２．いじめ行為

　申立人は、採用後、営業１課に配属されました。直属の上司である○○は「俺の営業は、やり方を選ばない。営業マンは契約とってなんぼのもんじゃ」と常々高言し、その方針に全面的には従わない申立人を目の敵にするようになりました。

　平成○○年○○月以降、次のような行為がありました。

○月○日　課のホワイトボードの申立人の営業成績を記載するスペースに「永久に欠勤」と赤い字で大書されました。

○月○日　「(申立人は) 意欲がない。その存在が会社にとっての損失そのものです。」とのメールを全社員に送信しました。

その他、連日のように自ら、あるいは同僚の従業員に命じて「寄生虫」「あんたがいたら、みんなの迷惑」「早くやめてください」などと申立人を責め立てる行為がなされました。これらの行為は、誰が見ても常識的な許容限度を超えた違法なものです。

これらのいじめ行為によって、申立人は自律神経に失調を来たして出社することができなくなり、結局、令和○年○○月○○日、退職しました。

3．被申立人の使用者責任

いじめによって申立人が自律神経に失調を来し、退職に追い込まれたことは、上司○○の行為によることは明らかです。上記のようないじめ行為は、申立人の人格に対する侮辱ですので、不法行為であることは明らかです。

また、被申立人の代表者である○○社長には、令和○年○○月○○日、申立人がいじめに耐えかねて、職場でのいじめの実態や、精神的な苦痛を受けている事実を直接訴えましたが、被申立人は会社として何も適切な対応は行ってくれませんでした。

被申立人は、被用者○○が、被申立人の事業の執行について行った行為について、使用者責任を負うことは明らかです。

4．被申立人の債務不履行責任

被申立人は、使用者として、従業員がいじめ行為によってその人格的尊厳が冒され、労務提供に支障を来さないよう防止する事前の義務、およびこれが発生したときは適切に対処して従業員にとって働きやすい環境を保つよう配慮すべき適正対処義務があります。

しかし、被申立人は、申立人に対する上司○○のいじめを知っても適切に対処せず、むしろ見て見ぬふりをしていたのであり、使用者としての上記義務に違反することは明らかです。

5．損害賠償額

　申立人の自律神経失調症の発症と退職による損害は、次のとおりです。

　(1)　積極損害（治療費など）　　　　　　　　金○○円

　(2)　消極損害

　　・将来にわたる労務不能による逸失利益　金○○円

　　・休業損害　　　　　　　　　　　　　　金○○円

　(3)　慰謝料　　　　　　　　　　　　　　　金○○円

　　合計　損害額　　　　　　　　　　　　　金○○円

6．まとめ

　よって、不法行為または債務不履行による損害賠償請求権に基づき、上記のあっせんを求めます。

　最後に、これまでの経緯および申立人の現在の心情については、別添の「陳述書」に詳細に記載しております。これもあわせご検討いただいて、公正なあっせんをお願いします。

☑ あっせん手続申立書の書き方のポイント

　求めるあっせんの内容は、損害賠償金の支払い請求です。

　あっせんを求める理由は、まず1．で当事者および労働契約の内容を述べた上で、2．でいじめ行為の詳細を具体的に書きます。このいじめ行為の記述は、不法行為を理由とする場合および債務不履行を理由とする場合の両方の請求の基礎になる事実です。本件では、上司のいじめ行為について、❶のように主張しています。

　次に、4．では被申立人の債務不履行責任を書きます。既に上司のいじめ行為および被申立人の対応について事実は述べていますので、これらの事実が被申立人の労働契約上の義務違反にも該当することを主張します。具体的には、❷のような、被申立人には適正対処義務があるにもかかわらず、被申立人が事前事後の適切な対応を怠ったという主張です。そして、5．で損害額を書いてまとめます。

答 弁 書

[被申立人の主張]
　求めるあっせんの内容についての答弁
　　申立人の求めるあっせんの内容は、認めません。

あっせんを求める理由に対する答弁
1．申立書1項（当事者等）については認めます。
2．同2項について
　　申立人に対して、上司〇〇によってある程度厳しい指導がなされていたことは事実です。しかし、上司〇〇に確認したところでは、申立人が主張するような集団でのいじめ行為などはありませんでした。また、上司〇〇の指導にしても、営業成績が極端に悪く、引っ込み思案な申立人の性格では生半可なことでは営業職として将来やっていけないと、むしろ申立人のことを励ますために叱咤激励していたということです。したがって、上司〇〇の指導は、通常上司が部下に行うべき改善指導の域を超えたものではありません。　❸
3．同3、4項について
　　被申立人の代表者は、令和〇年〇〇月〇〇日、申立人からいじめに関する申立てがあったことを受けて、直ちに上司〇〇や同僚たちに対して問い質し、行き過ぎた行為があったかどうかを確認しています。その結果、前項のとおりいじめ行為などはなかったと判断したものです。
　　また、被申立人では、従来からいじめやハラスメントに対する従業員教育には力を注いできました。その就業規則においても、第〇〇条で、従業員の服務規律として「いじめやパワーハラスメントにあたる行為を行ってはならない」と明確に定めています。　❹
　　申立人が上司〇〇の厳しい指導をいじめと感じ、退職されたとすると誠に残念ではありますが、それと被申立人の法的責任は別ですので、申立人の主張を認めることはできません。

☑ 答弁書の書き方のポイント

　申立人の求めるあっせんの内容は、認めませんとしています。

　被申立人としては、上司○○によってある程度厳しい指導がなされていたことは事実としながらも、集団的ないじめはなく、通常上司が部下に行うべき改善指導の域を超えたものではないという主張を、❸のように述べています。

　次に、❹では申立人からいじめに関する申立てがあったことを受けて、直ちに確認しており、なすべき調査をしていることを主張しています。また、被申立人では、従来からいじめやハラスメントに対する従業員教育には力を注いでいて、就業規則においても、いじめやパワハラを禁止する条項も明確に定めていることを述べています。

☑ 当事者からのヒアリングのポイントと確認すべき書証

　いじめやハラスメントを理由とする損害賠償請求の事案でも申立人、被申立人の各ブロックに記載したポイントになる事実（要件事実）を中心にヒアリングします。

　また、次のような書面を確認する必要があります。

---

①労働契約書
　債務不履行を理由とする損害賠償請求の場合、雇用契約の締結や当事者の特約などを確認する
②就業規則
　企業がハラスメント防止や職場環境整備についてどのような規定を設けていたかを確認する
③加害行為に関する当事者または第三者の供述書、メモ、録音など

　いじめやハラスメントの場合、具体的な加害行為を特定することが困難なことが多いので、当事者や第三者の供述書やメモが重要になりま

す。録音テープなどの客観的証拠も有用です。これらは、むしろヒアリングの中で、聴取した内容をまとめていく作業を当事者と協同して行うことになります。

　いじめやハラスメントについては、必須判例として「関西電力事件」と「福岡セクシュアル・ハラスメント事件」を掲げました。

百選 12 事件（人格権の尊重）

関西電力事件（最高裁平成 7.9.5 第三小法廷判決）

[事 件 番 号] 平成 4 年（オ）第 10 号

[事　件　名] 損害賠償請求事件

[掲 載 文 献] 労働判例 680 号 28 頁、判例時報 1546 号 115 頁、判例
　　　　　　　タイムズ 891 号 77 頁

[事件の概要]

　Ｙ社は、かつて左派系執行部によって指導された「電産労組」の歴史に対する反動もあって、企業防衛のために徹底した反共的労務管理を行っていた。「電産労組」が解体しＹ社労組（「関電労組」）として労使協調路線に転換した後もなお、共産党員および同党に同調するＸら関電労組少数派を異常なほど警戒した。一般従業員には徹底した反共教育を行い、Ｘらと接触しないよう、Ｘらの監視・孤立化政策を強化した。

　具体的には、①Ｘら本人および家族の履歴調査や警察情報の入手、②尾行、休日・休暇の家庭訪問による動静把握、③自宅への侵入、更衣室の無断捜索・私物の写真撮影、④企業内の趣味のサークル活動からの排除、などの行為がＹ社「労務管理懇談会」の指示のもと、組織的・継続的に行われた。Ｘらがこれを知り、不法行為による損害賠償と謝罪文の掲示を請求したケース。

⚖ 判例の結論

　本判決、は次のように述べ、Ｘらの損害賠償請求を認めた一審、二審判決を維持してＹ社の上告を棄却した。

1．Ｘらが現実には企業秩序を破壊し混乱させるおそれがないのに、Ｙ社はＸらが共産党員またはその同調者であることのみを理由として継続的監視態勢をとり、その思想を非難し、他の従業員との接触・交際を妨げて職場でＸらを孤立させ、これらの過程でＸらの尾行やロッカーの無断開披、私物の写真撮影などの行為を行った。

2．Ｙ社のこれらの行為は、Ｘらの「職場における自由な人間関係を形

成する自由」を不当に侵害し、名誉とプライバシー、Xら³
益を侵害するものである。これら一連の行為はY社の会社方針に基づ
いて行われたものであるので、Y社は不法行為責任に基づく損害賠償
責任を負う。

⚖ 考え方のみちすじ

1．本判決は、労働者は企業秩序に服するが、全人格的な支配・服従関
   係に立つものではないとして、企業による労働者の「人格権侵害」に
   基づく不法行為責任（民法709条）を認めたものである。
2．一審・二審判決は、Y社の行為は、Xらの思想・信条の自由（憲法
   19条）や、思想・信条による差別の禁止（憲法14条）についての侵
   害であるとして、これを憲法上の権利の「私人間効力」の問題ととら
   えた。
3．最高裁判決は、あえて私人間効力の問題とせず、端的に、民法709
   条の「権利」として「人格権」を認めた。これは、「ひと」の尊厳か
   ら導かれる「名誉」「プライバシー」（憲法13条）、「平等」（憲法14
   条）、思想・信条の自由（憲法19条）などの内容を、民法709条の
   「権利」という文言に直接織り込んだものといえる。
4．本判決は、次の2点がとても重要である。
   (1)　労働者の「人格権」の内容が、①職場における自由な人間関係
   を形成する自由、②名誉、③プライバシー、などと具体化・実質化
   されたこと。
   (2)　労働者の「人格権」侵害は、必ずしも現実的、直接的な不利益
   が生じる場合に限られないとしたこと。
5．本判決によって、労働者の「人格的自由」が保護される範囲が広
   がったと言える。

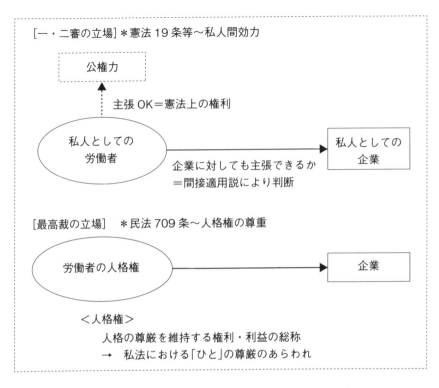

[一・二審の立場]＊憲法19条等～私人間効力

公権力

主張 OK＝憲法上の権利

私人としての
労働者

企業に対しても主張できるか
＝間接適用説により判断

私人としての
企業

[最高裁の立場]　＊民法709条～人格権の尊重

労働者の人格権

企業

＜人格権＞
人格の尊厳を維持する権利・利益の総称
→　私法における「ひと」の尊厳のあらわれ

✐ 関連する判例紹介（◎最重要　○重要　△参考）

◎三菱樹脂事件（最大判昭和48.12.12　労判189号16頁）☞百選8事件
　憲法上の権利の私人間効力について、「間接適用説」を採ることを明らかに
した。

◎西日本鉄道事件（最二小判昭和43.8.2　判時528号82頁）☞百選57事件
　いわゆる所持品検査はプライバシーなど労働者の人権侵害のおそれを伴うも
のだから、①所持品検査の合理的理由、②検査の方法および程度の妥当性、③
制度として画一的に実施されていること、④就業規則等明示の根拠が存在する
こと、以上4つの要件が必要である。

◎ JR東日本（本庄保線区）事件（最二小判平成8.2.23　労判690号12頁）
　国労マークの取外し命令を拒否した労働者に、就業規則の全文を書き写すこ
とを命じた業務命令を、懲罰目的で見せしめを兼ねた人格権侵害行為として違
法とした。

○T工業（HIV解雇）事件（千葉地判平成12.6.12　労判785号10頁）

定期健康診断時に労働者に無断でＨＩＶ抗体検査を行うことは、労働者のプライバシー権の侵害であって不法行為となる。

◎ E-mail 閲覧訴訟（東京地判平成 13.12.3　労判 826 号 76 頁）
　会社のコンピュータネットワークシステムを利用して、男性上司が女性の部下の私的電子メールを無断で閲覧・監視したことがプライバシー権の侵害であるとして、不法行為に基づく損害賠償を請求したケース。
　判決は、「企業内の私用電子メールにもプライバシー権の保護があるが、監視目的・手段・態様とプライバシー侵害の不利益とを比較衡量して社会通念上相当でない場合に限り、違法となる」とした。

百選16事件
(セクシュアル・ハラスメント)

福岡セクシュアル・ハラスメント事件（福岡地裁平成4.4.16判決）

[事件番号] 平成元年（ワ）第1872号

[事件名] 損害賠償請求事件

[掲載文献] 労働判例607号6頁、判例時報1426号49頁、判例タイムズ783号60頁

[事件の概要]

　女性従業員Xは、直属上司Y1から異性関係など個人的性生活に関する噂を流布されたことが原因となって退職せざるを得なくなった。しかし、その噂は、Xの会社内での評価が高くなったことに対するY1の嫉妬によるものであった。また、Y2社は、XとY1の対立を専らXの退職によって解決しようという姿勢であった。Xが、上司Y1に対し民法709条（不法行為責任）により、企業Y2社に対し民法715条（使用者責任）により、損害賠償などを求めたケース。

⚖ 判例の結論

　本件で、裁判所は次のように述べてXの請求を一部認容し、この判決は確定した。

1. Y1がXの個人的性生活に関する噂を流布したことは、「Xの人格を損なって、その感情を害し、働きやすい職場環境で働く利益を害する」ので不法行為となる。

2. Y2社は使用者として、被用者の人格的尊厳を侵す事由の発生を防止し、働きやすい職場環境を保つよう配慮する義務があり、これを怠った場合不法行為が成立することがある。Y2社の一連の行為は、その事業の執行につきなされたものと認められ、使用者責任を負うことを免れない。なお、主として女性であるXの譲歩、犠牲において職場関係を調整しようとした点においても不法行為性が認められる。

3. Xは、生きがいを感じて打ち込んでいた職場を失い、その被侵害利

益は女性としての尊厳や性的平等につながる人格権に関わるものであることに鑑みると、その精神的苦痛は相当なものであったとうかがわれる。他方、Xの対決姿勢もY1との対立を激化させる一端となった事情も考慮して、慰謝料150万円（請求金額の半額）及び弁護士費用15万円の支払いを命じる。

⚖ 考え方のみちすじ

1．本判決はセクシュアル・ハラスメントについて答えた嚆矢となる判例である。判決文中にセクシュアル・ハラスメントという文言は直接用いられていないが、本件加害行為を相手の「意思に反し、その名誉感情その他の人格権を害する」不法行為と定義し、「女性としての尊厳や性的平等につながる人格権」を被侵害利益と判示した。

2．また、Y1の行為を民法715条「事業の執行につき」なされたものとしてY2社に使用者責任を認めたこと、Y2社専務の行為についても職場環境保持の配慮義務を指摘して使用者責任を認めたことも重要である。

⚖ 関連する判例紹介（◎最重要　○重要　△参考）

○株式会社乙田建設事件（名古屋高判金沢支判平成 8.10.30　労判 707 号 37 頁）
　家政婦に対して性的関係を迫り拒否されたことで解雇した社長の行為はセクシュアル・ハラスメントとして不法行為となる。

○丙川商事会社事件（京都地判平成 9.4.17　労判 716 号 49 頁）
　男性従業員により女性更衣室の隠し撮りがされた事案で、使用者に従業員のプライバシー保護のための職場環境調整義務を認め、これに違反するとして債務不履行責任を認めた。

△F製薬事件（東京地判平成 12.8.29　判時 1744 号 137 頁）
　管理職が継続的にセクシュアル・ハラスメントを行った場合は、管理職適格性を欠くものとして解雇の理由となりうるとした。

☑ 求められる2つの観点

　私たち社会保険労務士が労使紛争解決手続に携わるとき、目指すのは自律した「ひと」の相互信頼を、高い価値観・倫理観に基づいて円満に回復させる紛争解決手続でありたいと考えます。労働に係る裁判手続に補佐人として関わる場合でも、ＡＤＲの場で紛争解決代理業務を行う場合でも、目的は同じです。

　そのためには、次の2つが車の両輪となります。

▪️ 図表3-4　労使紛争解決手続に携わる上で求められる2つの観点

●**ケアの観点：法的観点だけでなく、当事者の「ひと」としての**
　　　　　　想いを大切にし、その自律的な解決を援助する

・傾聴と共感によるケア

・カウンセリング的な技法も用いて感情面のカタルシス、癒しや、真の納得に向けたケアが求められる

・当事者本人、代理人および調停者（あっせん委員）の倫理観、価値観（ひいては人間力）が問われる場面でもある

●**法的観点：権利義務、法律関係を論理的に整理することが出発**
　　　　　点となる

・民事訴訟や他の紛争解決手続と共通する観点

・この観点にかかる能力担保は必須である

・将来、社会保険労務士が紛争解決手続における全面的な代理権を獲得するためにも、権利（訴訟物）やその判断方法、要件事実、判例法理などの知識が必要となる

・民事訴訟や、その前段階のＡＤＲの場面で、請求を特定する役割も果たす

ケアの観点から求められることは、当事者の「ひと」としての想いを大切にし、温かな目線で解決に向けたケアを行うことです。

　また、法的観点から求められることは、労働関係における権利・義務のフレームワークを使いこなし、申立書・答弁書、訴状や準備書面において法的観点を踏まえて論理的な文章を作成することです。

　この2つの観点は、異なる方向性のようで実はそうではなく、ともに「ひと」の尊厳に行き着くものです。訴訟であってもADRであっても、その手続きの運用にあたっては、両者の統合が大切なのではないでしょうか。紛争解決手続の場で手続きを担当する者と当事者の間で交わされるやりとりや心のふれあい（ストローク）を図示すると、**図表 3-5**のようになるでしょう。

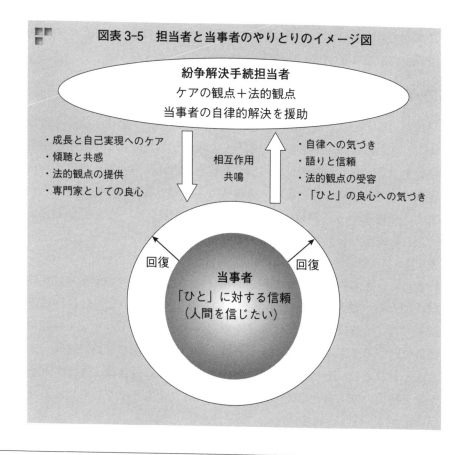

図表 3-5　担当者と当事者のやりとりのイメージ図

☑ 社労士が担うのは当事者の納得による自律的解決の援助

　私のイメージとしては、ケアの観点（憲法13条のリーガルスピリット）と法的観点（リーガルナレッジ）をともに大切にしながら、当事者のことをいかに大切にできるかを考えて、紛争解決のためのお世話をさせていただく手続きだということです。これは、訴訟の場合であっても、和解による話し合いの場面ではＡＤＲの話合いと同じです。

　そして、強引に和解内容を押しつけたり、当事者の主張を足して2で割ったりするような解決などは論外として、本当に求められるのは、当事者の納得による自律的解決を援助すること。これが大切だと思います。

　そして、労働訴訟で判決による解決、という最終的な一刀両断の場面にあっても、当事者の信頼の回復を最期まであきらめず、納得のいく判決理由であることが求められるのではないでしょうか。

☑ 専門家として良心に裏打ちされた知識と情報を提供しよう

　理想論かもしれませんが、紛争解決手続の場を、人の相互信頼を回復する、または人の成長を促す、そうした場にするためには、紛争解決手続の主宰者（裁判所やＡＤＲ機関）も代理人も、当事者本人の気持ちに寄り添って、心から耳を傾けてその気持ちを聴くことから始まると思います。傾聴という言葉は、耳を傾けて、心で聞くという文字を書きます。きめ細やかなケアをするための、出発点となるキーワードだと思います。

　そして、もちろん法的な権利が問題になっているわけですから、正確に法的な観点を提供することが必要になります。しかし、法的観点と言っても、それは単なる法律知識や損得のメリット・デメリット情報の提供ではなくて、本当にその紛争の解決のために有用な知識の提供であることが求められると思います。法的知識、情報の提供は、私たち社会保険労務士の専門家としての良心に裏打ちされたものでなければならないでしょう。

このように、当事者の心に寄り添い、温かな目線でケアすることを心がけ、専門家の良心に裏打ちされた知識を提供する努力を尽くしたとき、当事者は、きっとそれに応えてくれると思います。心を開いて、自分の問題として、主体的に取り組もうという気づきが芽生えるでしょう。自分の気持ちを語ることで、紛争解決手続に関わる人々への信頼が生まれるでしょう。たとえ自分に不利なことであっても、提供された法的観点を受け入れることができるかもしれません。そして、「ひと」の良心という大切なことに気づく機会が与えられるかもしれません。

　このようなプロセスの結果として、グレーに曇っていた「ひと」に対する信頼感が回復する。そして、納得のいく合意に向けて落としどころとしての和解案が浮かび上がってくる。これが、ケアの観点と法的観点をともに大切にする（両者を統合する）ということなのだと考えます。

☑ 自覚と研鑽が必要

　このような制度運営を実現するために、私たち社会保険労務士に求められるものは何でしょうか？

　私の意見ですが、第一に、私たちの紛争解決手続への関与は市民、利用者の視点に立った新たな公共的使命、役割だという自覚が必要だと考えます。職域拡大も大切ですが、むしろそれは私たち社会保険労務士が誠実に紛争解決業務に取り組む結果として社会から与えられる信頼によってこそ、業務の拡大も達成することができるのではないでしょうか。

　第二に、法律家としての研鑽に努め、信頼される調停者（メディエーター）としての役割の訓練をさらに積む必要があるのではないかと思います。法律の勉強だけではなく、例えば「ひと」の心を探求する心理学、それからカウンセリングのマインドとスキル、コミュニケーションなどに対する深い理解と実践が、これから求められるのではないでしょうか。

　そして、そのことで初めて、「社労士さんがいてくれてよかった」「お世話してくれるあなたがいてくれてよかった。あなたと出会えて本当に

よかった」そう言っていただけるようになるのではないかと思います。

　それが、私たち社会保険労務士にとって最高の喜びではないかと思うのです。

参考資料

●資料1　あっせん手続申立書

様式第8号（和解手続規程第8条関係）（表面）

あ っ せ ん 手 続 申 立 書

<table>
<tr>
<td rowspan="3">紛争当事者</td>
<td rowspan="1">申立人</td>
<td>氏名（名称）</td>
<td></td>
</tr>
<tr>
<td>住所（所在地）</td>
<td>〒
Eメールアドレス
電話　　（　）　　　　　FAX　　（　）</td>
</tr>
<tr>
<td rowspan="2">被申立人</td>
<td>氏名（名称）
住所（所在地）</td>
<td>〒
Eメールアドレス
電話　　（　）　　　　　FAX　　（　）</td>
</tr>
<tr>
<td>※申立人が労働している事業場の名称及び所在地</td>
<td></td>
</tr>
<tr>
<td colspan="2">紛争の概要</td>
<td>別紙へつづく</td>
</tr>
<tr>
<td colspan="2">解決を求める事項
（理由も含む）</td>
<td>別紙へつづく</td>
</tr>
</table>

令和　　年　　月　　日

　　　　　　　　申立人　氏名（名称）　　　　　　　　　　㊞
　　　　　　　　申立人代理人　　　　　　　　　　　　　　㊞

社労士会労働紛争解決センター○○　　　センター長　殿

あっせん手続の申立てについて

申立書に記載すべき内容及び注意事項は、次のとおりです。

① 申立人の氏名、住所等

　　紛争の当事者である申立人の氏名（名称）、住所（所在地）等を記載して下さい。

② 被申立人の氏名、住所等

　　紛争の当事者である被申立人の氏名（名称）、住所（所在地）等を記載して下さい。また、被申立人（会社等の本店所在地）と異なる事業所で労働している場合はその名称及び所在地を記入して下さい。

③ 紛争の概要

　　紛争の内容及び紛争の原因となった事項が発生した年月日、又は当該事項が継続する行為である場合には、最後に行われた年月日を記載し、紛争に対する当事者双方の主張及びこれまでの交渉の状況等を詳しく記載して下さい（所定の欄が不足するときは、別紙に記載して添付して下さい。最初から別紙に記載してもよろしいです）。

④ 解決を求める事項（理由も含む）

　　紛争の解決のための相手方に対する請求内容（どうして欲しいのか。）とその理由を箇条書きにするなどできる限り詳しく記載して下さい（所定の欄が不足するときは、別紙に記載して添付して下さい。最初から別紙に記載してもよろしいです）。

⑤ 申立人の記名押印

　　申立人の氏名（法人にあってはその名称及び代表者）を記名押印又は自筆による署名のいずれかを記載して下さい。

⑥ 代理人を選任した場合は、代理人選任届を提出して下さい。

⑦ 申立書に書いた内容を証明する資料又はそれらに関連する資料がありましたらコピーを提出して下さい。

⑧ 他の紛争解決機関（裁判所の労働審判、労働局の紛争調整委員会など）に申請している場合はその旨記載して下さい。

⑨ 申立人が会社等の法人の場合は、本店を管轄する法務局（登記所）から、その代表者の資格を証する書面（登記事項証明書）を取得して添付して下さい。

様式第 16 号（和解手続規程第 19 条第 1 項関係）

答　弁　書

事件番号［令和　　年 第　　　　　号］

紛争当事者	申立人	氏名（名称）	
		住所（所在地）	〒
			電話　　（　　）
	被申立人	氏名（名称）	
		住所（所在地）	〒
			電話　　（　　）

被申立人の主張 （あっせん申立書の項目に対する回答又は反論とその理由） ※用紙が不足する場合は別紙に記載して下さい。紛争に関係する資料がある場合は提出してください。	
	別紙につづく

令和　　　年　　月　　　日

　　　　　　　　　　被申立人　　　　　　　　　　　　　　　　印

　　　　　　　　　　被申立人代理人　　　　　　　　　　　　　印

社労士会労働紛争解決センター○○　　　センター長　　殿

日本国憲法

前文

日本国民は、正当に選挙された国会における代表者を通じて行動し、われらとわれらの子孫のために、諸国民との協和による成果と、わが国全土にわたつて自由のもたらす恵沢を確保し、政府の行為によつて再び戦争の惨禍が起ることのないやうにすることを決意し、ここに主権が国民に存することを宣言し、この憲法を確定する。そもそも国政は、国民の厳粛な信託によるものであつて、その権威は国民に由来し、その権力は国民の代表者がこれを行使し、その福利は国民がこれを享受する。これは人類普遍の原理であり、この憲法は、かかる原理に基くものである。われらは、これに反する一切の憲法、法令及び詔勅を排除する。

日本国民は、恒久の平和を念願し、人間相互の関係を支配する崇高な理想を深く自覚するのであつて、平和を愛する諸国民の公正と信義に信頼して、われらの安全と生存を保持しようと決意した。われらは、平和を維持し、専制と隷従、圧迫と偏狭を地上から永遠に除去しようと努めてゐる国際社会において、名誉ある地位を占めたいと思ふ。われらは、全世界の国民が、ひとしく恐怖と欠乏から免かれ、平和のうちに生存する権利を有することを確認する。

われらは、いづれの国家も、自国のことのみに専念して他国を無視してはならないのであつて、政治道徳の法則は、普遍的なものであり、この法則に従ふことは、自国の主権を維持し、他国と対等関係に立たうとする各国の責務であると信ずる。

日本国民は、国家の名誉にかけ、全力をあげてこの崇高な理想と目的を達成することを誓ふ。

> **Point!**
>
> 日本国憲法の前文はとても格調高い文章です。憲法が示す理想と精神（スピリット）が「人類普遍」（人類にあまねく、時間と空間を超えて共通）であることを謳っています。

第 3 章　国民の権利及び義務

第 11 条　国民は、すべての基本的人権の享有を妨げられない。この憲法が国民に保障する基本的人権は、侵すことのできない永久の権利として、現在及び将来の国民に与へられる。

第 12 条　この憲法が国民に保障する自由及び権利は、国民の不断の努力によつて、これを保持しなければならない。又、国民は、これを濫用してはならないのであつて、常に公共の福祉のためにこれを利用する責任を負ふ。

第 13 条　すべて国民は、個人として尊重される。生命、自由及び幸福追求に対する国民の権利については、公共の福祉に反しない限り、立法その他の国政の上で、最大の尊重を必要とする。

> **Point!**
>
> 13条前段は「ひと」の尊厳という法の根本精神を謳っています。後段の幸福追求権からは、自己決定権やプライバシー権などが導かれます。労働関係では、自己決定権は労

働者の私的事項やライフスタイルに企業が干渉できるかといった問題にあらわれます。プライバシー権は企業による労働者の所持品検査が許容されるかとか採用にあたっての身上調査の可否などの問題にあらわれます。

第14条 すべて国民は、法の下に平等であつて、人種、信条、性別、社会的身分又は門地により、政治的、経済的又は社会的関係において、差別されない。

2 華族その他の貴族の制度は、これを認めない。

3 栄誉、勲章その他の栄典の授与は、いかなる特権も伴はない。栄典の授与は、現にこれを有し、又は将来これを受ける者の一代に限り、その効力を有する。

Point!
14条は「法の下の平等」です。男女差別、思想による差別、組合活動をしていることによる差別、正規非正規の差別など、労働関係における差別について参照する条文です。

第15条 公務員を選定し、及びこれを罷免することは、国民固有の権利である。

2 すべて公務員は、全体の奉仕者であつて、一部の奉仕者ではない。

3 公務員の選挙については、成年者による普通選挙を保障する。

4 すべて選挙における投票の秘密は、これを侵してはならない。選挙人は、その選択に関し公的にも私的にも責任を問はれない。

Point!
15条は「選挙権・被選挙権」です。労働関係では、労働者の立候補の自由に対する企業の干渉（場合によっては労働組合からの統制）や、公民権行使・公の職務（労基法7条）の保障について参照する条文です。

第18条 何人も、いかなる奴隷的拘束も受けない。又、犯罪に因る処罰の場合を除いては、その意に反する苦役に服させられない。

Point!
18条は「奴隷的拘束、苦役の禁止」です。労働関係では強制労働の禁止（労基法5条）や退職の自由（不当な足止めの禁止）といった場面で参照する条文です。

第19条 思想及び良心の自由は、これを侵してはならない。

Point!
19条は「思想及び良心の自由」です。すべての精神的自由の基礎になる重要な権利です。労働関係では、思想による不利益取扱いなどの問題で参照する条文です。

第21条 集会、結社及び言論、出版その他一切の表現の自由は、これを保障する。

2 検閲は、これをしてはならない。通信の秘密は、これを侵してはならない。

Point!
21条は「表現の自由」です。政治活動の自由は、「政治的表現の自

由」として本条で保障されます。労働関係では、職場で政治活動をしないとの労働契約や就業規則の定めの有効性、職場内でのビラ配布禁止・違反に対する懲戒処分などの場面で参照する条文です。

第22条 何人も、公共の福祉に反しない限り、居住、移転及び職業選択の自由を有する。

2 何人も、外国に移住し、又は国籍を離脱する自由を侵されない。

Point!
22条は、職業選択の自由や営業の自由の根拠条文です。労働者には、職業選択（就職、退職）の自由の根拠となります。また、企業の経済的自由（営業の自由）の根拠となります。

第25条 すべて国民は、健康で文化的な最低限度の生活を営む権利を有する。

2 国は、すべての生活部面について、社会福祉、社会保障及び公衆衛生の向上及び増進に努めなければならない。

Point!
25条は、「ひと」として成長発達するための基本的な生活条件の整備を求め得る権利です。

第26条 すべて国民は、法律の定めるところにより、その能力に応じて、ひとしく教育を受ける権利を有する。

2 すべて国民は、法律の定めるところにより、その保護する子女に普通教育を受けさせる義務を負ふ。義務

教育は、これを無償とする。

第27条 すべて国民は、勤労の権利を有し、義務を負ふ。

2 賃金、就業時間、休息その他の勤労条件に関する基準は、法律でこれを定める。

3 児童は、これを酷使してはならない。

Point!
27条は、「勤労権」「労働条件の法定」です。勤労権は企業の解雇権制限の根拠となります。労働条件の法定は労働基準法など労働法制の根拠です。

第28条 勤労者の団結する権利及び団体交渉その他の団体行動をする権利は、これを保障する。

第29条 財産権は、これを侵してはならない。

2 財産権の内容は、公共の福祉に適合するやうに、法律でこれを定める。

3 私有財産は、正当な補償の下に、これを公共のために用ひることができる。

Point!
29条は「財産権」です。22条と並んで、企業の経済活動の自由の根拠条文です。企業の経営の自由が労働者の精神的自由等と対立するとき、どう調和を図るかが問題になりますが、そのような場面で参照する条文です。

第31条 何人も、法律の定める手続によらなければ、その生命若しくは自由を奪はれ、又はその他の刑罰を科せられない。

第32条　何人も、裁判所において裁判を受ける権利を奪はれない。

第6章　司法

第76条　すべて司法権は、最高裁判所及び法律の定めるところにより設置する下級裁判所に属する。

2　特別裁判所は、これを設置することができない。行政機関は、終審として裁判を行ふことができない。

3　すべて裁判官は、その良心に従ひ独立してその職権を行ひ、この憲法及び法律にのみ拘束される。

第79条　最高裁判所は、その長たる裁判官及び法律の定める員数のその他の裁判官でこれを構成し、その長たる裁判官以外の裁判官は、内閣でこれを任命する。

2　最高裁判所の裁判官の任命は、その任命後初めて行はれる衆議院議員総選挙の際国民の審査に付し、その後十年を経過した後初めて行はれる衆議院議員総選挙の際更に審査に付し、その後も同様とする。

3　前項の場合において、投票者の多数が裁判官の罷免を可とするときは、その裁判官は、罷免される。

4　審査に関する事項は、法律でこれを定める。

5　最高裁判所の裁判官は、法律の定める年齢に達した時に退官する。

6　最高裁判所の裁判官は、すべて定期に相当額の報酬を受ける。この報酬は、在任中、これを減額すること

ができない。

第81条　最高裁判所は、一切の法律、命令、規則又は処分が憲法に適合するかしないかを決定する権限を有する終審裁判所である。

第10章　最高法規

第97条　この憲法が日本国民に保障する基本的人権は、人類の多年にわたる自由獲得の努力の成果であつて、これらの権利は、過去幾多の試錬に堪へ、現在及び将来の国民に対し、侵すことのできない永久の権利として信託されたものである。

第98条　この憲法は、国の最高法規であつて、その条規に反する法律、命令、詔勅及び国務に関するその他の行為の全部又は一部は、その効力を有しない。

2　日本国が締結した条約及び確立された国際法規は、これを誠実に遵守することを必要とする。

第99条　天皇又は摂政及び国務大臣、国会議員、裁判官その他の公務員は、この憲法を尊重し擁護する義務を負ふ。

令和2年4月1日、民法は、債権法分野を中心に大きな改正がなされました。本書では、特に重要な条文について記載します。

（基本原則）

第1条　私権は、公共の福祉に適合しなければならない。

2　権利の行使及び義務の履行は、信義に従い誠実に行わなければならない。

3　権利の濫用は、これを許さない。

Point!

1条は、「公共福祉の原則、信義誠実の原則、権利濫用禁止」です。憲法のスピリットが織り込まれる一般条項として、とても重要な条文です。信義則は憲法のスピリットである「ひと」の尊厳を受けた私法の一般原理です。労働契約上の様々な付随的義務の根拠でもあります。権利濫用禁止は解雇権濫用法理等の一番もとの根拠条文です。

（解釈の基準）

第2条　この法律は、個人の尊厳と両性の本質的平等を旨として、解釈しなければならない。

Point!

2条は、「個人の尊厳と両性の本質的平等」です。民法の一般条項に憲法のスピリットが織り込まれること、男女の本質的平等を謳っています。労働関係では、男女差別禁止の根拠条文として参照する条文です。

（権利能力）

第3条　私権の享有は、出生に始まる。

2　外国人は、法令又は条約の規定により禁止される場合を除き、私権を享有する。

（公序良俗）

第90条　公の秩序又は善良の風俗に反する法律行為は、無効とする。

Point!

90条も憲法のスピリットが織り込まれる一般条項で、とても重要です。企業には経営の自由がありますが、その裁量権を逸脱し、「ひと」の尊厳や基本的人権保障の趣旨に反する行為（例えば男女差別を容認する労働契約・就業規則）がなされた場合は、無効になります（裁判所による公序法理）。

（任意規定と異なる意思表示）

第91条　法律行為の当事者が法令中の公の秩序に関しない規定と異なる意思を表示したときは、その意思に従う。

（任意規定と異なる慣習）

第92条　法令中の公の秩序に関しない規定と異なる慣習がある場合において、法律行為の当事者がその慣習による意思を有しているものと認められるときは、その慣習に従う。

Point!

92条は、「事実たる慣習」です。就業規則の法的性質について、最高裁は就業規則が「合理的」であれ

ば、労働条件は就業規則の定めるところによるとの「事実たる慣習」があるので、法規範性が認められるとしています。労働契約法７条以下の就業規則に関する規定が、このような判例法理に基づいて新設されました。また、本条は、労使慣行の効力が問題になる場面でも参照する条文です。

（心裡留保）
第93条　意思表示は、表意者がその真意ではないことを知ってしたときであっても、そのためにその効力を妨げられない。ただし、相手方がその意思表示が表意者の真意ではないことを知り、又は知ることができたときは、その意思表示は、無効とする。
2　前項ただし書の規定による意思表示の無効は、善意の第三者に対抗することができない。

Point!
　1項の改正は、従来の規定の意味を明確化しただけです。2項は新設された条項で、従来の判例の考え方を明文化したものです。

（虚偽表示）
第94条　相手方と通じてした虚偽の意思表示は、無効とする。
2　前項の規定による意思表示の無効は、善意の第三者に対抗することができない。

（錯誤）
第95条　意思表示は、次に掲げる錯誤に基づくものであって、その錯誤が法律行為の目的及び取引上の社会通念に照らして重要なものであると

きは、取り消すことができる。
①　意思表示に対応する意思を欠く錯誤
②　表意者が法律行為の基礎とした事情についてその認識が真実に反する錯誤
2　前項第2号の規定による意思表示の取消しは、その事情が法律行為の基礎とされていることが表示されていたときに限り、することができる。
3　錯誤が表意者の重大な過失によるものであった場合には、次に掲げる場合を除き、第1項の規定による取消しをすることができない。
①　相手方が表意者に錯誤があることを知り、又は重大な過失によって知らなかったとき。
②　相手方が表意者と同一の錯誤に陥っていたとき。
4　第1項の規定による意思表示の取消しは、善意でかつ過失がない第三者に対抗することができない。

Point!
　1項の改正は、判例の錯誤についての考え方を明確化した上、錯誤の効果を無効から取消しに変更したものです。2項から4項は新設で、動機の錯誤や当事者の主観的状況による場合わけ、第三者保護規定が置かれました。

（詐欺又は強迫）
第96条　詐欺又は強迫による意思表示は、取り消すことができる。
2　相手方に対する意思表示について第三者が詐欺を行った場合においては、相手方がその事実を知り、又は知ることができたときに　限り、その意思表示を取り消すことができる。

3 前二項の規定による詐欺による意
思表示の取消しは、善意でかつ過失
がない第三者に対抗することができ
ない。

（無効な行為の追認）
第119条　無効な行為は、追認によっ
ても、その効力を生じない。ただ
し、当事者がその行為の無効である
ことを知って追認をしたときは、新
たな行為をしたものとみなす。

（取消しの効果）
第121条　取り消された行為は、初め
から無効であったものとみなす。た
だし、制限行為能力者は、その行為
によって現に利益を受けている限度
において、返還の義務を負う。

（時効の援用）
第145条　時効は、当事者（消滅時効
にあっては、保証人、物上保証人、
第三取得者その他権利の消滅につい
て正当な利益を有する者を含む。）
が援用しなければ、裁判所がこれに
よって裁判をすることができない。

（債権等の消滅時効）
第166条　債権は、次に掲げる場合に
は、時効によって消滅する。
　①　債権者が権利を行使すること
　　　ができることを知った時から5年
　　　間行使しないとき。
　②　権利を行使することができる時
　　　から10年間行使しないとき。
2　債権又は所有権以外の財産権は、
権利を行使することができる時から
20年間行使しないときは、時効に
よって消滅する。（3項省略）

（人の生命又は身体の侵害による損害
賠償請求権の消滅時効）
第167条　人の生命又は身体の侵害に
よる損害賠償請求権の消滅時効につ
いての前条第1項第2号の規定の適
用については、同号中、「10年間」
とあるのは「20年間」とする。

権利だからです。

（雇用関係の先取特権）

第308条　雇用関係の先取特権は、給料その他債務者と使用人との間の雇用関係に基づいて生じた債権について存在する。

（法定利率）

第404条　利息を生ずべき債権について別段の意思表示がないときは、その利率は、その利息が生じた最初の時点における法定利率による。

2　法定利率は、年3パーセントとする。

3　前項の規定にかかわらず、法定利率は、法務省令で定めるところにより、3年を1期とし、1期ごとに、次項の規定により変動するものとする。（4項以下、省略）

> **Point!**
>
> 404条は、「法定利率」です。賃金請求の場合、遅延損害金算定の法定利率は商事法定利率年6%、不法行為による損害賠償請求や解雇予告手当請求等の場合には、民事法定利率5%とされてきました。改正により、法定利率は当初3%とされ、以後は変動利率とされます。また、商事と民事の法定利率の差はなくなるため、商事法定利率を定めた商法514条は削除されました。

（履行期と履行遅滞）

第412条　債務の履行について確定期限があるときは、債務者は、その期限の到来した時から遅滞の責任を負う。

2　債務の履行について不確定期限があるときは、債務者は、その期限の到来した後に履行の請求を受けた時又はその期限の到来したことを知った時のいずれか早い時から遅滞の責任を負う。

3　債務の履行について期限を定めなかったときは、債務者は、履行の請求を受けた時から遅滞の責任を負う。

（履行不能）

第412条の2　債務の履行が契約その他の債務の発生原因及び取引上　の社会通念に照らして不能であるときは、債権者は、その債務の履行を請求することができない。

2　契約に基づく債務の履行がその契約の成立の際に不能であったことは、第415条の規定によりその履行の不能によって生じた損害の賠償を請求することを妨げない。

> **Point!**
>
> 412条は、「履行遅滞」です。債務不履行の条文です。履行不能（415条2項1段）や不完全履行と並んで、労働契約上の債務不履行（義務違反）の場面で参照する条文です。改正により、412条の2（履行不能）の条項が新設されました。

（受領遅滞）

第413条　債権者が債務の履行を受けることを拒み、又は受けることができない場合において、その債務の目的が特定物の引渡しであるときは、債務者は、履行の提供をした時からその引渡しをするまで、自己の財産に対するのと同一の注意義務をもって、その物を保存すれば足りる。

2　債権者が債務の履行を受けること

を拒み、又は受けることができない
ことによって、その履行の費用が増
加したときは、その増加額は債権者
の負担とする。

**（履行遅滞中又は受領遅滞中の履行不
能と帰責事由）**
第413条の2　（1項省略）
2　債権者が債務の履行を受けること
を拒み、又は受けることができない
場合において、履行の提供があった
時以後に当事者双方の責めに帰する
ことができない事由によってその債
務の履行が不能となったときは、そ
の履行の不能は、債権者の責めに帰
すべき事由によるものとみなす。

> **Point!**
> 　413条は、「受領遅滞」です。労
> 働関係では、企業が理由なく労働者
> の就労を拒む（違法解雇をして就労
> 拒否する）場合に、本条によって就
> 労拒否が企業の責めに帰すべき事由
> によるものとされ、536条2項（危
> 険負担における債権者主義）が適用
> される流れになります。改正によ
> り、413条が詳細な規定となり、
> 413条の2が新設されて、受領遅
> 滞の場合の債権者の責任が明確化さ
> れました。

（履行の強制）
第414条　債務者が任意に債務の履行
をしないときは、債権者は、民事執
行法その他強制執行の手続に関する
法令の規定に従い、直接強制、代替
執行、間接強制その他の方法による
履行の強制を裁判所に請求すること
ができる。ただし、債務の性質がこ
れを許さないときは、この限りでな
い。
2　前項の規定は、損害賠償の請求を

妨げない。

（債務不履行による損害賠償）
第415条　債務者がその債務の本旨に
従った履行をしないとき又は債務の
履行が不能であるときは、債権者
は、これによって生じた損害の賠償
を請求することができる。ただし、
その債務の不履行が契約その他の債
務の発生原因及び取引上の社会通念
に照らして債務者の責めに帰するこ
とができない事由によるものである
ときは、この限りでない。
2　前項の規定により損害賠償の請求
をすることができる場合において、
債権者は、次に掲げるときは、債務
の履行に代わる損害賠償の請求をす
ることができる。
① 債務の履行が不能であるとき。
② 債務者がその債務の履行を拒絶
する意思を明確に表示したと
き。
③ 債務が契約によって生じたもの
である場合において、その契約
が解除され、又は債務の不履行
による契約の解除権が発生した
とき。

> **Point!**
> 　415条は「債務不履行による損
> 害賠償」です。労働契約の当事者が
> 労働契約上の義務違反を行った場
> 合、損害賠償請求権が発生します
> が、その根拠条文です。改正によ
> り、債務不履行による損害賠償請求
> 権の発生要件と免責事由の関係が明
> 確化されました。

（損害賠償の範囲）
第416条　債務の不履行に対する損害
賠償の請求は、これによって通常生
ずべき損害の賠償をさせることをそ

の目的とする。

2　特別の事情によって生じた損害で
あっても、当事者がその事情を予見
すべきであったときは、債権者は、
その賠償を請求することができる。

（損害賠償の方法）
第417条　損害賠償は、別段の意思表
示がないときは、金銭をもってその
額を定める。

（過失相殺）
第418条　債務の不履行又はこれによ
る損害の発生若しくは拡大に関して
債権者に過失があったときは、裁判
所は、これを考慮して、損害賠償の
責任及びその額を定める。

（債権の譲渡性）
第466条　債権は、譲り渡すことがで
きる。ただし、その性質がこれを許
さないときは、この限りでない。

Point!
　466条は、「債権は譲渡自由」で
す。労働関係では、賃金や退職金債
権の譲渡がなされた場合でも「直接
払い原則」（労基法24条）の特則
がありますので、企業は労働者本人
に支払わなければなりません。こう
いった場面で参照する条文です。

（弁済の提供の方法）
第493条　弁済の提供は、債務の本旨
に従って現実にしなければならな
い。ただし、債権者があらかじめそ
の受領を拒み、又は債務の履行につ
いて債権者の行為を要するときは、
弁済の準備をしたことを通知してそ
の受領の催告をすれば足りる。

Point!
　493条は、「弁済（履行）の提供」
です。職種や業務内容を特定せずに
労働契約を締結した場合、傷病休職
から復帰する時に本来の業務に復職
できなくても、なお就労可能な他の
職務があれば、なお履行の提供があ
るといえるのか、といった場面で参
照する条文です。

（相殺の要件等）
第505条　2人が互いに同種の目的を
有する債務を負担する場合におい
て、双方の債務が弁済期にあるとき
は、各債務者は、その対当額につい
て相殺によってその債務を免れるこ
とができる。ただし、債務の性質が
これを許さないときは、この限りで
ない。

Point!
　505条は、「相殺は原則自由」で
す。労働関係では「全額払い原則」
（労基法24条）の特則があるので、
賃金と労働者に対する債権との調整
的相殺が許されるか、合意による相
殺（相殺契約）は許されるかといっ
た場面で参照する条文です。

（免除）
第519条　債権者が債務者に対して債
務を免除する意思を表示したとき
は、その債権は、消滅する。

Point!
　519条は「債権の免除（放棄）
は原則自由」です。労働関係では、
「全額払い原則」（労基法24条）の
特則があるので、賃金や退職金債権
の放棄が有効かといった場面で参照
する条文です。

（契約の締結及び内容の自由）

第521条　何人も、法令に特別の定めがある場合を除き、契約をするかどうかを自由に決定することができる。

2　契約の当事者は、法令の制限内において、契約の内容を自由に決定することができる。

（契約の成立と方式）

第522条　契約は、契約の内容を示してその締結を申し入れる意思表示（以下「申込み」という。）に対して相手方が承諾をしたときに成立する。

2　契約の成立には、法令に特別の定めがある場合を除き、書面の作成その他の方式を具備することを要しない。

（債務者の危険負担等）

第536条　当事者双方の責めに帰することができない事由によって債務を履行することができなくなったときは、債権者は、反対給付の履行を拒むことができる。

2　債権者の責めに帰すべき事由によって債務を履行することができなくなったときは、債権者は、反対給付の履行を拒むことができない。この場合において、債務者は、自己の債務を免れたことによって利益を得たときは、これを債権者に償還しなければならない。

Point!

536条は「危険負担」です。労働関係では1項は「ノーワークノーペイの原則」の根拠です。2項前段は「違法解雇なら就労できなくても賃金債権を行使できる。」ので労働紛争では解雇期間中の賃金請求で参

照します。2項後段は解雇期間中に他企業で就労した場合の「中間収入」を解雇した企業が支払うべき賃金から控除できるかといった場面で参照する条文です。

（催告による解除）

第541条　当事者の一方がその債務を履行しない場合において、相手方が相当の期間を定めてその履行の催告をし、その期間内に履行がないときは、相手方は、契約の解除をすることができる。ただし、その期間を経過した時における債務の不履行がその契約及び取引上の社会通念に照らして軽微であるときは、この限りでない。

（催告によらない解除）

第542条　次に掲げる場合には、債権者は、前条の催告をすることなく、直ちに契約の解除をすることができる。

一　債務の全部の履行が不能であるとき。

二　債務者がその債務の全部の履行を拒絶する意思を明確に表示したとき。

三　債務の一部の履行が不能である場合又は債務者がその債務の一部の履行を拒絶する意思を明確に表示した場合において、残存する部分のみでは契約をした目的を達することができないとき。

四　契約の性質又は当事者の意思表示により、特定の日時又は一定の期間内に履行をしなければ契約をした目的を達することができない場合において、債務者が履行をしないでその時期を経過したとき。

五　前各号に掲げる場合のほか、債

務者がその債務の履行をせず、債権者が前条の催告をしても契約をした目的を達するのに足りる履行がされる見込みがないことが明らかであるとき。

2　次に掲げる場合には、債権者は、前条の催告をすることなく、直ちに契約の一部の解除をすることができる。

一　債務の一部の履行が不能であるとき。

二　債務者がその債務の一部の履行を拒絶する意思を明確に表示したとき。

（雇用）

第623条　雇用は、当事者の一方が相手方に対して労働に従事することを約し、相手方がこれに対してその報酬を与えることを約することによって、その効力を生ずる。

> **Point!**
> 623条は「雇用契約」の基本条文です。労働契約の締結については労働契約法第6条と並んで参照する条文です。

（報酬の支払時期）

第624条　労働者は、その約した労働を終わった後でなければ、報酬を請求することができない。

2　期間によって定めた報酬は、その期間を経過した後に、請求することができる。

（使用者の権利の譲渡の制限等）

第625条　使用者は、労働者の承諾を得なければ、その権利を第三者に譲り渡すことができない。

2　労働者は、使用者の承諾を得なければ、自己に代わって第三者を労働

に従事させることができない。

3　労働者が前項の規定に違反して第三者を労働に従事させたときは、使用者は、契約の解除をすることができる。

> **Point!**
> 625条は「使用者の権利の譲渡制限」です。特に1項は出向や転籍の場面で労働者の同意が問題になるとき、参照する条文です。

（期間の定めのない雇用の解約の申入れ）

第627条　当事者が雇用の期間を定めなかったときは、各当事者は、いつでも解約の申入れをすることができる。この場合において、雇用は、解約の申入れの日から2週間を経過することによって終了する。

2　期間によって報酬を定めた場合には、使用者からの解約の申入れは、次期以後についてすることができる。ただし、その解約の申入れは、当期の前半にしなければならない。

3　6箇月以上の期間によって報酬を定めた場合には、前項の解約の申入れは、3箇月前にしなければならない。

> **Point!**
> 627条は、「解雇の自由、退職の自由」です。特に、解雇権の行使の場面で参照する条文です。改正により、労働者の辞職の自由を尊重するために本条2項の解約申入れは使用者からのそれに限ることとされました。

（やむを得ない事由による雇用の解除）

第628条　当事者が雇用の期間を定めた場合であっても、やむを得ない事

由があるときは、各当事者は、直ち
に契約の解除をすることができる。
この場合において、その事由が当事
者の一方の過失によって生じたもの
であるときは、相手方に対して損害
賠償の責任を負う。

> **Point!**
> 628条は、「有期雇用の期間中の
> 解雇」です。有期雇用の契約期間中
> の解雇は要件が過重されていますの
> で、有期労働者に対する解雇権の行
> 使の場面で参照する条文です。

（雇用の更新の推定等）
第629条 雇用の期間が満了した後労
働者が引き続きその労働に従事する
場合において、使用者がこれを知り
ながら異議を述べないときは、従前
の雇用と同一の条件で更に雇用をし
たものと推定する。この場合におい
て、各当事者は、第627条の規定に
より解約の申入れをすることができ
る。
2 従前の雇用について当事者が担保
を供していたときは、その担保は、
期間の満了によって消滅する。ただ
し、身元保証金については、この限
りでない。

> **Point!**
> 629条は、「有期雇用の更新推定」
> です。雇止めの場面で参照する条文
> です。

（請負）
第632条 請負は、当事者の一方があ
る仕事を完成することを約し、相手
方がその仕事の結果に対してその報
酬を支払うことを約することによっ
て、その効力を生ずる。

（委任）
第643条 委任は、当事者の一方が法
律行為をすることを相手方に委託
し、相手方がこれを承諾することに
よって、その効力を生ずる。

（不当利得の返還義務）
第703条 法律上の原因なく他人の財
産又は労務によって利益を受け、そ
のために他人に損失を及ぼした者
（以下、「受益者」という。）は、そ
の利益の存する限度において、これ
を返還する義務を負う。

（悪意の受益者の返還義務等）
第704条 悪意の受益者は、その受け
た利益に利息を付して返還しなけれ
ばならない。この場合において、な
お損害があるときは、その賠償の責
任を負う。

> **Point!**
> 703〜704条は、「不当利得の返
> 還」です。賃金や手当の過払いが
> あった場合には、労働者の利得は不
> 当利得となります。どう返還させる
> かにより、翌月以降の賃金から控除
> できるかなどの問題に発展していき
> ます。そのような場面で参照する条
> 文です。

（不法行為による損害賠償）
第709条 故意又は過失によって他人
の権利又は法律上保護される利益を
侵害した者は、これによって生じた
損害を賠償する責任を負う。

> **Point!**
> 709条は、「不法行為」の基本条
> 文です。「権利」「法律上保護される
> 利益」という言葉に、憲法のスピ
> リットを織り込んで考えていきま

す。労働関係では、企業による労働者の「人格権侵害」や「労働者の行為による企業損害の賠償請求」などの場面で参照する条文です。

（財産以外の損害の賠償）
第710条 他人の身体、自由若しくは名誉を侵害した場合又は他人の財産権を侵害した場合のいずれであるかを問わず、前条の規定により損害賠償の責任を負う者は、財産以外の損害に対しても、その賠償をしなければならない。

Point!
710条は、「財産以外の損害賠償」です。慰謝料を請求する場合に参照する条文です。

（近親者に対する損害の賠償）
第711条 他人の生命を侵害した者は、被害者の父母、配偶者及び子に対しては、その財産権が侵害されなかった場合においても、損害の賠償をしなければならない。

Point!
711条は、「生命侵害の場合の近親者への損害賠償」です。企業の過失による労働者の死亡事故の場合、不法行為を理由とするときは本条によって近親者固有の慰謝料請求権が認められますが、債務不履行を理由にする場合は、本条の適用はないとされます。そのような場合に参照する条文です。

（使用者等の責任）
第715条 ある事業のために他人を使用する者は、被用者がその事業の執行について第三者に加えた損害を賠償する責任を負う。ただし、使用者が被用者の選任及びその事業の監督について相当の注意をしたとき、又は相当の注意をしても損害が生ずべきであったときは、この限りでない。
2 使用者に代わって事業を監督する者も、前項の責任を負う。
3 前二項の規定は、使用者又は監督者から被用者に対する求償権の行使を妨げない。

Point!
715条は、「使用者責任」です。1、2項は、被用者による他者への不法行為が行われた場合の企業や監督者の責任です。上司や同僚によるいじめやハラスメントがあった場合に、それが使用者の事業の執行としてなされたときは使用者が責任を負うことがあります。3項は、直接の加害者である労働者に対して、企業が求償する場合の条文です。

（土地の工作物等の占有者及び所有者の責任）
第717条 土地の工作物の設置又は保存に瑕疵があることによって他人に損害を生じたときは、その工作物の占有者は、被害者に対してその損害を賠償する責任を負う。ただし、占有者が損害の発生を防止するのに必要な注意をしたときは、所有者がその損害を賠償しなければならない。
2 前項の規定は、竹木の栽植又は支持に瑕疵がある場合について準用する。
3 前二項の場合において、損害の原因について他にその責任を負う者があるときは、占有者又は所有者は、その者に対して求償権を行使することができる。

（共同不法行為者の責任）

第719条　数人が共同の不法行為によって他人に損害を加えたときは、各自が連帯してその損害を賠償する責任を負う。共同行為者のうちいずれの者がその損害を加えたかを知ることができないときも、同様とする。

2　行為者を教唆した者及び幇助した者は、共同行為者とみなして、前項の規定を適用する。

（損害賠償の方法及び過失相殺）

第722条　第417条（損害賠償の方法）及び第417条の2（中間利息の控除）の規定は、不法行為による損害賠償について準用する。

2　被害者に過失があったときは、裁判所は、これを考慮して、損害賠償の額を定めることができる。

（名誉毀損における原状回復）

第723条　他人の名誉を毀損した者に対しては、裁判所は、被害者の請求により、損害賠償に代えて、又は損害賠償とともに、名誉を回復するのに適当な処分を命ずることができる。

（不法行為による損害賠償請求権の消滅時効）

第724条　不法行為による損害賠償の請求権は、次に掲げる場合には、時効によって消滅する。

①　被害者又はその法定代理人が損害及び加害者を知った時から3年間行使しないとき。

②　不法行為の時から20年間行使しないとき。

（人の生命又は身体を害する不法行為による損害賠償請求権の消滅時効）

第724条の2　人の生命又は身体を害する不法行為による損害賠償請求権の消滅時効についての前条第1号の規定の適用については、同号中「3年間」とあるのは、「5年間」とする。

不法行為を理由とする場合、損害賠償請求権の時効は、3年と短期です。これに対して債務不履行による損害賠償は原則5年（166条1項）です。不法行為責任は時効にかかっても、安全配慮義務違反（契約責任）であれば、損害賠償請求権は時効にかかっていないケースもあります。そのような場合に参照する条文です。

不法行為の場合でも、人の生命または身体を害する不法行為による損害賠償請求権の消滅時効期間は5年間とされます。改正後の民法167条と合わせ読むと、人の生命または身体を害する場合には、債務不履行でも不法行為でも、被害者が権利を行使することができることを知った（不法行為の場合には損害および加害者を知った）時から5年間となり、客観的な権利行使の消滅時効期間は20年間となり、統一されました。

参考文献

〔法的観点からの書面作成について参考になる書籍〕
・労働事件審理ノート（第3版）
　　　山口幸雄、三代川三千代、難波孝一編　判例タイムズ社
・新労働事件実務マニュアル（第5版）
　　　東京弁護士会労働法制特別委員会編著　ぎょうせい
・個別労働紛争解決支援の実務
　　　日本司法書士会連合会編　青林書院
・要件事実・事実認定入門
　　　伊藤滋夫著　有斐閣
・入門リーガルライティング―法科大学院テキスト―
　　　坂本正光著　有信堂

〔ケアの観点からのADRについて参考になる書籍〕
・ADR　理論と実践
　　　和田仁孝編　有斐閣
・ADRの基本的視座
　　　早川吉尚、山田文、濱野亮編著　不磨書房
・リーガル・カウンセリングの技法
　　　中村芳彦、和田仁孝著　法律文化社
・実践　法律相談　面接技法のエッセンス
　　　菅原郁夫、下山晴彦編　東京大学出版会
・ケアの本質　生きることの意味
　　　ミルトン・メイヤロフ著／田村真、向野宣之訳　ゆみる出版
・専門家の知恵　反省的実践家は行為しながら考える
　　　ドナルド・ショーン著／佐藤学、秋田喜代美訳　ゆみる出版

著者略歴

行政書士・特定社会保険労務士・マンション管理士　前田欣也

昭和 35 年 7 月　神戸市須磨区で生まれる。
昭和 54 年 3 月　兵庫県立長田高等学校　卒業
昭和 60 年 3 月　東北大学　法学部法学科　卒業
同年より約 16 年間にわたり野口法律事務所にて事務局長として法律事務に従事
　　　　　　　民事・刑事事件のほか、少年事件、公害事件、労働事件に数多く
　　　　　　　携わる。

［資格］
平成 15 年 3 月　行政書士・マンション管理士　登録
平成 16 年 9 月　社会保険労務士　登録
平成 19 年 4 月　特定社会保険労務士　付記

［所属団体、公職等］
平成 15 年 3 月より現在　　資格の学校 TAC 専任講師（中小企業診断士講座　経営
　　　　　　　　　　　　　法務担当）
平成 17 年 4 月〜平成 26 年 3 月
　　　　　　　　　　　　**兵庫県商工会連合会総合相談室チーフアドバイザー（相
　　　　　　　　　　　　談室主任）**
平成 26 年 4 月より現在　　兵庫県商工会連合会課題別経営サポート事業登録専門家
平成 21 年 8 月　　　　　　兵庫県社会保険労務士会　労働紛争解決センター兵庫
　　　　　　　　　　　　　運営委員
平成 24 年 4 月〜平成 27 年 3 月　関西大学商学部　非常勤講師（労務監査論）
平成 26 年 4 月より現在　　関西学院大学法学部　非常勤講師（労働法概論、企業法
　　　　　　　　　　　　　務実践演習）
平成 27 年 4 月〜平成 29 年 3 月　関西大学政策創造学部　非常勤講師（労務監査論）
令和 2 年 5 月より現在　　兵庫社労士協同組合　専務理事

［講師・著述活動］
平成 16 年 4 月より「労働判例勉強会」講師
平成 24 年 3 月　　　　　**「個別労働紛争あっせん代理実務マニュアル−民事訴訟法の基礎
　　　　　　　　　　　　知識から申立書・答弁書の書き方、必須判例まで−」（日本法
　　　　　　　　　　　　令）出版**
平成 28 年 5 月　　　　　**「改訂版・個別労働紛争あっせん代理実務マニュアル」（日本法
　　　　　　　　　　　　令）出版**
平成 31 年 1 月　　　　　**「社労士のための補佐人実務 DVD2 枚組」（日本法令）出版**
資格の学校 TAC　　中小企業診断士講座　経営法務専任講師として同校テキスト著
　　　　　　　　　述多数
　「労働判例勉強会」講師として、労働判例勉強会テキスト
　（判例百選第 9 版対応、判例解説編・法律講義編）
　　商工会、兵庫工業会など各種団体での講演並びに社会保険労務士会（兵庫県、京
都府、大阪府、福岡県、秋田県など）、社労士協同組合（兵庫県、和歌山県）、兵庫
県行政書士会、兵庫県司法書士会及び近畿司法書士会連合会などでの専門家（士業）
向け法律研修・講演　多数

監修者略歴

弁護士　野口善國（のぐち　よしくに）

1946 年、東京都生まれ。1965 年、甲陽学院高校卒業。1970 年、東京大学法学部卒業。法務事務官（法務省矯正局）、矯正研修所東京支所教官を経て、1980 年、弁護士登録。1997 年、神戸連続児童殺傷事件の弁護団長を務める。1988 〜90 年、神戸弁護士会少年問題対策委員長。現在、兵庫県弁護士会子どもの権利委員会委員、同人権擁護委員、神戸拘置所篤志面接委員、保護司、学校事件・事故被害者全国弁護団代表。著書に『親をせめるな』（教育史料出版会、2009 年）、『歌を忘れたカナリヤたち　子どもは必ず立ち直る』（共同通信社、2005 年）。『それでも少年を罰しますか』（共同通信社、1998 年）など。

【3訂版】
個別労働紛争あっせん代理実務マニュアル

平成 24 年 4 月 20 日	初版発行
令和 3 年 4 月 20 日	3 訂初版
令和 5 年 8 月 20 日	3 訂 2 刷

 日本法令®

〒 101 - 0032
東京都千代田区岩本町 1 丁目 2 番 19 号
https://www.horei.co.jp/

検印省略

著　　者	前　田　欣　也
監 修 者	野　口　善　國
発 行 者	青　木　鉱　太
編 集 者	岩　倉　春　光
印 刷 所	日 本 ハ イ コ ム
製 本 所	国　　宝　　社

（営　業）	TEL　03 - 6858 - 6967	E メール	syuppan@horei.co.jp
（通　販）	TEL　03 - 6858 - 6966	E メール	book.order@horei.co.jp
（編　集）	FAX　03 - 6858 - 6957	E メール	tankoubon@horei.co.jp

（オンラインショップ）　https://www.horei.co.jp/iec/
（お 詫 び と 訂 正）　https://www.horei.co.jp/book/owabi.shtml
（書籍の追加情報）　https://www.horei.co.jp/book/osirasebook.shtml

※万一、本書の内容に誤記等が判明した場合には、上記「お詫びと訂正」に最新情報を掲載
　しております。ホームページに掲載されていない内容につきましては、FAX または E
　メールで編集までお問合せください。